westermann

Mittelschule Bayern

9/10

Erarbeitet von Stefanie Kreutzfeld und Bettina Zimmermann
unter Mitwirkung von Tanja Heim, Christina Pflüger, Philipp Schwedes
und Manuela Wegele

Mittelschule Bayern

9/10

Erarbeitet von Stefanie Kreutzfeld und Bettina Zimmermann
unter Mitwirkung von Tanja Heim, Christina Pflüger, Philipp Schwedes
und Manuela Wegele

Symbole im Buch:
↑ Verweis auf die Begriffserklärungen ab Seite 169

* Inhalt für den M-Zug der 9. Jahrgangsstufe

westermann GRUPPE

© 2021 Westermann Bildungsmedien Verlag GmbH,
Georg-Westermann-Allee 66, 38104 Braunschweig
www.westermann.de

Das Werk und seine Teile sind urheberrechtlich geschützt. Jede Nutzung in anderen als den gesetzlich zugelassenen bzw. vertraglich zugestandenen Fällen bedarf der vorherigen schriftlichen Einwilligung des Verlages. Nähere Informationen zur vertraglich gestatteten Anzahl von Kopien finden Sie auf www.schulbuchkopie.de.

Druck A^2 / Jahr 2022
Alle Drucke der Serie A sind inhaltlich unverändert.

Redaktion: Dr. Siegfried Brewka, Regensburg
Illustrationen: Thies Schwarz, Hannover
Layout und Umschlaggestaltung: Druckreif! Sandra Grünberg, Braunschweig
Druck und Bindung: Westermann Druck GmbH, Georg-Westermann-Allee 66, 38104 Braunschweig

ISBN 978-3-507-**03427**-3

9. Jahrgangsstufe

Friedensethik
Seite 5

- 6 Generation Games
- 7 „Unser Spiel heißt Geld machen, und ihr seid darin nur eine Zahl"
- 9 Krieg und Heldentum in Filmen und Computerspielen
- 12 Konflikte in unserem Lebensumfeld
- 15 Gespräch nach Regeln
- 17 Der Mediator
- 18 Wenn Konflikte zu Gewalt werden
- *19 Über Kinder des Krieges in Syrien
- *24 Eine Folge des Krieges: Flucht und Vertreibung
- 25 Zur Waffe greifen ist kein Spiel!
- 26 Wir sind alle gleich!
- 28 Das kann und weiß ich jetzt …

Sinnsuche im Leben
Seite 29

- 30 Sinnvoll leben
- 31 Was ist Sinn und Zweck des Ganzen?
- 32 Was bedeutet „Sinn"?
- 33 John Strelecky: Die Geschichte vom Fischer
- 34 Wenn alles wieder Sinn macht
- 35 Shoppen hilft immer?
- 36 Sinnangebote
- 40 „Ich habe keine Wurzeln und keine Kraft zu fliegen"
- 43 Grenzsituationen: die zwei Leben des Samuel Koch
- *45 Das Schicksal kann ein mieser Verräter sein … muss es aber nicht
- *47 Grenzen im Leben verstehen
- 48 Wenn jemand weiß, dass er gehen muss …
- 49 Wenn jemand gehen muss …
- 50 Die vier Trauerphasen
- 51 Traueranzeigen: ein Ausdruck unserer Gefühle?
- 52 Das kann und weiß ich jetzt …

Ethik der Weltreligionen
Seite 53

- 54 Teja Fiedler: Religion – Warum glaubt der Mensch?
- 59 Religiöse Menschen leben ihren Glauben
- 62 Religiöse Gebote versus rechtliche Normen
- 63 Woran orientiert sich meine Entscheidung?
- 64 Fundamentalismus
- 66 Terrorismus
- *67 Interreligiöser Dialog – auch mit Terroristen?
- 68 Ethische Forderungen der Weltreligionen
- 70 Weltethos – die vier ethischen Prinzipien der Weltreligionen
- *73 Für eine friedlichere Welt: religiöse Friedensstifter/innen und Friedensnobelpreisträger/innen
- 74 Das kann und weiß ich jetzt …

10. Jahrgangsstufe

Verantwortung für sich und andere
Seite 75

- **76 Über Lebensgemeinschaft und Elternschaft nachdenken**
- 76 Lebensgemeinschaften
- 76 Die Familie
- 76 Familie im Wandel der Zeit
- 80 Wie erziehst du denn?
- 86 Und nun zu dir: Wie waren deine Erfahrungen in der Kindheit?

87	Rollenverteilung in der Familie
88	Rollenbilder im Wandel der Zeit
90	Die neuen Väter
90	*Birgit Marschall und Eva Quadbeck: Aktuelle Studie: Das Rollenbild von Frauen und Männern ist im Wandel*
92	**Verantwortung des Einzelnen in der Gesellschaft**
92	Aktiv werden in der Gesellschaft!
94	Globalisierung als Chance und Gefahr
95	Arm und Reich
96	Gleiche Chancen für alle?
97	„Jeder Mensch hat das Recht auf Bildung"
98	Grenzen der Gleichberechtigung
100	Zeit für andere
101	Sich stark machen für eine gerechtere Welt
102	*Das kann und weiß ich jetzt …*

5 Gewissen und Vernunft
Seite 103

104	Mein Gewissen und ich
106	Das Gewissen in der Sprache
108	Bildhafte Vorstellungen vom Gewissen
110	*William M. Harg: Der Retter*
112	Einflüsse auf die Gewissensbildung
116	Faktoren der Gewissensbildung
117	Wie ist das mit den Religionen?
119	Die Deutung des Gewissens im Laufe der Zeit
121	Das Gewissen in Ethik und Philosophie
124	Nach bestem Wissen und Gewissen …
125	Die Beeinflussung des Gewissens durch Indoktrination
126	Das Gewissen im Nationalsozialismus
127	*Bettina Rühl: Theodor Wonja Michael: Überlebt als Unsichtbarer*
130	Das Dilemma mit unserem Gewissen
132	*Das kann und weiß ich jetzt …*

6 Angewandte Ethik: Medizinethik/Medienethik
Seite 133

134	**Medienethik**
134	Funktionen der Medien
136	Bedingungsfaktoren der Medien
137	Rechtliche Rahmenbedingungen
140	Journalismus und Ethik – geht das?
142	Im Dienst der seelischen Gesundheit der Jugendlichen – Bundesprüfstelle für jugendgefährdende Medien
143	*Instrumente des Jugendmedienschutzes*
145	Internetzensur
146	Neue Tendenzen
148	Me, myself and I – soziale Netzwerke als Kommunikationsmittel
150	Computerspiele – verdrängt die virtuelle Welt die reale?
151	*Das kann und weiß ich jetzt …*
152	**Medizinethik**
153	Elemente des menschlichen Handelns
154	Leihmutterschaft
154	Ein Baby bestellt, drei bekommen
154	Eltern lassen behindertes Baby bei Leihmutter zurück
156	Problemfelder der Medizin
156	*Christian Heinrich: Gebrauchsanweisung für Ihren Arzt*
157	*Katja Ridderbusch: Ein Designerbaby nach Bauplan – für 140.000 Dollar*
158	Am Ende des Lebens – Sterbehilfe
160	Wann ist ein Mensch ein Mensch?
162	Die medizinethischen Prinzipien
164	Schritte einer ethischen Urteilsfindung
166	Gremien der Medizinethik
168	*Das kann und weiß ich jetzt …*
169	Begriffserklärungen
171	Stichwortverzeichnis
174	Quellennachweis

1 Friedensethik

Friedensethik

Generation Games

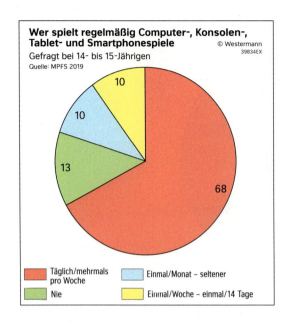

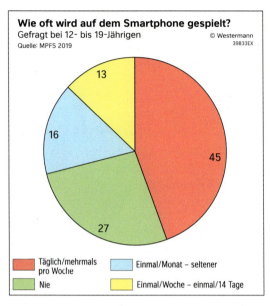

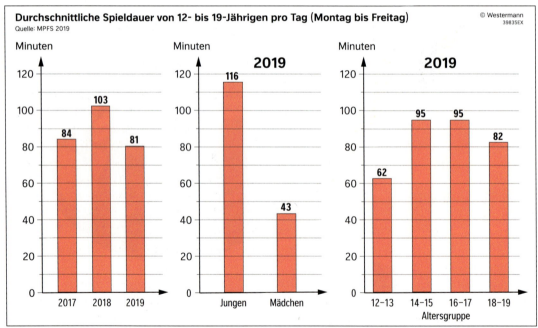

① Wir erstellen unsere eigene Klassenstatistik. Bildet drei Gruppen zu den jeweiligen, auf dieser Seite dargestellten Fragen und entwerft eine eigene Umfrage dazu. Präsentiert eure Ergebnisse in Form eines Diagramms (Säulen-, Balken- oder Kreisdiagramm).

② Vergleicht eure Ergebnisse mit den oben auf dieser Seite abgebildeten Statistiken.

③ Erläutere, ob man von Generation Games sprechen kann. Begründe deine Meinung.

„Unser Spiel heißt Geld machen, und ihr seid darin nur eine Zahl"

Ein Informatiker verrät einem 13- jährigen [Shooter-Game]-Spieler, der seine Mutter zur Gamescom mitnahm, die Tricks der Branche.
Von Gregor Engelmeier

Hallo Arthur,

ich habe Deinen Bericht von der Gamescom wirklich mit Vergnügen gelesen. Das war ja Dein erster Besuch auf einer Computermesse (wie das früher hieß), und das erste Mal ist ja angeblich immer am aufregendsten. Du hast natürlich Recht: Die Gamescom ist nicht wirklich cool. Eine Messe ist eben ein Meeting von Erwachsenen, auf dem sie Euch brauchen, um irgendetwas cool erscheinen zu lassen. [...].

Komisch ist allerdings, dass Du dich über Deine Mutter, die verstehen will, was Du da machst, so halb lustig machst. An einer Stelle schreibst Du, dass sie in [dem Shooter-Game] total versagt habe (ich glaube Du wähltest da ein anderes Wort ...). Das ist deshalb lustig, weil aus der Sichtweise eines Informatikers natürlich jeder, der sich seine Zeit von solchen Programmen stehlen lässt, verliert: Er verliert Aufmerksamkeitszeit, die wir dann in unseren Dashboards sammeln. Das sind unsere „kills". Megageil!

Da ich zu denen gehöre, die schon auf vielen Messen waren und die seit Jahren damit beschäftigt sind, Programme zu schreiben, die die Aufmerksamkeit von Leuten fesseln, will ich Dir auch verraten, welches Spiel die Erwachsenen cool finden: „Geld machen". Das ist das Spiel, das wir wirklich spielen. Mit Euch als Spielfiguren. Ihr erscheint in unseren Statistiken, und Euer Verhalten wollen wir steuern, so wie Du Deine Characters [im Shooter-Game] steuerst.

Um mit Games Geld zu machen, brauchen wir Eure Aufmerksamkeit. Seit vielen Jahren haben wir rumgetüftelt, wie wir Euch kriegen – inzwischen haben wir es so ziemlich raus. Wir nennen das „Persuasive Technology" („Überredende Technologie", eigentlich eher „manipulierende Technik"). Auf die Gefahr hin, dass Du beleidigt bist zu erfahren, dass Du noch nicht mal ein Character bist, erzähle ich Dir jetzt, wie wir aus Gamern Spielfiguren machen, okay?

Wir haben dazu verschiedene Mittel gefunden, die für die meisten Menschen unwiderstehlich sind. Hier einige davon (es gibt noch mehr):

(1) Reputation (Status) – Deine Mutter hat das sofort erkannt: Ihr Gamer fahrt auf soziale Reputation ab (also auf Status, auf „Ich bin Erster", „Ich bin einziger", auf „Ich habe die meisten kills"). Dein [Shooter-Game] hat gleich mehrere solche Trigger eingebaut (Das Spielprinzip – last man standing – die „Moves" und „Skins" ... you name it ...). Die [Nutzer der sozialen Medien] helfen uns dabei, indem sie Vorbilder sind und ihre eigenen, auf unsere Spiele konzentrierten Communities bauen. Sie sind wie die Reporter, ohne die ein Sportereignis ja auch nur etwas für die paar Mitspieler ist. Durch die [Nutzer der sozialen Medien] werden die Games Teil Eures Alltags.

(2) „Ludic Loop" (die „Spielschleife") – Wir setzen Euch Ziele, die immer nur etwas jenseits dessen sind, was ihr gerade erreicht habt. So halten wir Euch im Spiel. Nur noch dieses Gadget, nur noch diese Waffe, nur noch ein paar Ammos – kennst Du das? Das haben wir

Friedensethik

gemacht, damit ihr weiterspielt, und weiter, und immer weiter... Wir nennen das die „Spielschleife" oder – in der Sprache der Gamedesigner – die „ludic loop".

(3) Continuity (Immer weiter) – Das schlimmste, was der Spieler – also Du – aus unserer Sicht tun kann, ist aufzuhören. Daher machen wir es für Dich so einfach wie möglich, weiter zu spielen. Tatsächlich wollen wir, dass Du möglichst nie aufhörst. Wenn ein Spiel vorbei ist, fängt das nächste mit einem einzigen Klick an.

(4) Peer group pressure (Gruppendruck) – Unsere besten Verbündeten sind Deine „Freunde" im Spiel. Irgendwer will immer weiterspielen, und der zieht die anderen mit. Da ist wenig, was Du dagegen tun kannst. Du willst ja nichts verpassen und Deine Freunde im Spiel nicht hängen lassen („Dein Squad* braucht Dich …"). Das sind nur ein paar von den Mitteln, die eingesetzt werden. Es gibt mehr, raffiniertere, geheimere, wirkungsvollere.

Was ich Dir sagen will ist: Wir rechnen es aus. Wir rechnen EUCH aus … Jeder Klick, jede Interaktion, jedes noch so kleine Detail verrät, wie ihr tickt. Vielleicht findest Du es blöd, wenn ich so über Dein Hobby spreche, aber glaube mir – das ist das Spiel, für das so etwas wie die Gamescom und die „eSports" veranstaltet werden.

Und in diesem Spiel seid ihr eben leider nicht die Helden. Ihr seid noch nicht einmal wirklich cool, ihr seid noch nicht einmal Personen – ihr seid nur ein kleiner Teil einer Zahl in den Highscorelisten der Kollegen Informatiker.

Man kann sich übrigens entscheiden, in welchem Spiel man mitspielen will. Man kann sich sogar entscheiden, in keinem der beiden Spiele mitzuspielen und einfach was ganz anderes zu machen. Dafür müsstet ihr allerdings wissen, was es so gibt. Und glaub mir – dafür lässt Dir die Gaming-Industrie keine Zeit. Aber ich glaube auch, das ist ein bisschen viel verlangt. Ich schreibe Dir das eigentlich nur, weil ich finde, ein intelligenter Mensch sollte wissen was er tut, und womit er jede Minute seiner Freizeit verbringt.

Viele Grüße, Gregor Engelmeier

Squad: in der US-Army eine kleine Einheit von Soldaten

1 „Dein Squad braucht Dich …" Beschreibe, was dieser Satz im Spiel für dich bedeutet.

2 Erläutere, was dieser Satz in einem echten, realen Krieg bedeuten würde.

3 Der Informatiker und Spieleentwickler Gregor Engelmeier fällt ein hartes Urteil: „Und in diesem Spiel seid ihr eben leider nicht die Helden. Ihr seid noch nicht einmal wirklich cool …" Erkläre, welches „Spiel" er damit meint, und begründe, weshalb hier niemand zum Helden werden kann.

4 Verfasst einen Brief, der leicht zu verstehen ist. Erklärt darin, warum man in Computerspielen nicht zum Helden werden kann. Verwendet dazu auch Informationen aus dem Brief des Informatikers Gregor Engelmeier.

Friedensethik

Krieg und Heldentum in Filmen und Computerspielen

In einer Ethikstunde wurden Schülerinnen und Schüler einer neunten Klasse aufgefordert, die Namen von Computerspielen mit kriegerischen Inhalten zu nennen.

1 Sammelt mit der Placemat-Methode Titel von Computerspielen mit kriegerischem Inhalt. Berichtet, ob sich hinter den kriegerischen Namen auch entsprechende Inhalte verbergen.

2 Erstellt dann eine Rangliste von „kaum kriegerisch, eher strategisch" (1) bis „sehr brutal" (5).

3 Die Namen von Computerspielen empfinden viele Menschen als düster und brutal. Erfindet in Partnerarbeit mindestens drei passende Namen für ein aggressiv klingendes Spiel.

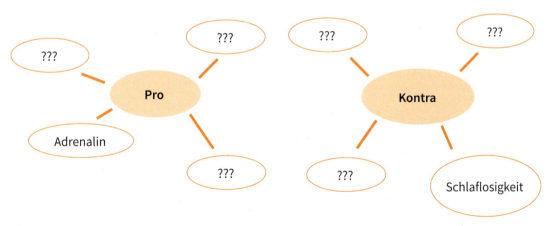

4 Erörtert, worin der Reiz solcher Spiele für viele Jugendliche liegen könnte.

5 In Gamer-Zeitschriften wird häufig der Realitätsgrad der Spiele beurteilt. Doch können Computerspiele – oder auch Filme – überhaupt ein realistisches Bild vom tatsächlichen Kriegsgeschehen abgeben? Findet dazu in Partnerarbeit Pro- und Kontra-Argumente.

Friedensethik

Ein Held wie im Spiel oder in Filmen?

1. Berichte, an welchen der hier abgebildeten Spiele bzw. Aktionen du selbst schon teilgenommen hast.

2. Nenne weitere Spielsituationen, in denen du dich als Held fühlen kannst.

3. „In diesen Spielen bin ich ein realer Held!" Erörtere, inwieweit du dieser Aussage zustimmst.

4. Vom Helden im Spiel zurück in die Realität. Erläutere Probleme, die darin liegen könnten.

5. In einigen dieser Spiele wird Gewalt simuliert. Zähle fünf mögliche Gefahren aus dieser Spielerfahrung auf.

Friedensethik

Pablo Escobar

Der kolumbianische Drogenbaron Pablo Escobar und sein Medellin-Kartell stiegen in den 1970er- und 1980er-Jahren zu einem der mächtigsten Drogenkartelle der Welt auf. Durch den Schmuggel von Kokain in die USA erzielte Escobar riesige Gewinne. Escobars Aufstieg war geprägt von Skrupellosigkeit, Brutalität und Korruption. Der Kampf der kolumbianischen Regierung gegen Escobar und seine Drogenmafia ähnelte zeitweise einem Bürgerkrieg. Escobar griff zu terroristischen Mitteln, unter anderem zu Bombenanschlägen, durch die zahllose Zivilisten und Staatsbedienstete ums Leben kamen. 1993 wurde Escobar im Rahmen einer Polizeiaktion erschossen.

Vor einigen Jahren entstand eine Krimiserie, in der Pablo Escobar als typischer Antiheld dargestellt wird. Der Zuschauer beginnt Mitgefühl zu entwickeln, wenn Escobar von den Armen in seiner Heimatstadt liebevoll „Don Pablo" genannt wird, weil er den Mittellosen Geld schenkt, oder wenn er mit seiner Frau und seinen Kindern harmonische Familienfeste feiert.

6 *Vom Antihelden zum Helden: Erkläre das Wort „Antiheld".*

7 *Recherchiert im Internet weitere Informationen zu der Realperson Pablo Escobar. Tauscht eure Informationen mithilfe der Kugellagermethode aus. Diskutiert, ob Pablo Escobar wirklich ein Held ist.*

Held	Terrorist
Einsatz für arme Menschen	Bombenleger
…	…
…	…

8 *Übertrage deine Erkenntnis auf weitere Filme oder Serien, die du kennst.*

9 *Beschreibt Lösungen, wie der „Held" seine Ziele auch ohne Einsatz von Gewalt erreichen würde. Spielt in Kleingruppen eure Variante vor.*

10 *Die Altersfreigaben werden oft diskutiert. Den einen sind sie zu streng, den anderen zu lasch.*
  a) *Recherchiert die Bedeutung der Abkürzung „FSK".*
  b) *Bildet zwei Gruppen in der Klasse zu der Fragestellung „Freiwillige Selbstkontrolle – sinnvoll oder nicht?" Findet je fünf Argumente und stellt eure Argumente in der Zick-Zack-Methode gegenüber.*

Friedensethik

Konflikte in unserem Lebensumfeld

Navid (17 Jahre) berichtet:
„Als ich hier [an dieser Mittelschule] ankam, konnte ich die Sprache noch nicht so gut. Da haben am Anfang immer alle gelacht, wenn ich in der Stunde was gesagt habe, besonders auch beim Vorlesen in Deutsch. Ich habe dann irgendwann auch nichts mehr im Unterricht gesagt, aber manchmal wird man einfach aufgerufen. Wenn man dann nichts sagt, wird noch mehr gelacht. Ich glaube, die meisten meinten das gar nicht so. Viele waren auch gleich sehr nett zu mir. Ich bekam auch einen eigenen Namen: „unser Afghani", weil ich aus Afghanistan komme. Aber ich heiße Navid!"

Ajda (15 Jahre) berichtet:
„In die Grundschule bin ich immer gern hingegangen. Da hatte die Lehrkraft alles im Griff und keiner konnte was machen. Hier sind die Lehrkräfte ziemlich machtlos. Wer beim Stören des Unterrichts nicht mitmacht, der wird gleich als Schleimer hingestellt. Ich bin deswegen sogar von anderen Schülerinnen bedroht worden: „Wenn du nochmal so rumschleimst, bekommst du Schläge." Man kann es eigentlich gar nicht glauben. Meine Eltern sagen, ich soll mich weiterhin anständig benehmen und im Unterricht gut mitmachen. Aber ich weiß nicht so recht: Ich habe jetzt schon keine Freunde mehr in der Klasse."

Annett (15 Jahre) berichtet:
„Ich weiß, dass in der Klasse dauernd über mich gelästert wird. Eine aus der Klasse erzählt es mir manchmal. Aber wenn die anderen dabei sind, tut sie so, als würde sie mich nicht kennen. Manchmal bekomme ich auch eine Nachricht aufs Handy, dass man sich am Nachmittag irgendwo trifft. In Wirklichkeit machen sich die anderen nur einen Spaß daraus, wenn ich dann auftauche und dann ist keiner da. Am Anfang des Jahres wollten sich mal alle bei mir am Nachmittag treffen. „Bis später dann!", hat sich L. von mir verabschiedet. Meine Mutter hat Pizza für alle gemacht – gekommen ist niemand."

Leon (15 Jahre) berichtet:
„Raufereien gab es bei uns schon immer. In der fünften Klasse haben wir in der Pause eigentlich nichts anderes gemacht. Damals war es alles ein Spiel, ein Raufspiel. Heute haben wir auch andere Typen in der Klasse, die richtig zuschlagen. Die können das, weil sie irgendwelchen Kampfsport machen. Wenn keine Lehrkraft in der Nähe ist, bespucken sie dich und wenn du das nicht so „total witzig" findest wie sie, dann nehmen sie dich gleich zu dritt oder viert in die Zange. Ich habe einmal einer Lehrkraft davon erzählt. Natürlich haben die alle zusammengehalten und gesagt, ich hätte sie provoziert und geschlagen. Das war's dann auch. Ich will hier nur noch weg!

Friedensethik

Alex (16 Jahre) berichtet:

Angefangen hat es eigentlich harmlos: In irgendeinem Fach, ich glaube in Ethik, ging es ums „Anderssein". Der Lehrer meinte, dass Schwulsein eine ganz normale Sache wäre und nichts Schlimmes. Ich hab dazu auch irgendwas gesagt, ohne zu ahnen, was ab dann abgeht: R. und S. nannten mich ab jetzt nur noch „Schwuli". Ich dachte mir noch nicht viel dabei. Aber sie haben nicht aufgehört damit! Ich rege mich mittlerweile gar nicht mehr auf, wenn irgendetwas mit meinem Namen an die Tafel geschmiert wird, Alex = gay und so weiter. Langsam bekomme ich Angst, dass sie im Internet damit weitermachen. Wehren kann man sich dagegen nicht."

Elena (15 Jahre) berichtet:

„In meiner alten Klasse wurde ich immer beschimpft, wegen etwas, das ich hier nicht sagen will. Sagen wir, es hat etwas mit meinem Äußeren zu tun. Mir wurden Zettel auf den Tisch gelegt, mit üblen Zeichnungen von mir, ich wurde bloßgestellt, wo immer es ging. Ein paar Mädchen aus meiner Klasse hatten richtig Spaß daran, mich fertigzumachen. Dabei taten sie immer so, als sei ich diejenige, die sie belästigt. Irgendwann haben auch die Jungs mitgemacht. Die waren noch viel einfallsreicher und haben sich für mich sogar ein ziemlich gemeines Lied ausgedacht. Das wurde dann im Schullandheim jedes Mal gesungen, wenn ich in der Nähe war."

Bildet sechs Gruppen. Jede Gruppe befasst sich mit einem der sechs Berichte.
Danach stellt ihr eure Ergebnisse vor. Bearbeitet folgende Aufträge:

1 Beschreibt die jeweilige Situation. Stellt dabei auch Vermutungen über Zusammenhänge und Hintergründe an.

2 Versetzt euch in die Lage der Personen: Beschreibt die Gefühlslage der betroffenen Schülerinnen und Schüler, der Täter sowie auch möglicher unbeteiligter Zuschauer.

3 Zeigt Handlungsmöglichkeiten für alle Beteiligten (auch für die Lehrkräfte) auf. Präsentiert eure Ideen in einem Rollenspiel.

Friedensethik

Konflikte gibt es überall!
Die Aussagen der sechs Jugendlichen auf den Seiten 12 und 13 kommen dir vielleicht bekannt vor. In der Schule begegnen sich viele Menschen aus verschiedenen Familien und Religionen, deren Sprachen und Herkunft sich unterscheiden. Dies alles sollte kein Grund für Konflikte sein.
Jedoch kann es nicht nur in der Schule zu Auseinandersetzungen kommen, sondern auch an anderen Orten oder mit anderen Personen.

1 *Sammelt in Partnerarbeit mindestens fünf weitere Orte, an denen es Konflikte geben könnte.*

2 *Erkläre, mit welchen Personen es deiner Meinung nach am ehesten zum Streit kommen kann.*

3 *Wie kannst du dich angemessen verhalten? Sieh dir die folgenden Möglichkeiten an und analysiere, welche Strategie du wann anwenden könntest.*

4 *„Zurückschlagen hilft immer!" Bewerte die Richtigkeit dieser Aussage. Begründe deine Meinung mit einem Beispiel.*

> **Konflikt**
> Von einem Konflikt [...] spricht man, wenn Interessen, Zielsetzungen oder Wertvorstellungen von Personen, gesellschaftlichen Gruppen, Organisationen oder Staaten miteinander unvereinbar sind oder unvereinbar erscheinen (Intergruppenkonflikt) und diese Konfliktparteien aufeinandertreffen (ohne „Berührung" wären es lediglich eine Meinungsverschiedenheit oder unterschiedliche Standpunkte). Dabei lässt sich zwischen der Konfliktstruktur, den Konflikt begleitenden Gefühlen (z. B. Wut) und dem konkreten Konfliktverhalten (z. B. tätliche Aggression) unterscheiden. [...]

5 *Greife die Definition von Konflikten auf. Beschreibe an den Beispielen aus den Aufgaben 1 und 2, welche Interessen oder Werte nicht übereinstimmen, sodass es hier zum Konflikt kommt.*

6 *Übertrage deine Erkenntnisse auf ganze Staaten und Länder. Erläutere, wie zwischen ihnen Krieg entsteht.*

Friedensethik

Gespräch nach Regeln

Unsere Klassenregeln
- Ich melde mich
- Ich darf keinen Kaugummi kauen …

Unsere Hausordnung
Der Unterricht beginnt um 8:00 Uhr. Ab 7:45 (nicht früher) darfst du in dein Klassenzimmer gehen. Davor …

Überall begegnen dir Regeln, wie du dich zu verhalten hast. Sicherlich kennst du die Gesprächsregeln, die in den meisten Klassenzimmern gelten.

1 *Liste mit deiner Partnerin/deinem Partner fünf Gesprächsregeln auf, die ihr sinnvoll findet.*

2 *Begründe, weshalb es gerade bei einem Konflikt wichtig ist, sich an diese Regeln zu halten.*

Friedlich einen Konflikt lösen

Der amerikanische Psychologe **Thomas Gordon** (1918–2002) entwickelte eine geordnete Methode zur Lösung von Konflikten zwischen Einzelpersonen oder Gruppen. Ziel seiner **„niederlagenlosen Konfliktlösung"** ist es, durch eine klar gegliederte Gesprächsstruktur den beiden Konfliktparteien die Suche nach einer Lösung zu erleichtern, mit der sich beide als „Gewinner" fühlen können. Daher wird diese Methode auch **„Win-win-Strategie"** genannt. Die Konfliktparteien müssen sich allerings Zeit nehmen und sich zusammensetzen. Sie arbeiten dann in sechs Schritten:

1. Schritt: Definition des Problems: Ohne eine klare und genaue Definition des Problems kann es auch keine Lösung geben – umgekehrt können sich Probleme bei genauerer Betrachtung „in Luft auflösen". Wichtig ist es nach Gordon, dass es in dieser Phase nicht um die richtige Lösung des Problems geht, sondern lediglich um die richtige Beschreibung.

2. Schritt: Sammlung möglicher Lösungen: Hier kann man sich an Leitfragen orientieren: „Welche möglichen Lösungen gibt es?", „Wer findet möglichst viele Lösungen?" In dieser Phase ist unbedingt darauf zu achten, dass die Lösungen nur gesammelt, keinesfalls jedoch in irgendeiner Form bewertet werden. Außerdem wird jeder Vorschlag schriftlich festgehalten.

3. Schritt: Wertung der Lösungsvorschläge: Alle Vorschläge, die begründet eine negative Bewertung erhalten, werden gestrichen.

4. Schritt: Entscheidung: Gemäß Gordons langjähriger Erfahrung als Mediator (Vermittler) schält sich nun nach und nach ein von allen bevorzugter Lösungsvorschlag heraus. Wenn alle Beteiligten einverstanden sind (keine Abstimmung!), wird dieser Lösungsvorschlag schriftlich fixiert.

5. Schritt: Realisierung der Entscheidung: Um die Entscheidung zu verwirklichen, sollten die Bedingungen der Realisierung klar geregelt sein. Hilfreich sind dazu die bekannten W-Fragen: Wer? Was? Wann? Wo? Wie?

6. Schritt: Beurteilung der Praxis: Alle am Konflikt Beteiligten sollten sich nach einiger Zeit wieder zusammensetzen, um den Erfolg der Vereinbarungen zu beurteilen. Gibt es etwas nachzubessern? Im Falle völliger Unzufriedenheit beginnt man wieder mit Schritt 1.

Friedensethik

3 Fasse die sechs Schritte von Thomas Gordon mit deinen eigenen Worten zusammen.

4 Nach diesem Verfahren sollte ein Konflikt gelöst werden können. Beschreibe deine Sichtweise dazu.

5 Erörtere die Frage, ob man in den einzelnen Schritten überhaupt feste Gesprächsregeln braucht. Begründe deine Meinung.

6 Bearbeitet in Partnerarbeit einen von euch erfundenen Konflikt mit den Schritten 1 bis 4. Falls euch kein Konflikt einfällt, könnt ihr euch an folgenden Anregungen orientieren: Eine Frage der Ehre – scheinheilige Freunde – Ärger nur wegen eines Mäppchens – Streit um einen Sitzplatz in der Pause – Konflikt um eine(n) gemeinsame(n) Freund(in) – gebrochene Versprechen – „Du rufst nie an!" – Mamas Liebling – „Pausenbrot ist für alle da!"

7 Formuliert Vereinbarungen zur Durchführung eurer Entscheidung (Schritt 5). Orientiert euch dabei an den W-Fragen.

8 Tragt eure Konfliktlösung anhand der sechs Schritte vor. Zu Schritt 6, also zur Beurteilung des Erfolgs, können eure Mitschülerinnen und Mitschüler Vermutungen und Prognosen äußern.

Sich Hilfe holen

Keine Lösung in Sicht bei einem Streit? Wer kann jetzt in der Schule helfen?

9 Welche Hilfe würdest du dir dann wann holen? Begründe deine Entscheidung mit einem passenden Beispiel.

10 Ladet die an eurer Schule tätigen Streitschlichter ein und bittet sie, euch zu beschreiben, wie sie mit Konflikten umgehen.

Friedensethik

Der Mediator

Wenn sich ein Konflikt nicht mehr selbst lösen lässt, braucht man jemanden, der eine Vermittlerrolle zwischen den streitenden Partein einnimmt, einen Mediator.

Was ist ein Mediator?

> **§ 1 Mediationsgesetz (MediationsG) Begriffsbestimmungen**
> (1) Mediation ist ein vertrauliches und strukturiertes Verfahren, bei dem Parteien mithilfe eines oder mehrerer Mediatoren freiwillig und eigenverantwortlich eine einvernehmliche Beilegung ihres Konflikts anstreben.
> (2) Ein Mediator ist eine unabhängige und neutrale Person ohne Entscheidungsbefugnis, die die Parteien durch die Mediation führt.

1 *Formuliere mit deinen Worten schriftlich, was ein Mediator ist.*

Die Aufgaben des Mediators

Die vermittelnde Person im Mediationsverfahren ist der Mediator. Von ihm wird verlangt, dass er im Verfahren eine wertschätzende und der Besonderheit des jeweiligen Verfahrens (bezogen auf die teilnehmenden Personen, den Konflikt, die sonstige Umstände) angemessene Haltung an den Tag legt und ein Klima des Vertrauens schafft.
[…]
Der Mediator wird bemüht sein, so wenig wie möglich in die Vergangenheit zu schauen und Schuldfragen zu thematisieren, sondern seine Arbeit auf die Gegenwart zu konzentrieren und den Fokus auf künftige, tragfähige Vereinbarungen zu legen.
[…]
Was einen Mediator ausmacht, findet sich in folgender Abkürzung wieder: Der Mediator ist **VANK**. Die einzelnen Buchstaben stehen für Verschwiegenheit, Allparteilichkeit, Neutralität, Keine Rechtsberatung/Lösungsvorschläge und Kompetenz. […]

2 *Nenne die Eigenschaften, die ein Mediator haben sollte. Erkläre, weshalb diese so wichtig sind.*

3 *Stelle zusammen mit deiner Partnerin/deinem Partner Vermutungen darüber an, bei welchen der folgenden Beispiele wohl ein Mediator sinnvoll wäre.*

Scheidung   Sorgerecht   Schulden   ???

4 *Berichte von weiteren Beispielen aus deinem Umfeld, bei denen ein Mediator ebenfalls hilfreich wäre.*

5 *Wo finde ich Mediatoren? In der Schule sind das die Streitschlichter, bei ProFamilia etwa gibt es ausgebildete Mediatoren. Recherchiere weitere Möglichkeiten im Internet.*

Friedensethik

Wenn Konflikte zu Gewalt werden

Physische Gewalt – Psychische Gewalt
Gewalt kann in vielerlei Formen auftauchen: zunächst einmal als physische (körperliche) Gewalt und als psychische (seelische) Gewalt.

1 *Untersucht die sechs Berichte auf den Seiten 12 und 13 nach diesen Kategorien. Legt eine Tabelle an, in die ihr die jeweiligen Handlungen eintragt:*

Physische Gewalt	Psychische Gewalt
Bespucken	Bloßstellen
…	…

2 *Listet noch weitere gewalttätige Handlungsweisen auf. Ergänzt die Tabelle.*

3 *Diskutiert folgende Aussage: „Opfer von physischer Gewalt leiden an den körperlichen Folgen, wer dagegen psychische Gewalt erfährt, leidet an den seelischen Folgen."*

4 *Nennt Möglichkeiten des Staates, psychischer Gewalt an Schulen und Kindergärten entgegenzuwirken.*

Strukturelle Gewalt
Vor etwa fünfzig Jahren führte der norwegische Friedensforscher **Johan Galtung** den neuen Begriff der ↑**strukturellen Gewalt** ein. Sein Gedanke war: In wohl jeder Gesellschaft gibt es unbestreitbar Gruppen, die mehr oder weniger privilegiert sind, die also gewisse **Vorrechte** genießen. Andere gesellschaftliche Gruppen werden dagegen benachteiligt. In dieser sozialen Ungleichheit erkannte Galtung eine **versteckte Form der Gewalt**.
Ein **Beispiel**: In vielen Ländern und Gesellschaften kommt es bei der ärztlichen Versorgung auf den finanziellen Status des Kranken an. Wirksame Behandlungen gibt es nur für Reiche. Arme sterben, weil sie sich die rettende Therapie nicht leisten können. Galtung folgerte daraus, dass hier kein Fall von physischer oder psychischer Gewalt vorliegt, sondern dass gesellschaftliche Strukturen die Schuld am Tod eines Menschen tragen. Auch wenn das Opfer selbst möglicherweise niemals direkte Gewalt gegen sich empfunden hat, so steht doch eine „strukturelle Gewalt" hinter seinem Tod. Allgemein können laut Galtung soziale Ungleichheiten in Gesellschaften als verborgene Form von Gewalt der Privilegierten gegenüber den Benachteiligten angesehen werden.

5 *Zwischen Anton und Paula entspinnt sich eine Diskussion. Ergänzt den Dialog in Partnerarbeit.*

Anton: *Hier steht, dass bei uns nicht jeder die gleichen Chancen im Leben hat, z. B. Frauen, Migranten, alte Menschen usw.*
Paula: *Und? Das ist doch so.*
Anton: *Es steht doch fest: Jeder Mensch startet von Geburt an gleich und jeder kann etwas aus seinem Leben machen. Da wird doch niemandem Gewalt angetan?*
Paula: *Hast du dir vielleicht schon mal überlegt, dass …*

Über Kinder des Krieges in Syrien […]

Tausende Kinder starben in dem seit Jahren andauernden Krieg in Syrien. Wer überlebt, ist ↑traumatisiert. Katharina Ebel von der Organisation „SOS-Kinderdörfer weltweit" erzählt im stern-Interview von Kindern, die keinen Frieden kennen. Von ihrem Leid und ihren Hoffnungen.
Von Daniel Wüstenberg

Seit Jahren herrschen Krieg und Gewalt in Syrien. Was als Bürgerprotest begann, ist längst ein internationaler Konflikt – unter Beteiligung der Supermächte USA und Russland. Millionen Menschen mussten ihre Heimat verlassen, Hunderttausende verloren ihr Leben. Und mittendrin sind die Schwächsten, die Kinder. Sie wurden zu Waisen, sie wurden verletzt und tausendfach getötet. Wer überlebt hat, ist traumatisiert – womöglich ein Leben lang. Und ein Ende des Mordens in Syrien ist nicht absehbar. Katharina Ebel stellt sich dem Elend entgegen. Für die Organisation „SOS-Kinderdörfer weltweit" ist die 37-Jährige in den Krisengebieten der Welt unterwegs, um Kindern zu helfen, zuletzt ist sie im Oktober aus Syrien zurückgekehrt. […]

Frau Ebel, Sie betreuen in ihren verschiedenen Einrichtungen in Syrien Hunderte Kinder, Tausende Familien werden von den „SOS-Kinderdörfern weltweit" versorgt. Wie gelingt es Ihnen, den betreuten Kindern einen halbwegs normalen Alltag zu bieten?

Das ist das, worauf wir am meisten Wert legen und uns am meisten drauf konzentrieren: Wir versuchen, dass die Kinder so früh wie möglich in die Schule gehen können, dass es regelmäßige Mahlzeiten gibt, dass es einen strukturierten Alltag mit Regeln gibt. Auch wenn man sich das nicht vorstellen kann: Wir gehen mit den Kindern auch ins Kino, zum Eis essen oder zum Schwimmen, soweit das möglich ist. Das machen wir zum Beispiel in Damaskus und überall, wo es die Sicherheitslage erlaubt. Wir versuchen, viel mit den Kindern zu spielen, Therapien sind nur ein Baustein im Wochenablauf. Kinder haben ihre Eltern verloren oder ihr Zuhause, einige wurden auch selbst verletzt.

Friedensethik

Da ist es sehr wichtig, dass sie auch im Kriegsalltag Normalität erleben.

Viele Kinder haben in ihrem ganzen Leben nichts anderes als Krieg kennengelernt, können die überhaupt noch jemandem vertrauen?
Natürlich kann man das nicht verallgemeinern, es kommt immer darauf an, was ein Kind erlebt hat. Kindern, die zum Beispiel acht Jahre oder älter sind, fehlt das Urvertrauen, die kennen nur Unsicherheit. Die haben erlebt, wie ihre Eltern gestorben sind, wie Freunde verletzt oder Bekannte verschleppt wurden. Wir betreuen Kinder, die alleine auf der Straße gelebt haben, weil sie von ihren Eltern getrennt wurden, und sich monatelang alleine durchgeschlagen haben – das vergessen die nicht.

Ein Kind vergisst auch nicht, wenn es beschossen wurde oder über Monate unter konstantem nächtlichem Bombenhagel gelebt hat. Das prägt sich ein, da ist kein Vertrauen mehr da. Und dieses Vertrauen muss über sehr lange Zeit wieder aufgebaut werden. Die Kinder verstehen auch die Folgen solcher Ereignisse auf ihre Psyche häufig nicht, es geht da um Albträume oder Aggressionen. Sie können zwar erzählen „Ich habe gesehen, wie jemand gestorben ist", aber sie können häufig nicht begreifen, woher diese Gedankenschleifen oder ihre Traurigkeit kommen, woher sogar Selbstmordfantasien kommen.

1 *„Was als Bürgerprotest begann, ist längst ein internationaler Konflikt." Verschafft euch einen Überblick über die Ursprünge und die Bedingungen des Krieges in Syrien.*

2 *Entwerft Friedensplakate für die Region. Gestaltet drei digitale Folien und präsentiert sie eurer Gruppe.*

3 *Krieg ist für alle Betroffenen ein schreckliches Erlebnis. Begründet, weshalb insbesondere Kinder und Jugendliche von Kriegsfolgen betroffen sind.*

Wie verhalten sich solche traumatisierten Kinder?
Einige ziehen sich komplett zurück, sind nicht mehr in der Lage, Gefühle zuzulassen oder verletzen sich teils auch selbst. Wir erklären ihnen, dass Weinen okay ist, dass Trauer okay ist. Dabei helfen zum Beispiel Entspannungsübungen oder Gespräche. Viele Kinder sprechen aber auch einfach nicht, vor allem die kleineren. Wir wissen dann nicht, wo die herkommen oder was mit den Eltern und Verwandten ist, sie reden schlicht nicht oder haben keine Erinnerungen. Unsere Psychologen versuchen dann, diesen Kindern zu vermitteln, dass sie jetzt sicher sind und dass wir sie beschützen. Oft hilft das, damit sie sich wieder erinnern und reden können. Das braucht sehr viel Zeit und Einzelbetreuung, das ist auch für unsere Organisation extrem schwierig. Je länger der Krieg dauert, desto mehr traumatisierte Kinder gibt es. Und der Krieg bringt noch mehr Leid hervor: Armut, Kinderarbeit oder Frühverheiratung zum Beispiel.

Was befürchten Sie für diese Generation, wenn irgendwann mal wieder Frieden in Syrien einkehrt?
Eine Folge von ↑Traumata kann sein, dass Erinnerungs- und Konzentrationsvermögen eingeschränkt sind oder abhandenkommen. Was zum einen bedeutet, dass die Kinder als Erwachsene wahrscheinlich schlechter gebildet sein werden, Anderen fehlen viele Jahre in der Schule. Deshalb spricht man oft von einer verlorenen Generation. Zum anderen geht dieses Misstrauen, was einmal gesät wurde, nicht so schnell wieder weg. Dieses Misstrauen werden viele Menschen auch an die Folgegeneration weitergeben. Ich erlebe das auch im Irak: Die gesamte Gesellschaft ist durch Krieg und Gewalt traumatisiert und zum Teil von Misstrauen und Egoismus geprägt. Die Familie ist oft der einzige verlässliche Schutz.

Friedensethik

Können Eltern ihren Kindern denn überhaupt noch Schutz bieten oder zumindest Sicherheit simulieren, wenn die Kinder so viel Grauenvolles durchgemacht haben?

Viele Eltern sind zu sehr damit beschäftigt, selber jeden Tag zu überleben. Auch sie sind durch den Krieg traumatisiert. Sie haben Verluste hinnehmen müssen. Mütter sind teilweise extrem überfordert und können den Schutz und die Liebe gar nicht geben. Die Gewalt hat auch Auswirkungen auf Erwachsene, sie sind zum Teil depressiv oder können gar keine Gefühle mehr zulassen. Dann können sie auch keine Gefühle an ihre Kinder weitergeben. Sie sind einfach nicht mehr dazu in der Lage, für ihre Kinder zu sorgen.

Mütter in Syrien sind nicht anders als in Deutschland, sie wollen ihre Kinder oder Neugeborenen nicht weggeben, müssen es aber aus der Not heraus trotzdem tun. Und die Kinder verlieren das Gefühl von Sicherheit.

4 *Ein psychisches Trauma entsteht durch schwere und belastende Ereignisse, die im Unterbewusstsein eines Menschen sehr lange nachwirken. Katharina Ebel schildert die Folgen von Kriegstraumata. Stellt sie in einer Liste zusammen. Auch auf den folgenden Seiten findet ihr dazu Hinweise.*

Wie spielen und lernen Kinder in Ihren Einrichtungen?

Viele sind sehr zurückgezogen, sie beteiligen sich nicht, sie hocken nur in einer Ecke oder weinen. Manche sind aggressiv. Wenn sie denn spielen, spielen sie wie jedes andere Kind auf der Welt. Bis sie sich am Spielen beteiligen, dauert es aber. Es gibt Ängste davor, mit anderen Kindern Kontakt aufzunehmen, sich mit anderen zu konfrontieren.

Auch der Schulbesuch ist schwer. Viele Kinder haben einige Schuljahre verpasst, sie haben nur lesen und schreiben gelernt und sitzen dann mit 13 Jahren in der ersten oder zweiten Klasse. Das ist kein Spaß, auch nicht fürs Selbstbewusstsein. Die Kinder haben ja ohnehin schon einen großen Rucksack zu tragen, durch Entwurzelung zum Beispiel. Unter diesen Voraussetzungen ist Lernen natürlich sehr schwer. Bei einigen Kindern ist der Schulbesuch auch gar nicht

Friedensethik

das Wichtigste. Die müssen erstmal ins Leben zurückgeholt und begeistert werden, mit Dingen, die sie interessieren: Fußball spielen, malen oder Theater. Die Schule ist dann erst der nächste Schritt.

Haben die Kinder noch die gleichen Wünsche wie Kinder, die im Frieden aufwachsen?
Das ist relativ normal, die wünschen sich Spielzeug, Klamotten oder Süßigkeiten. Es sind eben Kinder. Ein Kollege hat sie in Aleppo gefragt, was sie später werden möchten. Letztendlich wollen sie all das werden, was es gerade nicht gibt: Arzt, Bäcker oder Lehrer. Viele der Kinder haben den Wunsch zu helfen. Sie wollen, dass es mal anders und besser wird.

Macht Ihnen das Hoffnung?
Bestimmt. Wenn Kinder diesen Schritt machen können und nicht mit Hass aufwachsen und sie sehen, dass man etwas Gutes tun kann, dann macht das Hoffnung. Es ist jetzt an uns, die Kinder so zu fördern, dass sie die Chance haben, ihre Ziele zu erreichen.

5 *Als eine der Langzeitnachwirkungen eines Krieges gilt die fehlende Möglichkeit zur Entwicklung und Förderung von Begabungen. Begründe, weshalb dies nicht nur die betroffenen Kinder und Jugendlichen, sondern eine vom Krieg betroffene Gesellschaft als Ganzes vor Probleme stellt.*

Wie sehen die Nächte in Ihren Einrichtungen aus? Was erleben die Kinder, wenn es dunkel wird?
Bei manchen Kindern, die traumatische Erfahrungen gemacht haben, gibt es sogenannte Trigger. Das kann ein Geräusch sein, eine Farbe oder ein Geruch, die dafür sorgen, dass Erinnerungen immer wieder kommen. Dann gibt es Albträume, manche wachen nachts schreiend auf. Wir haben auch viele Kinder, die Bettnässer sind, zum Teil im Teenager-Alter.

Unser Kinderdorf in Damaskus lag zeitweise direkt auf der Frontlinie. Die Parteien beschossen sich über das Dorf hinweg, nächtelang. Solche Nächte sind furchtbar. Sie machen einfach nur Angst. Da weiß man nicht mehr, wo man hinsoll. Sie wissen dann nicht: Kommen die Bomben näher oder nicht? Wo schlagen sie als nächstes ein? Sind wir hier noch sicher? Und die Geräusche sind ohrenbetäubend. Metallisch krachend. Solche Nächte durchleben die Kinder immer wieder – selbst wenn es ruhig ist.

Wer ist bei Ihnen vor Ort, um den Kindern dann beizustehen?
Unsere Therapeuten und Psychologen kommen zum Teil gerade von der Uni. Aber es fehlt an Personal und Fachexpertise, weil schon so lange keiner mehr ins Land kommen konnte, um Leute auszubilden und weil Fachleute sich bis heute nicht ins Land trauen. Seit rund einem dreiviertel Jahr können wir auch wieder Fachkräfte von außerhalb ins Land schicken, aber leider sind viele nicht dazu bereit.

Letztendlich brauchen auch all unsere Erzieher, Sozialarbeiter und Betreuer eine Ausbildung, um zu realisieren, was ein Trauma ist und wie sie darauf reagieren können. Die Betreuer sind natürlich auch vom Krieg betroffen, sie leben ja in Syrien. Sie haben selber Familien, die teilweise geflohen sind, oder sie haben ihr Zuhause verloren. Sie haben auch Angehörige verloren. Sie beschäftigen sich selber jeden Tag mit Fragen wie „Sind wir hier noch sicher?", „Haben wir Wasser?", „Haben wir Strom", „Wo ist die Front?" Diese Fragen sind immer da, das ist jeden Tag präsent. Alle haben gepackte Koffer. So leben sie und das machen sie erstaunlich gut.

Interessieren sich die Syrer denn überhaupt noch dafür, wer in diesem Krieg für einzelne Taten verantwortlich ist oder haben die Menschen da schon resigniert?

Ein Kollege von mir in Aleppo hat nach dem Giftgasangriff von Chan Scheichun gesagt: „Uns überrascht hier nichts mehr, der Krieg hat uns sechs Jahre gekostet. Das Einzige, was er gebracht hat, war Zerstörung und Leid und Tod. Wer hier an der Macht ist, ist den meisten Syrern egal. Hauptsache jemand schafft es, langfristig Frieden zu schaffen. Die Menschen sind am Ende. Alle Entscheidungen sind politisch motiviert, und die Zivilisten zahlen den Preis. Die Intervention der USA nach dem Giftgasangriff hat zum Beispiel Panik ausgelöst. Wenn die USA jetzt Assad bekämpfen, dann werden sie Damaskus angreifen. Und das heißt: Wir bekommen ein zweites Aleppo." Das ist eine Horrorvorstellung.

Sie halten sich in potenziell sehr gefährlichen Gegenden auf, nur wenige Flugstunden von Deutschland entfernt. Wie gewöhnen Sie sich an den Kontrast zwischen der Heimat und zum Beispiel Syrien?
Es ist schwer, wieder normal in Deutschland anzukommen, vor allem wenn ich längere Zeit weg war. Vor allem ist es schwer, die Probleme der Menschen in Deutschland nicht arrogant als Nicht-Probleme zu betrachten. In Syrien sehe ich, um was die Menschen jeden Tag kämpfen müssen, teilweise ums nackte Überleben oder um eine Zukunft für ihre Kinder. Und dann komme ich nach Deutschland und hier geht es darum, in welchen Privat-Kindergarten die drei Kinder jetzt gesteckt werden oder wann man ein neues iPhone bekommt – das mag furchtbar arrogant klingen, aber wenn ich aus Syrien komme, sind das keine Probleme, die ich ernst nehmen kann. Und mit dem Kontrast muss ich immer wieder klarkommen. Das pendelt sich dann aber nach einiger Zeit auch wieder ein, weil ich dann selbst wieder die normalen deutschen Alltagsprobleme habe.

Welche Herausforderungen gibt es denn in Ihrem Alltag in Syrien?
Wir müssen Standorte finden, die so sicher sind, dass Kinder dort hinkommen können. Weil sich die Frontlinien in dem Krieg immer wieder verändern, ist das schwer. Dann haben wir einen Standort gefunden und der Krieg rückt plötzlich näher. Es fallen Bomben im selben Stadtviertel – was macht man dann?

Eine meiner ersten Entscheidungen in Syrien war, ob wir unser Übergangsheim in Aleppo evakuieren und nach Damaskus umziehen. Gehen wir also mit 30 Kindern auf die Straße oder nicht? Das war eine extrem harte Entscheidung, weil der Weg nach Damaskus zehn Stunden dauerte und nicht sicher war – eine gruselige Abwägung. Letztendlich haben wir evakuiert und das war die richtige Entscheidung: Zwei Tage später ging vor dem Übergangsheim eine Rakete nieder. Die Splitter hätten die Kinder verletzt oder Schlimmeres.

Bei all dem Leid, das sie erleben: Haben Sie persönlich eigentlich noch Hoffnung, dass in Syrien Frieden einkehren wird?
Ehrlich gesagt: Nicht für die nahe Zukunft. Seit langer Zeit ist man in Syrien schon davon abhängig, dass sich die unterstützenden Mächte einigen. Man hätte lange schon sagen können: „Wir schicken keine Waffen, wir schicken keine Soldaten." Wenn sich die einzelnen Parteien zurückziehen und keine Seite mehr unterstützen, dann wären die Syrer unter Druck und möglicherweise eher bereit, über Frieden zu verhandeln. Solange es Unterstützung gibt, wird weitergekämpft, bis das Material ausgeht.

Wir haben einen ↑UN-Sicherheitsrat, in dem als Vetomächte Kriegsparteien sitzen. Damit kann man keinen Frieden hervorbringen, das geht einfach nicht, weil geopolitische Interessen Priorität haben und den humanitären Interessen entgegenstehen. Letztendlich müsste man den UN-Sicherheitsrat umstrukturieren mit rotierenden Vetomächten. Es gab ja auch schon ein Waffenstillstandsabkommen für Aleppo, aber wer überwacht die Feuerpausen? Wo sind die Blauhelmsoldaten, um daraus einen dauerhaften Frieden zu machen?

Friedensethik

6 Als im Jahr 2015 die Zahl der Geflüchteten aus Syrien einen Höchststand erreichte, kam es in Deutschland zu heftigen öffentlichen Diskussionen. Dabei wurde gelegentlich der Verdacht geäußert, es handle sich bei den Geflüchteten um sogenannte „Asyltouristen" und „Wirtschaftsflüchtlinge". Wie könnte solchen Vorurteilen in der Bevölkerung begegnet werden? Nenne Argumente, die du in einer Diskussion im privaten Kreis vorbringen würdest.

7 Die UN-Resolution 1998 vom 12. Juli 2011 zum Schutz von Kindern in Krisengebieten „fordert die an einem bewaffneten Konflikt beteiligten Parteien nachdrücklich auf, Handlungen zu unterlassen, die Kinder am Zugang zur Bildung und zu Gesundheitsdiensten hindern". Begründe die Wichtigkeit der beiden genannten Punkte.

8 Welche weiteren Forderungen müsste eine Resolution zum Schutz von Kindern in Krisengebieten enthalten? Nennt einige Punkte, die euch wichtig erscheinen.

9 Der Krieg in Syrien ist auch für die Betroffenen unübersichtlich. Manche Beobachter fordern deshalb, dass generell Waffenlieferungen in mögliche Krisen- und Kriegsgebiete untersagt werden müssten. Dieser Ansatz zur Friedensstiftung ist jedoch nicht unumstritten. Nennt mögliche Vor- und Nachteile eines solchen Ansatzes.

10 Katharina Ebel arbeitet für die Kinderhilfsorganisation „SOS-Kinderdörfer weltweit". Nennt zwei weitere Menschenrechts- oder Kinderhilfsorganisationen. Recherchiert zu ihren Arbeitsbereichen im Internet.

11 Könntest du dir vorstellen, nach der Schulzeit im Rahmen des Bundesfreiwilligendienstes (BFD) oder des „Freiwilligen Sozialen Jahres" (FSJ) für zwölf Monate bei einer Kinderhilfsorganisation einen Dienst zu leisten? Erörtere, inwiefern du davon profitieren könntest.

Eine Folge des Krieges: Flucht und Vertreibung

Menschen, die in einem anderen Land Aufnahme und Schutz vor politischer, religiöser oder sonstiger Verfolgung suchen, werden als Asylbewerber oder Asylsuchende bezeichnet. Auf ihrer Flucht, z. B. über das Mittelmeer nach Europa, können diese Menschen in der Regel nicht mehr als eine Tasche und die Kleidung, die sie am Leib tragen, mit sich führen.

12 Stelle dir vor, du hättest nur noch eine Viertelstunde Zeit, um deine Tasche für die Flucht in ein weit entferntes Land zu packen. Alles, was du nicht hineinpackst, ist für dich für immer verloren. Bedenke aber auch: Du musst diese Tasche vielleicht über Monate hinweg tragen und dein Leben auf der Flucht mit den Dingen bestreiten, die darin sind. Schreibe auf, was du mitnimmst (Zeit: 15 Minuten!).

Friedensethik

Zur Waffe greifen ist kein Spiel!

Auf den vorherigen Seiten hast du gelesen, wie es Kindern in Kriegsgebieten ergeht, wie sie versuchen zu überleben oder auch das Land zu verlassen und zu fliehen, mit welchen Folgen sie dann zu leben haben und welche Schwierigkeiten sie bewältigen müssen.

Wer bleibt, hat oft keine andere Wahl, als selbst zur Waffe zu greifen.

Was sind Kindersoldaten?
Kinder und Jugendliche werden Kindersoldaten genannt, wenn sie in Streitkräften oder in bewaffneten Gruppen eingesetzt werden und unter 18 Jahre alt sind.

Weltweit gibt es ungefähr 250.000 Kindersoldaten. Die meisten sind zwischen 15 und 18 Jahre alt, manche aber auch erst sieben oder acht Jahre. Kindersoldaten sind nicht nur Jungen, sondern auch Mädchen. Sie wurden von ihren Eltern getrennt und leben in ständiger Angst, verletzt oder gar getötet zu werden. [...]
Manchmal werden sie auch von den Soldaten sexuell missbraucht, unter Umständen mit HIV infiziert und leiden ihr Leben lang an der Krankheit Aids.

1 *Stelle Vermutungen über die Gründe an, weshalb gerade Kinder ausgesucht werden, um im Krieg zu kämpfen.*

2 *Welche Folgen werden diese schlimmen Erfahrungen für die jungen Menschen haben? Diskutiert eure Vermutungen darüber in der Gruppe.*

Was geschieht mit ehemaligen Kindersoldaten?
Nur wenigen gelingt es zu fliehen. Die Gefahr, erwischt zu werden, ist groß. Zudem wissen die Kinder oft nicht, wo sie sind und wie sie nach Hause kommen sollen.

Die Vereinten Nationen und einige Hilfsorganisationen verhandeln die Freilassung von Kindersoldaten. Bewaffnete Gruppen wollen dafür jedoch Geld haben oder erreichen, dass sie nicht vor Gericht gestellt werden. Daher scheitern solche Verhandlungen oftmals.

3 *Stelle dir vor, ein ehemaliger Kindersoldat wird von einer Hilfsorganisation gerettet und findet in Deutschland Asyl. Er sieht dort einen Jugendlichen Computerspiele mit kriegerischen Elementen spielen. Erstellt in Partnerarbeit einen Dialog zwischen dem Asylanten und dem Jugendlichen.*

4 *Recherchiert im Internet Länder, die Kindersoldaten einsetzen, und weitere Organisationen, die sich für die Freilassung dieser Kinder einsetzen. Gestaltet dazu eine informative digitale Präsentation und ladet die Nachbarklassen ein.*

Friedensethik

Wir sind alle gleich!

1 Erkläre, wofür oder wogegen die Menschen auf dem Bild demonstrieren.

2 Sammelt gemeinsam Gedanken dazu, welche Ziele diese Protestbewegung haben könnte.

Protestbewegung „Black Lives Matter"

Am 9. Juni 2020 wurde der Afro-Amerikaner George Floyd in Houston (USA) beerdigt. Zwei Wochen zuvor, am 25. Mai, hatte eine Polizist Floyd während dessen Verhaftung unter Anwendung unverhältnismäßiger Gewalt erstickt.
Dieser Vorfall rief in vielen Städten der USA, weltweit und auch in Deutschland viele Menschen auf die Straßen, um unter dem Motto „Black Lives Matter" zu demonstrieren. Die deutsche Übersetzung dieses Slogans lautet „Schwarze Leben sind von Bedeutung". Seit 2013 setzt sich die „Black Lives Matter"-Bewegung gegen Gewalt ein, die gegen schwarze und andere nicht-weiße Menschen gerichtet ist.

Friedliche Kämpfer/innen gegen Rassismus

Der Kampf gegen Rassismus, Ausgrenzung und Benachteiligung von nicht-weißen Menschen dauert in den USA schon viele Jahre an. Besonders bekannt wurde der Pastor und Bürgerrechtler **Martin Luther King**, der in den 1950er- und 1960er-Jahren zu gewaltfreiem Widerstand gegen Rassismus aufrief. Berühmt ist auch **Rosa Parks**, eine schwarze Näherin und Sekretärin, die sich 1955 weigerte, ihren Sitzplatz im Bus für einen weißen Fahrgast zu räumen. Dazu wäre sie damals gesetzlich verpflichtet gewesen. Die Proteste gegen Unterdrückung und Diskriminierung führten dazu, dass Gesetze, die schwarze Menschen benachteiligten, abgeschafft wurden.

3 Auch heute setzen sich viele Menschen gegen Rassismus ein. Recherchiert im Internet bekannte Persönlichkeiten aus den Bereichen Sport, Film, Musik, Modewelt, Internetvideoportalen etc., die sich aktiv gegen Diskriminierung einsetzen. Stellt eure Ergebnisse der Klasse vor.

Friedensethik

Hoffen auf eine gleichberechtigte Zukunft

Viele Menschen auf der ganzen Welt hoffen darauf, dass Diskriminierung und Rassismus in der Gesellschaft verschwinden. Nicht-weiße Menschen hoffen, dass sie in Zukunft nicht mehr wegen ihrer Hautfarbe benachteiligt werden. Denn vor dem Gesetz sind alle Menschen gleich, egal welche Hautfarbe sie haben. Das gilt in den USA und auch bei uns in Deutschland (siehe Art. 3 GG).

4 *Diskriminierung betrifft nicht nur die Hautfarbe? Sammle mit deiner Partnerin/deinem Partner fünf weitere Eigenschaften, aufgrund derer Menschen auch benachteiligt werden.*

Artikel 3 Absatz 1 des Grundgesetzes enthält den allgemeinen Grundsatz, der den Staat zur Gleichbehandlung aller Menschen verpflichtet.

Art. 3. Abs. 1 GG

(1) Alle Menschen sind vor dem Gesetz gleich.

(2) Männer und Frauen sind gleichberechtigt. Der Staat fördert die tatsächliche Durchsetzung der Gleichberechtigung von Frauen und Männern und wirkt auf die Beseitigung bestehender Nachteile hin.

(3) Niemand darf wegen seines Geschlechtes, seiner Abstammung, seiner Rasse, seiner Sprache, seiner Heimat und Herkunft, seines Glaubens, seiner religiösen oder politischen Anschauungen benachteiligt oder bevorzugt werden. Niemand darf wegen seiner Behinderung benachteiligt werden.

Artikel 2 des Grundgesetzes (siehe S. 138) gehört ebenfalls zum ersten Abschnitt (↑Grundrechte) unserer Verfassung. Dieser Artikel garantiert das Recht auf freie Entfaltung der Persönlichkeit, auf Leben, auf körperliche Unversehrtheit und schützt die Freiheit der Person.

5 *Erkläre die Aussagen von Art. 2 und 3 GG aus deiner Sicht. Nenne Beispiele zu deiner Aussage.*

6 *Recherchiere im Internet weitere Artikel zu den Grundrechten wie Art. 1 GG „Unantastbarkeit der Menschenwürde".*

7 *Analysiere dein Verhalten: Achtest du die Grundrechte immer? Schildere Situationen, in denen du dich nicht korrekt verhalten hast und dabei vielleicht Menschen benachteiligt wurden oder Schaden erlitten.*

8 *Hattest du schon einmal das Gefühl, selbst benachteiligt zu werden? Berichte von deinen Erfahrungen.*

9 *Greift das Thema „Rassismus" auf und entwerft passende Plakate gegen Rassismus und für mehr Toleranz für eure Schule.*

Friedensethik

Das kann und weiß ich jetzt …

Darüber weiß ich jetzt Bescheid:

Flucht und Vertreibung   psychische Gewalt   Langzeitnachwirkungen   Kindersoldaten   Menschenrechtsorganisationen   Mediation   physische Gewalt   Konflikte   Krieg im Game   Helden im Fernsehen   Diskriminierung   Art. 2 und 3 Grundgesetz   Grundrechte

1 *Greift noch einmal die Themen „strukturelle Gewalt" und „soziale Ungerechtigkeit" auf. Diskutiert die folgenden Aussagen auch in Bezug auf Art. 3 GG.*

Ich brauche dringend einen Laptop für mein Homeschooling. Meine Eltern haben kein Geld dafür.

Eine Zahnzusatzversicherung habe ich nicht.

Oft bekomme ich Absagen auf meine Bewerbungen. Warum?

Mein Reitunterricht wurde zu teuer.

Gerne würde ich Klavier spielen, das könnte ich sicher gut.

Die Polizei kontrolliert mich öfter als andere.

Nachhilfe können wir uns nicht leisten.

2 *Stellt Vermutungen darüber an, wer für die Betroffenen dieser Aussagen für Gerechtigkeit sorgen könnte.*

3 *Erklärt, wie ihr euch selbst dafür einsetzen könnt, dass alle Menschen gleiche Chancen bekommen.*

2 Sinnsuche im Leben

Wohin?

Sinnsuche im Leben

Sinnvoll leben

Was gibt unserem Leben einen Sinn?

- Lieben und geliebt werden
- Freunde haben
- Glück
- Glaube/Religion
- Familie
- Gesundheit
- Kinder haben
- Spaß haben
- Genießen
- Beruf/Karriere/Erfolg
- Sich selbst erkennen
- Inneren Frieden finden
- Reich werden
- Seine Bestimmung finden
- Freiheit
- Die eigenen Träume wahr werden lassen
- Sich für andere einsetzen

1 Beschreibe, worin für dich der Sinn des Lebens liegt.

2 Wähle einen Gedanken aus und erkläre ihn mit eigenen Worten.

Was ist Sinn und Zweck des Ganzen?

Fidget Spinner – sinnloses Spielzeug?

Fahrradhelm – sinnvolle Erfindung?

1 Überlege, welche Gegenstände oder Erfindungen du sinnvoll findest und welche sinnlos. Falls möglich, bringe sie in der nächsten Ethikstunde mit und begründe deine Haltung.

Sinn und Zweck

Sinn
sinnvoll (= ratsam)

unsinnig (= nicht ratsam)
▼
Bedeutung von etwas;
Frage nach dem **Warum?**

Zweck
zweckgerichtet (= nützlich, macht aber oft keinen Spaß)

zweckfrei (= unnütz, macht aber oft Spaß)
▼
Ziel/Nutzen von etwas/Absicht hinter etwas;
Frage nach dem **Wozu?**

---

2 Begründe bei den folgenden Beispielen, ob und weshalb etwas Sinn ergibt bzw. worin der Zweck besteht. Ergänze die Liste mit weiteren Beispielen.

	Das macht Sinn/macht keinen Sinn, weil …	Der Zweck besteht darin, dass …
nach dem Essen Zähne putzen	…	…
vor dem Essen Zähne putzen	…	…
Kaugummi kauen	…	…
barfuß gehen	…	…
einem Sportverein angehören	…	…
laut Musik hören	…	…
rauchen	…	…
Hausaufgabe abschreiben	…	…
sich vor dem Sport aufwärmen	…	…
sich ehrenamtlich im Altersheim engagieren	…	…
ein Wörterbuch ganz durchlesen	…	…

Sinnsuche im Leben

Was bedeutet „Sinn"?

1. die Fähigkeit, etwas wahrzunehmen und zu empfinden: „Der Mensch besitzt fünf Sinne: das Sehen, Hören, Riechen, Schmecken und Tasten."
2. Bewusstsein, Wahrnehmungsfähigkeit: „Meine Sinne waren völlig verwirrt."
3. Denken, Gedanken: „Was hast du im Sinn?"
4. Bedeutung: „Was ist nun der tiefere Sinn dieses Buches?"
5. Ziel, Zweck: „Wir dachten über den Sinn des Lebens nach."

1 *Formuliere weitere Beispielsätze, die die verschiedenen Bedeutungen des Wortes „Sinn" näher erläutern.*

Der Sinn des Lebens

Die Frage nach dem Sinn des Lebens ist für viele Menschen die grundlegendste Frage in ihrem Leben überhaupt. Aus einer übergeordneten Perspektive geht es dabei um den Zweck bzw. die Bedeutung des Lebens im Universum an sich. Oder auf unsere irdische Welt bezogen hinterfragen wir die Existenz des Menschen als biologisches und kulturelles Wesen. Diese Frage führt zu weiteren Fragen:

Woher komme ich? Wohin gehe ich?
Warum bin ich hier? Was ist meine Aufgabe hier auf der Erde?
Wie soll ich mein Leben leben, um meine irdische Aufgabe zu erfüllen?

Die Gefühlsantworten auf die Frage nach dem Sinn des Lebens können sowohl positiv (Glück, Erfüllung, Befreiung) als auch negativ (Depression, Verzweiflung, Angst) ausfallen.

Als sich meine Eltern scheiden ließen, habe ich mir zum ersten Mal Gedanken über den Sinn des Lebens gemacht.
(Alex)

Wenn ich einen Liebesfilm sehe, frage ich mich oft, was meinem Leben einen Sinn geben soll.
(Sabrina)

Als mich Laura verlassen hat, habe ich für mich keinen Sinn mehr gesehen.
(Maximilian)

Als ich die Klasse nicht bestanden habe, hab ich mich gefragt, ob das alles überhaupt noch Sinn macht.
(Jennifer)

2 *Teile deine Gefühle bzw. Reaktion mit, wenn du über den Sinn des Lebens nachdenkst.*

3 *Beschreibe Situationen, in denen du dir schon einmal die Frage nach dem Sinn des Lebens gestellt hast.*

Die Geschichte vom Fischer

Die Geschichte handelt von einem Geschäftsmann, der in Urlaub fuhr, um dem Alltag zu entfliehen und sozusagen „seine Batterien wieder aufzuladen". „Er flog weit weg in eine abgelegene Gegend und verbrachte einige Tage in einem kleinen Dorf am Meer. Ein paar Tage lang beobachtete er die Dorfgemeinschaft und stellte fest, dass ein bestimmter Fischer am glücklichsten und zufriedensten von allen wirkte. Der Geschäftsmann wollte gerne wissen, woran das lag, und so fragte er den Fischer schließlich, was er jeden Tag tat.

Der Mann antwortete ihm, dass er jeden Morgen nach dem Aufwachen mit seiner Frau und seinen Kindern frühstücke. Dann gingen seine Kinder zur Schule, er fuhr zum Fischen raus, und seine Frau malte. Ein paar Stunden später kam er mit genügend Fisch für die Familienmahlzeiten nach Hause und machte ein Nickerchen. Nach dem Abendessen gingen er und seine Frau am Strand spazieren und beobachteten den Sonnenuntergang, während die Kinder im Meer schwammen.

Der Geschäftsmann war fassungslos. ‚Machen Sie das jeden Tag?', fragte er. ‚Meistens schon', antwortete der Fischer. ‚Manchmal machen wir auch andere Dinge, aber für gewöhnlich sieht mein Leben so aus.' ‚Und Sie können jeden Tag genügend Fische fangen?', fragte der Geschäftsmann. ‚Ja', antwortete der Fischer, ‚es gibt viele Fische.' ‚Könnten Sie mehr Fische fangen, als Sie für Ihre Familie mit nach Hause nehmen?', erkundigte sich der Geschäftsmann weiter. Der Fischer antwortete lächelnd: ‚Oh ja, häufig fange ich viel mehr und lasse sie einfach wieder frei. Sie müssen wissen, ich liebe es zu fischen.' ‚Aber warum fischen Sie nicht den ganzen Tag und fangen so viele Fische, wie Sie können?', hakte der Geschäftsmann nach. ‚Dann könnten Sie den Fisch verkaufen und viel Geld verdienen. Schon bald könnten Sie ein zweites Boot kaufen und dann ein drittes Boot, andere Fischer beschäftigen, die ebenfalls viele Fische fangen. In ein paar Jahren könnten Sie sich ein Büro in einer größeren Stadt einrichten, und ich wette, dass Sie innerhalb von zehn Jahren ein internationales Fischhandelsunternehmen aufbauen könnten.'

Der Fischer sah den Geschäftsmann freundlich an. ‚Und warum sollte ich all das tun?' ‚Nun, wegen des Geldes', antwortete der Geschäftsmann. ‚Sie würden es tun, um eine Menge Geld zu verdienen, und sich dann zur Ruhe setzen.' ‚Und was würde ich dann in meinem Ruhestand tun?', fragte der Fischer. ‚Na ja, was immer Sie möchten, nehme ich an', sagte der Geschäftsmann. ‚Etwa mit meiner Familie frühstücken?' ‚Ja, zum Beispiel', sagte der Geschäftsmann ein bisschen verärgert darüber, dass der Fischer sich nicht stärker für seine Idee begeisterte. ‚Und da ich so gerne zum Fischen gehe, könnte ich, wenn ich wollte, jeden Tag ein bisschen fischen?', fuhr der Fischer fort. ‚Ich wüsste nicht, was dagegen spräche', sagte der Geschäftsmann. ‚Wahrscheinlich würde es dann nicht mehr so viele Fische geben, aber vermutlich wären noch genügend da.' ‚Vielleicht könnte ich dann auch meine Abende mit meiner Frau verbringen. Wir könnten am Strand spazieren gehen und den Sonnenuntergang beobachten, während unsere Kinder im Meer schwämmen?', fragte der Fischer. ‚Sicher, alles, was Sie wollen, wobei Ihre Kinder dann wahrscheinlich schon erwachsen sein dürften', sagte der Geschäftsmann.

Der Fischer lächelte ihn an, gab ihm die Hand und wünschte ihm gute Erholung."

John Strelecky, Das Café am Rande der Welt

---

1 *Erfasse mit eigenen Worten, was uns diese Geschichte mitteilen will.*

2 *Bilde dir ein Urteil darüber, ob der Fischer den „Sinn des Lebens" gefunden hat.*

3 *Tust du immer das, was du tun möchtest? Begründe, warum du manches nicht tun kannst.*

Sinnsuche im Leben

Wenn alles wieder Sinn macht

„Ich wurde in der Schule ständig gehänselt und sogar gemobbt, weil ich ein bisschen mehr auf den Rippen hatte. Irgendwann hab ich es nicht mehr ausgehalten und mich von allen abgeschottet. Ich habe mit niemandem mehr geredet und niemanden mehr angeschaut. Ich bin richtig depressiv geworden. Letztes Jahr habe ich mit Kickboxen angefangen. Seitdem fühle ich mich viel selbstsicherer. Ich gehe wieder auf Menschen zu und habe auch in der Schule Freundinnen gefunden. Der Sport hat mich verändert und meinem Leben wieder einen klaren Sinn gegeben."
Sophie (15)

„Früher hing ich den ganzen Tag mit meinen Kumpels ab. Wir haben die Schule geschwänzt und uns im Park getroffen. Da haben wir laut Musik gehört und jeden Tag Bier getrunken und gekifft. Kein Wunder, dass das mit der Schule irgendwann nichts mehr geworden ist. Aber wozu auch? Ich habe sowieso keinen Sinn darin gesehen, für etwas zu lernen, was ich sowieso nicht brauche.
Heute seh' ich das anders. Mittlerweile habe ich eine Freundin und ‚richtige' Freunde. Ich habe sogar eine Lehrstelle als Kfz-Mechatroniker, die mir Spaß macht. Jetzt sehe ich wieder einen Sinn im Leben."
Tom (17)

1 Erläutere, was den beiden Jugendlichen geholfen hat, wieder einen Sinn im Leben zu sehen.

2 Hast du dich auch schon mal in einer „Sinnkrise" befunden? Beschreibe, was dir geholfen hat.

3 Schau dir folgende Begriffe an. Einige Angebote helfen dir, Krisen zu überwinden, einige schaden dir. Wähle sinnvolle Hilfen aus und begründe deine Wahl.

Gespräche   Alkohol   Drogen   Glaube   Freunde   Eltern

Zigaretten   Schlafen   Arbeit   Ehrenamt   Zocken   …

4 Erkläre, weshalb Hilfe bei einer Krise schon im Vorfeld wichtig ist.

Sinnsuche im Leben

Shoppen hilft immer?

1. Stelle Vermutungen darüber an, ob es den Mädchen am nächsten Tag wirklich besser gehen wird.

2. Warst du auch schon einmal in einer ähnlichen Situation? Berichte von deinen Erfahrungen.

3. Welche Gefahren können durch dieses Verhalten der kurzfristigen Lustbefriedigung auftreten? Sammelt in Partnerarbeit fünf mögliche Gefahren.

4. Geht in Gruppen zusammen und übertragt dieses Konsumverhalten auf andere schnelle „Gute-Laune-Macher" wie Spiele, PC-Spiele, Alkohol, Zigaretten, Essverhalten … Analysiert deren Vor- und Nachteile.

5. Berichte davon, was du machst, wenn du deinen Tag/dein Leben gerade sinnlos findest.

6. Solche „netten" Angebote kommen oft von Freunden oder Bekannten. Spielt in Partnerarbeit verschiedene „gut gemeinte" Angebote durch. Zeigt dabei auch, wie man aus diesen Situationen herauskommen kann.

Zieh mal an dem Stängel, dann geht's gleich besser!

Sinnsuche im Leben

Sinnangebote

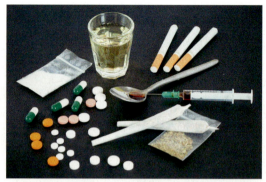

Löwe 23.7.–22.8.
Liebe: Sie halten mit Neptun Händchen. Schaffen Sie Platz für die Liebe in Ihrem Leben.
Gesundheit: Diese Woche sollten die schönen Dinge des Lebens im Vordergrund stehen. Erholen Sie sich!
Erfolg: Im Job läuft alles wie von selbst. Der quirlige Merkur gibt Ihnen zusätzliche Power. Ein Gespräch kann Ihrer Karriere Flügel verleihen.

1 Unterscheide: Welche dieser „Angebote" können dir weiterhelfen, welche nicht?

2 Beurteile, welche Sinnangebote gefährlich und welche unbedenklich sind.

3 Führe Gründe dafür an, dass sich einige Menschen auf fragwürdige Sinnangebote einlassen.

4 Nenne Lebenslagen, in denen manche besonders anfällig für „verfehlte Sinnangebote" sind.

5 Erstelle einen Steckbrief eines für dich sinngebenden historischen oder aktuellen Vorbilds. Stelle sie/ihn in der Klasse vor. Begründe, weshalb du ihr/ihm nacheiferst. Die z. B. auf Seite 73 genannten Persönlichkeiten können dir Anregungen geben.

Sinnsuche im Leben

Mein Geist leitet mich

Mirelle: Hey Leute, was geht denn hier ab?
Lea: Wir probieren gerade was aus. Ich habe einen Geist gerufen, der mir meine Zukunft voraussagen kann, wie in der Serie gestern.
Yasmin: Mach' doch mit, dann kannst du auch ein paar Fragen an den Geist stellen.
Mirelle: Geist, das klingt ja gruselig. Erklär' mal, was man da machen muss.

Yasmin: Also, beim Gläserrücken berührt jeder mit einem Finger das umgedrehte Glas. Wie du siehst, haben wir im Kreis um das Glas die Buchstaben des Alphabets und die Zahlen von 0 bis 9 ausgelegt. Wenn du nun eine Frage an den herbeigerufenen Geist stellst, bewegt sich das Glas zu den Buchstaben und es entstehen Wörter und Sätze.

Okkultismus
Als okkult (lateinisch: verborgen) werden übersinnliche Lehren und Praktiken bezeichnet, die wissenschaftlich nicht erklärbar sind. Okkultisten gehen davon aus, dass die Welt durch verborgene geistige Energien gelenkt wird. Schon im Altertum und im Mittelalter gab es okkulte Bewegungen. Am Ende des 19. Jahrhunderts wurde der Okkultismus zu einer Art Modebewegung. Gegenwärtig ist er besonders unter Jugendlichen verbreitet.

1 *Mirelle hat ein mulmiges Gefühl, als sie sich dem Tisch nähert. Wie könnte sich Mirelle entscheiden? Ermittle zusammen mit deiner Partnerin/deinem Partner drei Möglichkeiten, wie sich Mirelle verhalten könnte.*

2 *Stelle die Möglichkeiten in einem Rollenspiel mit deiner Partnerin/deinem Partner dar.*

3 *Hast du schon ähnliche Erfahrungen wie Mirelle gemacht? Falls ja, berichte kurz davon.*

Sinnsuche im Leben

4 *Nenne Gründe dafür, dass immer mehr Jugendliche vom Okkultismus fasziniert sind.*

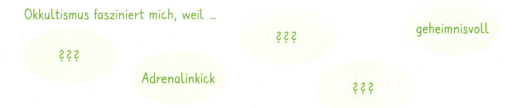

Mirelle setzt sich zu den anderen an den Tisch und stellt die Frage, ob es ihrer verstorbenen Oma gut geht. Das Glas wandert über den Tisch und als Antwort ergibt sich das Wort „Nein". Mirelle wird blass.

5 *Versuche dich in Mirelle einzufühlen und beschreibe, was jetzt in ihr vorgeht.*

6 *Nennt in der Gruppe Gefahren, die solche Spiele sowie Kartenlegen, Wahrsagen etc. bergen könnten. Stellt diese in einem Cluster dar.*

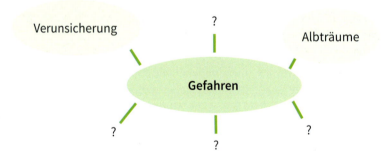

7 *Informiere dich in deiner Klasse bei deinen Mitschülerinnen und Mitschülern, welche Lebenshilfen sie in ihrer jeweiligen Religion aufgreifen. Der christliche Glaube etwa bietet die Zehn Gebote (siehe Seite 68) als Lebenshilfe an.*

8 *Viele wünschen sich, übersinnliche oder magische Kräfte zu besitzen. In Filmen wie Harry Potter oder in Mystery-Serien bedienen sich die Helden wie selbstverständlich übernatürlicher Kräfte oder bekämpfen Wesen, die es in Wirklichkeit nicht gibt.*
Erörtere die Frage, ob die Darstellung okkulter Phänomene im Film auf Jugendliche Einfluss hat. Begründe deine Meinung.

Sinnsuche im Leben

Die Antwort der Sekten

Fühlst du dich allein? Niemand versteht dich?

> **Sekte**
>
> [Neutrale Bedeutung:] Sekte leitet sich vom lateinischen Wort „secta" (= Partei, Lehre, Schulrichtung) ab. Neutral betrachtet ist eine Sekte eine Bezeichnung für eine kleinere religiöse Gemeinschaft, die sich von einer Mutterreligion abgespalten hat. Da der Begriff „Sekte" meist negativ gebraucht wird, verwendet man auch wertfreie Bezeichnungen wie „religiöse Sondergemeinschaft" oder „neureligiöse Bewegung". […]
>
> [Negative Bedeutung:] Sekten – damit sind im alltäglichen Sprachgebrauch meist Gruppen kollektiven Wahnsinns gemeint, mit bizarren, religiösen und teils gefährlichen Ansichten. […]

1 Erkläre und begründe, ob für dich der Begriff „Sekte" eher neutral oder eher negativ belegt ist.

2 Recherchiere im Internet und finde Beispiele für „neureligiöse Bewegungen".

Woran erkenne ich eine gefährliche Sekte?

Wenn die Anführer einer Sekte vor allem nach Macht und Geld streben, wird es gefährlich. Diese Sekten haben fast immer ein Oberhaupt, dem jedes Mitglied bedingungslos gehorchen muss.
5 Die Anführer lassen sich gerne als „Meister", „Führer" oder „Guru" bezeichnen. Diese Sekten schotten sich von der Außenwelt ab und verlangen dies auch von ihren Mitgliedern. Kinder etwa dürfen keinen Kontakt mit Gleichaltrigen
10 außerhalb der Sekte haben. Auch in anderen Bereichen setzen diese Sekten ihre Mitglieder unter Druck. Das kann bis zum Bruch der staatlichen Gesetze gehen. Mit der Suche nach Liebe und Frieden oder nach Erfüllung hat dies nichts
15 mehr zu tun.

Neue Mitglieder sind für diese Sekten sehr wichtig. Sie werden mit verlockenden Versprechungen geködert. **Achtung: Du kommst leicht hinein, aber nur sehr schwer wieder**
20 **heraus!**

Sekten behandeln ähnliche Themen wie die Religionen, aber vor allem schränken sie deine Freiheit ein.
Sei immer misstrauisch, wenn …

- die Anführer behaupten, dass nur die Mitglieder ihrer Gruppe auf Heil, Rettung und Erlösung hoffen dürfen und alle anderen Menschen verloren sind,
- es in der Gruppe eine sehr strenge Rangordnung gibt,
- du zu irgendetwas gezwungen wirst,
- du deine Meinung nicht sagen darfst,
- du zu Hause oder in der Schule nichts über die Gruppe erzählen darfst,
- du merkst, dass du ausspioniert wirst oder andere bespitzeln sollst,
- die Gruppe mit der Außenwelt nichts zu tun haben will,
- du die Gruppe nicht verlassen darfst,
- du Geld oder andere Dinge abgeben sollst.

3 Begründe, warum die meisten Sekten aus einer der großen Weltreligionen entstanden sind.

4 Fasse die Merkmale einer Sekte zusammen.

Sinnsuche im Leben

„Ich habe keine Wurzeln und keine Kraft zu fliegen"

Sie wurde in eine Sekte geboren und dort von klein auf geschlagen, mehrmals am Tag. Mit 16 Jahren stieg Amitsa bei den „Zwölf Stämmen" aus. Begegnung mit einer jungen Frau, die ausbrach, um ins Leben zu finden.

Als Kind dachte sie, Schläge gehören zum Leben; Schläge mit der Rute, manchmal auf den nackten Po, manchmal nur auf die Unterhose. Als Jugendliche ahnte sie, die Qualen sind falsch. Gewehrt hat sie sich trotzdem nicht. Heute wird sie von niemandem mehr geschlagen, nur noch nachts in ihren Träumen.

Amitsa kam in einer Sekte zur Welt: 16 Jahre lebte sie mit ihren Eltern und fünf Geschwistern bei den „Zwölf Stämmen", erst in Frankreich, später in Pennigbüttel bei Bremen, dann im bayerischen Wörnitz. Seit zwanzig Jahren schon kennen die deutschen Behörden Misshandlungsvorwürfe gegen die Sekte, die sich auf das Alte Testament beruft: Wen der Herr liebt, den züchtigt er. Die Mitglieder tragen lange Haare und wallende Kleider, sie glauben, dass die Welt 2026 untergeht, dass alle vom Satan besessen sind, nur sie nicht.

In ihrer Welt ist auch Amitsa besessen. Sie hat die „Zwölf Stämme" vor rund vier Jahren verlassen. Mit dem Teufel kann die Sekte leicht all das erklären, was seitdem schiefgelaufen ist in Amitsas Leben, die Bauchschmerzen, die kaputte Ehe, den Schulabbruch. So muss sich kein Mitglied fragen: Was ist mein Anteil? [...]

Amitsa ist jetzt 19 Jahre alt, interessiert, höflich, hübsch, sie lacht oft, kurz und hoch, etwas unsicher. Sie spricht Deutsch mit amerikanischem Akzent, weil in der Sekte viele nur Englisch miteinander reden, die Stämme verteilen sich auf mehrere Länder, die USA, Brasilien, Spanien, Tschechien.

Wenn Amitsa von früher erzählt, knibbelt sie den Lack von ihren Fingernägeln ab, dann

knetet sie ihre Hände, verdreht die Augen, ringt um Worte. Sie sagt, wer in frischen Zement trete, der verursache Spuren. „Bei mir ist ein Abdruck hinterlassen, der geht nicht so schnell weg."

Mit jedem Schlag haben die Erwachsenen das Kind Amitsa ein bisschen mehr geformt, einfügen sollte sie sich in die Gemeinschaft. Wie ein Roboter, sagt Amitsa, und die Anführer säßen an den Knöpfen. Jetzt muss Amitsa lernen, allein zu funktionieren. Sie versucht herauszufinden, wer sie ist und was sie will, wenn niemand ihr sagt, was sie wollen muss.

Sie ist es gewohnt, schlecht behandelt zu werden. Sie hat nicht erfahren, was Freundschaft ist, was Liebe. Etwa ein Jahr nach dem Austritt lernte sie einen amerikanischen Soldaten im Internet kennen, sie heirateten im vergangenen Sommer. Als er in einer SMS schrieb, er habe sie betrogen und mit der Frau ein Kind, reagierte Amitsa nicht. Ja, es tat weh. Aber ist das nicht normal? [...]

Amitsa weiß nicht mehr, wie oft sie in der Sekte geschlagen wurde. Es begann morgens nach dem Aufstehen und endete beim Schlafengehen. Die erwachsenen Sektenmitglieder griffen zur Rute, wenn sie sich beim Vorlesen verhaspelte, wenn sie lachte, wenn sie sich weigerte, einen vermeintlichen Fehler einzusehen, wenn sie ihn dann doch gestand. So erzählt sie es. Über ihre Eltern möchte Amitsa nicht sprechen, sie würden sich ohnehin schon Vorwürfe machen. Sie sagt nur: „Es ist nicht so, dass ich meine Eltern hasse, aber es ist schwer zu verstehen, warum wir das durchmachen mussten."

In der Sekte versuchte Amitsa, allen zu gefallen und Fehler zu vermeiden. Das strengt an, die ständige Wachsamkeit. Wie ein Leben auf dem Minenfeld, sagt Amitsa, jede Minute eine Explosion. „So lernst du, niemandem zu vertrauen."

Amitsa verzweifelte mehr und mehr. Sie fragte ihren Bruder und ihre Mutter, ob sie wirklich glücklich seien. Ihr Bruder schnitt sich die Haare ab, sie kamen nicht mehr zum Gebet, stellten Fragen, das störte den Sektenalltag. Das beschmutze die anderen, sagten die Ältesten in der Sekte. Ein Bruder und eine Schwester blieben, Amitsa, ihre Eltern, zwei Brüder und eine Schwester mussten gehen. Die Schwester lässt sich in der Psychiatrie behandeln. [...]

Wenn Amitsa an die Sekte denkt, und das tut sie oft, dann raucht sie, dann hört sie Musik, harten, wütenden Rap, oder sie malt Aquarelle. Ein Bild zeigt einen Baum, den eine Hand aus dem Boden reißt und zur Sonne biegt. Amitsa sagte: „Ich habe keine Wurzeln und keine Kraft zu fliegen."

Dabei würde sie gern. Nach dem Austritt probierte und genoss sie all das, was sie vorher nie durfte: Sie aß Schokolade, schnitt sich die Haare ab, kaufte sich einen Bikini, surfte im Internet, schaute aus Neugier Pornos, denn aufgeklärt wurde sie nicht. Sie verabredete sich online mit einem jungen Mann, schlief mit ihm.

Ihr Schreibtisch ist eine einzige Provokation: Kaffeemaschine, Zigarettenschachteln, Laptop, Haarspray und eine Palette mit 120 Lidschattenfarben. Bei [einem sozialen Netzwerk] lädt sie viele Fotos von sich hoch, mit hohen Pumps, mit engem Rock, mit kurzem Rock. Sie giert nach Aufmerksamkeit und Bestätigung, um ihre Selbstzweifel zu betäuben.

Nach dem Austritt schaffte Amitsa den Realschulabschluss und beendete eine Ausbildung zur staatlich geprüften Hauswirtschaftshelferin, lieber hätte sie Zahnarzthelferin gelernt. Später versuchte sie es am Gymnasium, in der ersten Deutschklausur schrieb sie null Punkte. Im Dezember musste sie die Schule verlassen, es hat nicht gereicht. Jetzt hofft sie auf einen Job bei einer Zeitarbeitsfirma.

Für das Vorstellungsgespräch hat sie Zeugnisse und Lebenslauf dabei. „Haben Sie denn schon Berufserfahrung", fragt der Mann. Amitsa nickt. Er schaut auf den Lebenslauf. „Ah ja, Ferienjobs." Der Lebenslauf sei etwas unübersichtlich, sagt er, die Schreibschrift nicht so leserlich, auch ein Foto fehle, und Rechtschreibfehler müssten auch nicht sein. „Nur ein Tipp, keine Kritik, passiert mir auch", sagt er freundlich. Ob sie Deutsche sei? Amitsa sagt, dass sie mit Englisch aufgewachsen sei und eine Zeit im Ausland gelebt habe, aber ja, sie sei Deutsche. Ob sie lesen könne? Ja, lesen kann sie.

Nach dem Gespräch raucht Amitsa und zittert, der Alltag strengt manchmal an. Und trotzdem sagt sie, sie sei glücklicher als vorher, viel glücklicher.

Irgendwann möchte sie gern in die USA auswandern, dort hat sie Verwandte und einige Freunde, ebenfalls Aussteiger. Noch hält die Sekte sie in Deutschland: Sie will die Verfahren abwarten und aussagen, wenn sie gebraucht wird, sie würde gern mit einem Anwalt sprechen und prüfen, was sie noch tun kann. Sie möchte den Kindern helfen, damit sie normal aufwachsen, mit Menschen, die lieben können, ohne zu schlagen. Sie sagt, es müsse weitergehen.

Frauke Lüpke-Narberhaus

Sinnsuche im Leben

1 An was glaubt die Sekte „Zwölf Stämme"? Fasse ihre Ideologie zusammen.

2 Fühle dich in Amitsa ein. Welche Praktiken kommen dir besonders hart und grausam vor?

3 Erläutere, wie die Sekte ihre Methoden begründet. Worauf beruft sie sich?

4 Wie hat das Leben in der Sekte Amitsas Persönlichkeit geformt? Finde passende Adjektive.

5 Fällt es Amitsa leicht oder schwer, über ihr Leben in der Sekte zu sprechen? Zitiere entsprechende Stellen im Text, die deine Antwort belegen.

6 Nach ihrem Austritt aus der Sekte probiert Amitsa so einiges aus. Beurteile ihren neuen Lebensstil und begründe, warum sie all diese „verbotenen" Dinge macht.

7 Schätze Amitsas neues Leben ein: Hat ihr neues Leben einen Sinn? Hat sie ihr neues Leben „im Griff"?

8 Überlege, was Amitsa damit meint, wenn sie sagt „Ich habe keine Wurzeln und keine Kraft zu fliegen".

Projekt: Referat über Sekten

Bildet eine Referatsgruppe mit maximal vier Referentinnen/Referenten.
Sucht euch eine der folgenden Sekten bzw. neureligiösen Bewegungen aus:

1. Scientology – die „Tom-Cruise-Sekte"
2. Satanismus – der Bund mit dem Teufel
3. Kabbala – die „Promi-Sekte"
4. Mormonen – Polygamie und Massenhochzeiten
5. Zeugen Jehovas – wirklich eine Sekte?
6. Boko Haram – eine ↑islamistische Sekte
7. Mun-Sekte – Sekte aus Südkorea
8. Rael-Bewegung – die „UFO-Sekte"
9. Spiritismus/Esoterik/Okkultismus – eine Alternative?
10. Villa Baviera – das „bayerische Dorf"

Recherchiert im Internet oder in Zeitschriften.
Euer Referat sollte die folgenden Punkte abdecken:
- Entstehung und Gründer
- Verbreitung und Anhänger
- Lehre und Glaubensinhalte
- Rituale und Strafen
- Symbole
- Attraktivität und Gefahrenpotenzial

Grenzsituationen: die zwei Leben des Samuel Koch

Samuel Koch vor dem Unfall

Samuel Koch als Schauspieler nach dem Unfall

[...] Samuel Kochs Schicksal bewegt, obwohl er sich nicht bewegen kann: Er ist vom Hals abwärts gelähmt. Sein Kopf jedoch funktioniert noch. Er kann denken und fühlen. Und er kann hoffen.

In seiner Biografie „Zwei Leben" erzählt er von seinem Leben vor dem Sprung: Wie er zu „Wetten, dass … ?" kommt. Davon, wie der Unfall geschieht. Das ist der Augenblick, in dem sein zweites Leben beginnt: Schock, Verzweiflung, Schmerz und Wut. Doch er trifft die Entscheidung, nicht aufzugeben. Und an dem Glauben festzuhalten, der ihn trägt.

Das radikal ehrliche Zeugnis eines jungen Mannes, der nichts mehr zu verlieren hat und nur noch gewinnen kann. Eine Geschichte, die uns lehrt, die Kostbarkeit des Lebens neu zu schätzen. An einigen Stellen ist sogar Platz für Humor, auch wenn der mitunter etwas makaber daherkommt. „Nehmt mich doch mit!", ruft Samuel Koch seinem Bruder aus dem Rollstuhl heraus zu, als der mit ein paar Freunden schwimmen gehen will. „Ihr könnt ja nach mir tauchen." [...]

Samuel Koch

1 *Informiere dich im Internet über den Unfall von Samuel Koch bei „Wetten, dass …?".*

2 *Vor seinem Unfall war Samuel Koch Kunstturner. Schreibe Gedanken auf, die ihm wohl durch den Kopf gingen, als er erfuhr, dass er gelähmt ist.*

Sinnsuche im Leben

Samuel Koch im Interview: Alles kann sich so schnell ändern

Samuel Koch wurde durch einen tragischen Unfall vor laufenden Kameras bekannt. Inzwischen arbeitet er als Schauspieler. Und hat die Liebe seines Lebens gefunden. *Von Timo Lechner*

Frage: Herr Koch, vor fast fünf Jahren hatten Sie einen schweren Unfall – vor laufenden Kameras in der ZDF-Show „Wetten, dass ...?" Seither sind Sie vom Hals abwärts gelähmt. Viele Menschen, die einen ähnlichen Unfall hatten, würden sich eher verkriechen, als sich einer breiten Masse mit diesem Thema zu stellen, wie Sie es tun.

Koch: Ich habe für mich festgestellt, es lohnt sich, seinen Wohlfühlbereich und seine barrierefreien vier Wände zu verlassen! Auch wenn es Überwindung kostet und demütigend sein kann. Ich habe sehr viel Anteilnahme nach meinem Unfall erlebt. Bei meiner Musiklesung „Zwei Leben" zum Beispiel kann ich etwas zurückgeben.

Frage: Sehen Sie sich als „Mutmacher" für Menschen, die mit Schicksalsschlägen umgehen müssen, oder ist eine solche Interpretation überhöht?

Koch: Wenn meine Art, wie ich versuche aktiv zu bleiben und das Beste aus allen Situationen zu machen, andere inspiriert, freut mich das. Nach den Veranstaltungen kommen Menschen auf mich zu und bedanken sich unter anderem für den Abend. Allerdings fühle ich mich manchmal mystisch überhöht. [...]

Frage: Das Medieninteresse an Ihrer Person war nach dem Unfall riesig. Wie möchten Sie erreichen, nicht lebenslang als „der Typ mit dem ‚Wetten, dass ...?'-Unfall" erkannt zu werden?

Koch: Das stört mich auch – mal mehr, mal weniger. Zunehmend werde ich auf der Straße mit den Worten „Sie sind doch Samuel Koch, der Schauspieler" angesprochen, was mich freut. Im Gegensatz zu denen, die mich auf meine Wette ansprechen.

Frage: Warum genau?

Koch: Das verbinde ich mit meinem Scheitern und mit dem Gedanken, dass ich bekannt bin, weil ich es dort verkackt habe. Aber neulich sprach mich ein Ehepaar an, das mich aus einer ARD-Serie kennt, in der ich auch im Rollstuhl sitze. Und sie waren ganz verdutzt darüber, dass ich wirklich nicht laufen kann. Das hat mich gefreut, so sehr, dass ich mir ihre Worte aufgeschrieben habe. Ich wurde nicht mit dem Unfall und dem Rollstuhl als klares Indiz dafür identifiziert, sondern mit meiner Leistung.

Frage: Ihr Glauben spielte schon immer eine wichtige Rolle in Ihrem Leben. Wie hat sich Ihre Beziehung zu Gott in den vergangenen Jahren entwickelt?

Koch: Der Glaube ist für mich nicht nur ein psychologisches Konstrukt, das einem in schwierigen Zeiten hilft, sondern vor allem eine lebenserhaltende Maßnahme geworden. [...]

Frage: Was wollen Sie in den nächsten Jahren auf alle Fälle noch ausprobieren und erreichen?

Koch: Es gibt noch so viel zu entdecken, aber in langen Zeiträumen plane ich nicht mehr. Alles kann sich so schnell ändern. In der Tat wäre ein langweiliger Tag mal spannend. Das einzig konkrete Vorhaben ist eine gemeinnützige Stiftung, die wir zurzeit planen. [...]

1 Beschreibe, wie Samuel Koch es geschafft hat, mit seinem Schicksal fertig zu werden.

2 Erkläre, was er damit meint, wenn er davon spricht, den Wohlfühlbereich zu verlassen. Oder wenn er sagt, manchmal fühle er sich „mystisch überhöht".

3 Vollende folgenden Satz: „Ich bewundere Samuel Koch dafür, dass ..."

Sinnsuche im Leben

Das Schicksal kann ein mieser Verräter sein … muss es aber nicht

Lisa will leben

Die zwölfjährige Lisa leidet an **Leukämie** (Blutkrebs). Bei ihrer ersten Diagnose vor zwei Jahren konnte sie durch **Chemotherapie** geheilt werden. Doch bei einer Kontrolluntersuchung wird festgestellt, dass die Erkrankung zurück ist. Diesmal steht fest: Nur eine **Stammzellentransplantation** kann Lisas Leben retten. Leider wurde bislang weltweit kein passender Spender für sie gefunden.

1 *Informiere dich über die fett gedruckten Begriffe.*

Lisas Schule plant einen großen Spendenlauf

[…] Unter dem Motto „Gemeinsam etwas bewegen" will ihre Schule der zwölfjährigen Lisa helfen. Das Mädchen leidet an Blutkrebs, und nur eine Stammzellentransplantation kann Lisas Leben retten. Bisher wurde aber kein passender Spender gefunden. Daher findet an Lisas Schule eine Registrierungsaktion statt. Dabei wird eine Speichelprobe entnommen und man kommt in eine weltweite Datei von möglichen Spendern, um Menschen mit Blutkrebs zu helfen. Die Schule will die Aktion unterstützen. So findet zusammen mit dem Sommerfest ein Spendenlauf statt, an dem Schüler aller Jahrgangsstufen teilnehmen. Die gesamten Einnahmen sollen dem Projekt zugutekommen.

Beim Spendenlauf hat jeder Schüler 30 Minuten Zeit, eine möglichst große Anzahl an Runden (eine Runde umfasst etwa 600 Meter) zu laufen. Wichtig ist, dass sich die Schüler und Schülerinnen im Vorfeld um Sponsoren (Eltern, Verwandte, Firmen, Geschäfte) bemühen, die sich verpflichten, pro gelaufener Runde einen bestimmten Betrag zu zahlen. Die Namen der Sponsoren sowie der Rundenbetrag werden der Klassenleitung im Vorfeld mitgeteilt. Jeder Schüler erhält nach dem Sponsorenlauf eine Bestätigung über die absolvierten Runden. Die erlaufene Summe soll den Schülern von den Sponsoren bar übergeben werden. Mit dem erlaufenen Geld wird die Registrierungsaktion, die sehr teuer ist, finanziell unterstützt.

Sinnsuche im Leben

Lisa ist endlich wieder daheim

Seit einer Woche ist die zwölfjährige Lisa wieder daheim. Das Mädchen hatte sich nach einer Leukämie-Erkrankung wieder zurück ins Leben gekämpft. Ihr erster Wunsch in der vertrauten Umgebung war: Spaghetti essen.

Ganz langsam soll Lisa wieder ein geregeltes Leben führen. Es sind kleine Schritte. Doch jeder Schritt tut dem Mädchen gut. Als sie vor einer Woche nach Hause geholt wurde, machte sie große Augen. Ihr Vater erinnert sich: „Sie wollte gleich in ihr Zimmer schauen." Lisa schnaufte tief, um den vertrauten Geruch einzufangen. Kein Krankenhaus mehr, in dem es nach Desinfektionsmittel riecht. Trotzdem wird sie weiterhin zwei- bis dreimal in der Woche in die Klinik zu Routineuntersuchungen müssen. Jetzt sind es nur noch Besuche. In den vergangenen Monaten war es umgekehrt: Zweimal war sie für wenige Stunden zu Besuch daheim.

Bereits zum zweiten Mal wurde bei der Schülerin Leukämie diagnostiziert – ein Schock für die Familie. Als an ihrer Schule eine Typisierungsaktion stattfand, ließen sich knapp 3000 Menschen für die Deutsche Knochenmarkspenderdatei (DKMS) registrieren. Zur Finanzierung wurde ein Spendenkonto eingerichtet, auf das Schulen, Firmen und Privatpersonen einzahlten. Am Ende kamen rund 160 000 Euro zusammen – ein Betrag, mit dem nicht nur diese Aktion, sondern auch andere Typisierungsveranstaltungen finanziert werden können. Zwei Wochen später kam die erlösende Nachricht für alle Beteiligten: Ein Spender für Lisa wurde gefunden.

Ein halbes Jahr später dann eine weitere gute Nachricht: Lisas Körper hatte die Spenden angenommen, langsam erholte sich das Immunsystem. „Jetzt wird es immer stabiler", sagt ihr Vater. Lisa sei nahezu schmerzfrei. Sie stehe wieder auf und bewege sich. Im Krankenhaus konnte sie wegen der Ansteckungsgefahr nicht aus dem Zimmer. Jetzt wird sie mit einem Rollstuhl mobiler, vielleicht sind bald erste Ausflüge möglich. Für kleine Spaziergänge war Lisa in den vergangenen Tagen noch zu schwach. Bis zu zehn Schritte schaffte sie, dann ging ihr die Puste aus. Doch die Kondition wächst und wächst. Ihr Vater hofft: „Vielleicht kann sie sogar bald wieder in die Schule. Wenn alles gut läuft, dann ist das realistisch."

Augsburger Allgemeine Online
(Maximilian Czycz; verändert)

1 Lisa führt Tagebuch. Verfasse mögliche Einträge über die oben genannten Schlüsselsituationen ihres Lebens.

2 Menschen wie Lisa oder Samuel Koch kommen durch eine Krankheit oder einen Unfall an ihre Grenzen. Sie haben in einer extremen Situation ihren Sinn für das Leben wiedergefunden. Erläutere, woher sie die Kraft dafür haben und wer oder was ihnen dabei hilft.

3 Stelle Vermutungen darüber an, welche Dinge/Werte diesen Menschen nach einer solchen Grenzerfahrung wohl jetzt wichtig sind.

4 Notiere dir fünf Werte, die dir selbst am wichtigsten sind und die man nicht kaufen kann. Erkläre, was du wirklich im Leben brauchst.

Sinnsuche im Leben

Grenzen im Leben verstehen

Die Endlichkeit des Lebens

1 *Ordne die Bilder den folgenden Bezeichnungen zu.*

Islamische Bestattung   *Katholische Beerdigung in Bayern*

Urnenbestattung   *Totenverbrennung in Bali*

Der Wunsch des Menschen, seine Toten zu bestatten, ist alt. Bereits vor über 100 000 Jahren bestattete der Neandertaler seine Toten. Archäologen fanden Grabbeigaben und Blumensamen neben den menschlichen Überresten. Menschen in allen Kulturen entwickelten Riten/Rituale*, um sich von ihren verstorbenen Mitmenschen zu verabschieden. Die Bestattungsriten sind meistens eng mit der Religion der Betroffenen verknüpft.

Begriffsklärung:
*Riten/Rituale: festgelegte, seit langer Zeit stets gleich ausgeübte Bräuche

2 *Finde Erklärungen für das Bedürfnis der Menschen, ihre verstorbenen Angehörigen zu bestatten.*

Sinnsuche im Leben

Wenn jemand weiß, dass er gehen muss …

Die Phasen des Sterbens

Die Psychiaterin Elisabeth Kübler-Ross hat sich intensiv mit dem Tod und dem Sterben beschäftigt. Sie hat fünf Phasen beobachtet, die sterbende Menschen durchlaufen. Je nach Persönlichkeit fallen einzelne Phasen stärker oder schwächer aus.

1. Nichtwahrhabenwollen/Verweigerung

Wenn ein Mensch die Diagnose des baldigen Todes erhält, schützt er sich meist selbst, indem er diese Tatsache verleugnet. Er flüchtet sich in auffallende Aktivitäten, wechselt häufig Ärzte, deren Diagnosen er anzweifelt, feilt an seinem äußeren Erscheinungsbild und schmiedet irrationale Zukunftspläne. Erst wenn die Unabänderlichkeit des Todes immer mehr zur Gewissheit wird, zieht der Betroffene sich zurück und isoliert sich von der Umwelt.

2. Zorn/Auflehnung

In dieser Phase verhält sich der Betroffene seiner Umwelt gegenüber aggressiv. Er nörgelt, ist unzufrieden und macht Angehörigen oder Pflegern ungerechtfertigte Vorwürfe. Die Beziehungen zur Umwelt sind spannungsgeladen.

3. Verhandeln

Diese Phase, die häufig eher kurz ausfällt, deutet einen Wendepunkt hin zur Akzeptanz des Unausweichlichen an. Der Sterbende findet sich langsam mit seinem Schicksal ab. Jedoch hofft er auf eine günstige Wende und verhandelt um eine „Fristverlängerung". Häufige Kirchenbesuche, spezielle therapeutische Maßnahmen, Hoffnung auf Wundermittel, esoterische Sinnsuche und Ähnliches sind typisch für diese Phase.

4. Depression

Der Betroffene setzt sich bewusst mit dem Unabänderlichen auseinander. Er zieht sich zurück. Trauer überflutet ihn, weil ihm klar wird, dass er Abschied nehmen muss von seinem Leben und seinen Mitmenschen. Häufig wird ihm deutlich, dass er noch einen Konflikt oder eine Schuld zu bereinigen hat. Er wünscht sich, alles zu regeln, was noch zu regeln ist.

5. Zustimmung

Der Sterbende ist müde, erschöpft und zum Sterben bereit. Das Sterben wird als Erlösung wahrgenommen. Der Sterbende beginnt, sich von seinen irdischen Bindungen zu lösen. Er nimmt sehr sensibel das Geschehen seiner Umwelt wahr, auch wenn er scheinbar nicht mehr am Leben teilnimmt.

Schäper/Wilmes, Sterben und Tod (verändert)

1 Ordne folgende Aussagen den jeweiligen Sterbephasen zu:
a) „Der Arzt hat unrecht!"
b) „Ich habe große Angst vor dem Tod."
c) „Ich hatte doch ein schönes Leben."
d) „Können die mich nicht in Ruhe lassen, ich komm' schon zurecht!"
e) „Ich möchte nur noch die Geburt meiner Enkeltochter erleben, dafür tue ich alles, lieber Gott."

 Nenne Möglichkeiten, wie du helfen kannst, damit es einem Sterbenden besser geht.

Sinnsuche im Leben

Wenn jemand gehen muss …

Das Kinder-Hospiz Sternenbrücke

Nach Schätzungen leben in Deutschland bis zu 50 000 Kinder, Jugendliche und junge Erwachsene, die an Krankheiten oder Behinderungen leiden, die ihr Leben so sehr verkürzen, dass sie noch im jungen Alter daran versterben. Um ihnen und ihren Familien auf ihrem schwierigen Weg die größtmögliche Unterstützung zukommen zu lassen, hat im Mai 2003, als Pilotprojekt für Norddeutschland, das Kinder-Hospiz Sternenbrücke in Hamburg eröffnet. […]

Hospizbewegung

Die wichtigste Aufgabe ist es, Sterbenden zu ermöglichen, ihre letzte Lebenszeit zu Hause oder zumindest in angenehmer Umgebung zu verbringen. Falls die Angehörigen den Sterbenden nicht zu Hause pflegen können oder der Patient alleine lebt, kann im Hospiz eine familiäre Atmosphäre geschaffen werden. Es wird keine aktive Sterbehilfe praktiziert, sondern es steht die Frage im Vordergrund: Wie können wir dem Sterbenden helfen, in Würde und weitestgehend ohne große Schmerzen zu leben, bis er stirbt? Die Betreuung umfasst die medizinische, pflegerische, psychosoziale und geistliche Fürsorge den Sterbenden und den Angehörigen gegenüber.

1 *Recherchiere die Aufgaben eines Hospizes.*

2 *Sind die hohen Anforderungen, die die begleitende Person an sich stellt, in der Realität immer erfüllbar? Diskutiert in der Klasse.*

3 *Berichte: Könntest du dir vorstellen, einen Menschen, der eine tödliche Krankheit hat, bei seinem Sterben zu begleiten?*

4 *Für die Angehörigen ist es nicht einfach, einen geliebten Menschen in ein Hospiz zu geben. Macht euch gemeinsam Gedanken dazu.*

Aktive Sterbehilfe

Tötung auf Verlangen, zum Beispiel durch eine Spritze, ist in Deutschland verboten. Bei der assistierten Sterbehilfe wird ein tödliches Medikament zur Verfügung gestellt. Der Patient muss es selbst einnehmen.

5 *Informiere dich im Internet über aktive und passive Sterbehilfe. Stelle die wesentlichen Unterschiede dar.*

Sinnsuche im Leben

Die vier Trauerphasen

Aus einem Trauerratgeber

Nach dem Tod eines geliebten Menschen werden Sie mit schmerzhaften und oft unerträglichen Emotionen konfrontiert. Diese sind natürliche Zeichen für Ihre aufrichtigen Gefühle dem Verstorbenen gegenüber. Es ist wichtig zu wissen, dass es ganz normal ist, von seiner Trauer überwältigt zu werden. [...].
Nehmen Sie sich so viel Zeit, wie Sie brauchen, um Ihren Verlust zu verarbeiten. [...]

In der Trauer nach einem Todesfall unterscheidet man generell vier verschiedene Phasen, die ineinander übergehen, aber im Lauf des Trauerprozesses auch wechselweise wieder auftreten können. Intensität und Dauer sind sehr individuell und hängen auch von der Beziehung ab, die Sie zum Verstorbenen hatten. Sollten Sie das Gefühl haben, dass Sie in einer Trauerphase feststecken, kann Ihnen ein Trauerbegleiter oder Psychologe professionelle Unterstützung bieten.

1. Die Schockphase

Ein emotionaler Schockzustand ist oft die erste Reaktion auf den Tod eines geliebten Menschen. Dieser Schock kann unterschiedlich lange anhalten. In dieser Trauerphase sind wir empfindungslos und wollen den Tod des Verstorbenen nicht wahrhaben. Nehmen Sie ruhig die Hilfe von Freunden und Familie an, die Ihnen ein Gefühl von Nähe geben können.

2. Das Gefühlschaos

In dieser Phase brechen nach dem Schockzustand alle Gefühle durch. Sie werden von verschiedensten Emotionen überflutet wie Wut, Angst, Hass, Verzweiflung und Sehnsucht. Oft fühlen Sie sich schuldig oder suchen einen Schuldigen für den Verlust des geliebten Menschen. Gerade Eltern, die ein Kind verloren haben, werden oft von schweren Schuldgefühlen geplagt. Unterdrücken Sie diese Gefühle nicht, sondern lassen Sie diesen freien Lauf.

3. Suchen und Sichtrennen

In dieser Trauerphase durchleben Sie noch einmal vertraute Situationen und gemeinsame Lebensabschnitte. Vielleicht führen Sie auch Zwiegespräche mit dem Verstorbenen, was Ihre Umwelt oft nicht nachvollziehen kann. Wenn Sie sich zurückziehen wollen, um in Ruhe Abschied zu nehmen, dann nehmen Sie sich diese Freiheit. Insbesondere trauernde Kinder durchleben diese Phase oft besonders intensiv.

4. Neuorientierung

Die letzte Trauerphase ist der Schritt des Loslösens. Wenn Sie das Gefühl haben, innerlich von Ihrem geliebten Menschen Abschied genommen zu haben, werden Sie merken, dass Sie mit dem Verlust besser umgehen können. Dieser Neuanfang bedeutet nicht, dass Sie den Verstorbenen vergessen haben, sondern dass Sie Ihren Trauerprozess in Frieden abgeschlossen haben. Der verstorbene Mensch ist oft zu einem inneren Teil geworden, an den man sich mit Wehmut, aber auch wieder mit Freude erinnern kann. Viele Angehörige empfinden es als heilsam, sich auch über diese Phase hinaus intensiv selbst um die Grabpflege zu kümmern.

---

1 *Hast du selbst schon Erfahrungen gemacht mit Menschen, die um einen Angehörigen trauern? Beschreibe das Verhalten, das du beobachten konntest. Kannst du die vier Phasen darin entdecken?*

2 *Formuliere Ratschläge, die du einem Trauernden geben könntest.*

Sinnsuche im Leben

Traueranzeigen: ein Ausdruck unserer Gefühle?

Wenn man einen geliebten Menschen verliert, möchte man seiner Trauer Ausdruck verleihen. Menschen haben verschiedene Möglichkeiten, ihre Trauer zu offenbaren oder Trauernden ihre Anteilnahme zu zeigen.

1 Üblicherweise erscheint als Zeichen der Trauer eine Traueranzeige in einer Zeitung. Stelle Vermutungen darüber an, warum die Hinterbliebenen eine Traueranzeige aufgeben.

2 Findet in der örtlichen Tageszeitung Traueranzeigen. Lasst diese auf euch wirken und beschreibt eure Gefühle und Gedanken.

3 Vergleiche die Traueranzeigen. Äußere Vermutungen, wie es zum Tod dieser Menschen gekommen ist.

4 Beschreibe Elemente in den Traueranzeigen wie Spruch, Zitat etc. Stelle den Aufbau einer Traueranzeige dar.

5 Versuche, die Gefühle zu beschreiben, die Familie und Freunde der Verstorbenen durchmachen mussten. Notiere sie.

6 Verfasse einen einfühlsamen Brief, den du den trauernden Hinterbliebenen zum Trost schickst.

Sinnsuche im Leben

Das kann und weiß ich jetzt …

Darüber weiß ich jetzt Bescheid:

Konsumverhalten   Zweck   Sinn   Sinnsuche

Sinnfindung   Sinnangebote   Sekten   Okkultismus

Grenzsituationen   Hospiz   Sterbebegleitung

Phasen des Sterbens   Sterbehilfe   Trauerphase

Traueranzeigen   Bestattungsriten

1 *Erstelle eine Tabelle, in der du Bedürfnisse nach folgenden Kriterien unterscheidest. Finde möglichst viele passende Beispiele.*

lebensnotwendig (ohne das würdest du nicht lange überleben)	wichtig (aber nicht zwingend lebensnotwendig)	Luxus bzw. unwichtig (nicht lebensnotwendig, jedoch schön zu haben)
…	…	…

2 *Befasst euch ausführlicher mit Menschen, die sich bewusst durch Mutproben an ihre Grenzen bringen. Diskutiert über den Sinn solcher „Mutproben" wie S-Bahn-Surfen etc.*

3 *Raus aus der Krise! Greift in Gruppen verschiedene Krisenthemen wie „Keinen Bock mehr – Depression", „Frustessen", „Lustkauf", „Rausch durch Drogen", „Gefangen im Onlineleben" etc. auf und entwerft Hilfeplakate.*

4 *Die Mutter deiner besten Freundin bzw. deines besten Freundes verstarb unerwartet an Herzversagen. Beschreibe Möglichkeiten, wie du deiner Freundin/deinem Freund in dieser schweren Zeit beistehen kannst.*

Projektidee
Sich sinnvoll fühlen! Tue Gutes und sprich darüber!
Überlege dir eine gute Tat, zum Beispiel Hilfe im Haushalt, in der Schule, in der Nachbarschaft, in der Familie, im Altersheim, in der Kita, im Jugendtreff etc.
Mache ein Selfie von dir bei deiner Tätigkeit und stelle es in deinen Status, wenn du magst und darfst.
#Das macht Sinn!

3 Ethik der Weltreligionen

Ethik der Weltreligionen

Religion – Warum glaubt der Mensch?

Einst begründeten die Menschen Phänomene, die sie nicht verstanden, durch eine göttliche Macht. […] Teja Fiedler ging der Frage nach, warum auch im modernen Zeitalter die Suche nach Halt und dem Sinn des Lebens nicht aufhört.

Der junge Krieger weint. Seine Tränen fallen auf den Leinenbeutel, den seine Hände umklammern. Er birgt die Asche seines Bruders. Um ihn herum im Halbkreis hocken die anderen Männer des Shabonos, wie die Yanomami im venezolanisch-brasilianischen Grenzgebiet ihre winzigen Dörfer nennen. Ein Schamane tänzelt herbei. Er hat sich mit der Kräuterdroge Epena vollgedröhnt, um Zugang zum Geisterreich zu finden. Er stellt einen großen Tiegel mit Bananensuppe in die Mitte. Er packt den Beutel, öffnet ihn und lässt die Asche in die Suppe rieseln. „Bruder, mein Bruder", schluchzt eine Schwester des Toten.

Der Schamane verteilt mit den Händen die Asche, bis die Suppe grau und zäh aussieht wie frisch angerührter Zement. Plötzlich springt er hoch, schlägt mit seiner Machete wild um sich, drischt auf den Lehmboden rund um den Suppentiegel ein, lässt dann die Machete fallen und zerrt, die Hände zu Klauen verkrampft, an etwas Unsichtbarem, als wolle er es losreißen und wegschleudern. „Dööi, dööi, dööi", stöhnt er schweißgebadet. – „Weg, weg, weg" ihr bösen Dämonen, lasst uns und den Toten in Ruhe! Schwer atmend hält er inne, schöpft mit einem Holzbecher die graue Suppe aus dem Tiegel und reicht sie dem Bruder des Verstorbenen. Der schlürft sie, noch immer Tränen in den Augen. Der Becher geht reihum, bis der Tiegel leer ist. Jetzt hat sich das Dorf den Toten einverleibt, ihn und sich selbst erlöst. Denn Leichen sind für die Yanomami, dieses Volk von Steinzeitjägern am Oberlauf des Orinoko, die Wohnstätten von Dämonen. Diese bösen Geister vertreiben das Wild aus den Wäldern, tragen Feindschaft unter die Menschen, bringen Krankheit und Tod. Erst wenn von einem Toten nichts, aber auch gar nichts mehr übrig ist, sind die Dämonen ungefährlich. Von nun an darf niemand im Dorf den Namen des Toten jemals wieder aussprechen. Sonst könnten die Dämonen wiederkommen.

Himmel und Hölle kennen die Yanomami so wenig wie das Nirwana oder die Wiedergeburt.

Doch dieses Volk ist der lebende Beweis dafür, dass Menschen unabhängig von ihrer Kultur oder Bildung den Drang in sich tragen, das Unerklärliche zu erklären. Dass es in ihnen angelegt ist, im Walten des Schicksals und der Naturkräfte eine nachvollziehbare Gesetzmäßigkeit zu finden. Denn nur wo der Mensch eine Erklärung für das hat, was geschieht, kann er vielleicht gezielt Einfluss nehmen.

Ethik der Weltreligionen

1 Im Hinblick auf Bestattungen und Trauerzeremonien gibt es große Unterschiede zwischen den einzelnen Religionen und Kulturen. Beschreibe, wie die Yanomami mit ihren Toten verfahren.

2 Nenne anderen Formen der Bestattung.

3 Der Verfasser Teja Fiedler bezeichnet die Yanomami als „den lebenden Beweis", dass jeder Mensch den Drang in sich trage, „das Unerklärliche" zu erklären. Belege, wie der Autor dazu gelangt, dem Stamm diese Beweiskraft zuzusprechen.

4 Erläutere, was der Verfasser mit dem Begriff „das Unerklärliche" bezeichnen will.

5 Viele Aspekte des Lebens erklären sich die Yanomami mit dem Wirken von Dämonen. Suche sie heraus und stelle Erklärungen dar, die man in unserem Kulturkreis anführen würde.

6 Die Überschrift des Textes stellt die Frage „Warum glaubt der Mensch?" Welche Antworten liefert der Text in diesem Abschnitt? Notiere sie und formuliere sie eigenständig in jeweils einem Satz.

Der deutsche Archäologe Klaus Schmidt grub von 1994 an im türkischen Göbekli Tepe eine steinzeitliche Kultstätte aus. Vor rund 11 000 Jahren hatten dort Menschen ohne die Hilfe von Zugtieren tonnenschwere Steinpfeiler herangeschleppt, sie hochgewuchtet und in runde Tempelanlagen gestellt, deren Mauern aus behauenen Steinen bestanden. Warum diese Plackerei? Man hatte doch schon genug mit dem Überleben, mit Jagen und Sammeln zu tun gehabt. Vielleicht weil der Mensch gar nicht anders kann? Der inzwischen verstorbene Klaus Schmidt sagte: „Wir wissen, dass der Homo sapiens von Anfang an religiöse Artefakte schuf. Der Mensch hatte immer religiöse Gedanken. Das unterscheidet ihn vom Tier."

Schon der Urmensch suchte eine Antwort auf die Frage, was denn die Welt „im Innersten zusammenhält". Doch seine Sinnsuche stieß sehr schnell an ihre Grenzen, obwohl – oder gerade weil – sein Großhirn so viel leistungsfähiger war als das aller anderen Lebewesen. Ratlos und ohnmächtig stand er vor den Naturgewalten, vor Sonne und Mond, Blitz und Donner, Dürre und Kälte, noch hilfloser vor Leid und Tod. Woher kamen sie? Das überstieg seinen praktischen Verstand, und er warf sich ehrfürchtig vor dem Unbegreiflichen nieder in der Hoffnung, es wenigstens so besänftigen zu können.

Auf den Pfeilern in Göbekli Tepe waren meist bedrohliche Tiere wie Raubkatzen, Geier, Skorpione abgebildet. Wahrscheinlich Symbole oder Gottheiten eines Totenkults. Man brauchte sie. Oder man fürchtete sie. Schmidt vermutete, dass neben diesen magischen Tieren aber auch schon Astralgöttern – wie einem Sonnengott oder einer Mondgöttin – gehuldigt wurde.

Die gigantischen Arbeiten forderten den Jägern und Sammlern bis dahin ungewohntes Teamwork ab. Es war diese Urreligion, die wohl die Steinzeitjäger zusammenkommen und sich zu größeren sesshaften Gemeinschaften zusammenschließen ließ. Das wiederum beeinflusste die Religionen. Die Menschen mussten sich Regeln für ihr eigenes Zusammenleben geben, um die latente Gewaltbereitschaft in ihrer Gemeinschaft einzudämmen. Um diesen Regeln unveränderliche Gültigkeit zu verschaffen, schrieb man sie den Göttern zu. Nicht zum eigenen Schaden: Gemeinschaften mit einem kultischen Zusammenhalt bewältigten den Überlebenskampf besser als ein loser Haufen – ein Selektionsvorteil ganz im darwinschen Sinne. [...]

Ethik der Weltreligionen

7 *"Der Mensch hatte immer religiöse Gedanken."* Erläutere, worin Klaus Schmidt seine Feststellung begründet sieht.

8 *"Das unterscheidet ihn vom Tier"*, meint der Archäologe. Die Frage, ob Tiere nicht auch Gedanken und Gefühle, möglicherweise sogar religiöse, haben könnten, gilt heute als durchaus möglich. Lege deine Meinung dazu dar.

9 Lies noch einmal nach und erkläre dann die Formulierung: „... obwohl – oder gerade weil – sein Großhirn so viel leistungsfähiger war".

10 *"Religion – warum glaubt der Mensch?"* Insbesondere im letzten Abschnitt werden weitere Antworten auf diese Frage geliefert. Fasse sie jeweils in einem Satz zusammen und füge sie deinen bisherigen Notizen an.

Die Menschen glauben, weil sie glauben wollen. Die Frage nach dem großen Warum treibt sie um.
[...]
Auch heute noch wollen die meisten nicht akzeptieren, dass die Zusammenhänge der Weltläufe ihr Verständnis überfordern und dass Grund und Zweck menschlichen Daseins nichts weiter ist als die Erhaltung der Art Homo sapiens im darwinschen Sinn. Sie sehnen sich nach einem „kohärenten Deutungsmuster", wie der protestantische Theologe und Religionshistoriker Friedrich Wilhelm Graf diesen verbindlichen Lebenskompass nennt. Doch die Sinnfrage verfolgt sie natürlich nicht Tag und Nacht. Für die Lebenspraxis der meisten Gläubigen ist genauso bedeutend und prägend, dass sie sich in ihrer Religion aufgehoben und erhoben fühlen.

Wenn ein Bauer im 18. Jahrhundert nach sechs Tagen Plackerei am Sonntag aus einer verrauchten, armseligen Kate kommend in den barocken Jubel seiner Pfarrkirche eintauchte, konnte er gar nicht anders, als auf die Knie zu sinken. Und bei einer Mozartmesse im lichten Rokoko der oberbayerischen Wieskirche oder beim, ja, fast überirdisch ergreifenden Marien-Antlitz von Michelangelos Pietà im Petersdom tut sich auch heute für den Gläubigen ein Spalt zum Himmel auf. Selbst überzeugte Atheisten können sich dann manchmal gegen einen Anflug von „göttlichem Funken" nicht wehren.

Heilige Orte sind Glaubensverstärker, genau wie Rituale. Das Reinigungsbad von Millionen Hindus im Ganges, die gemeinschaftliche symbolische Steinigung des Teufels nahe Mekka bei der ↑islamischen Pilgerfahrt Hadsch. Im Katholizismus die prunkvollen Fronleichnams-Prozessionen oder das feierliche Schwingen des Weihrauchfasses an Hochfesten.
[...]
Gläubige Menschen betonen immer wieder, dass sie sich geborgen und bestärkt in der Gemeinschaft fühlen. Man betet, singt, kniet miteinander, und jeder Blick über die Schar der Gleichgesinnten ist eine kleine Bestätigung, auf dem wahren Weg zu sein. Man richtet sich an heiligen Frauen und Männern auf, die im Namen Gottes Außerordentliches leisteten oder sogar für ihren Glauben zu ↑Märtyrern wurden: Ein Glaube, der so viel Stärke verleiht, kann einfach keine bloße menschliche Erfindung sein und wird auch mir in äußerst schwierigen Situationen Kraft geben! Glaube kann Berge versetzen, sagt denn auch der Volksmund.
[...]
Etwas prosaischer erzählt Bundeskanzlerin Angela Merkel über ihren Weg zum ↑Christentum: „Der Glaube an Gott und die Nähe zur Kirche haben mich von Kindheit an geprägt und beschäftigt. Das lag nicht zuletzt daran, dass mein Vater aktiver Pfarrer war (...) Ich bin also in einer Familie groß geworden, in der das Christliche die Lebenseinstellung prägte."

Ethik der Weltreligionen

11 *Dass der „Zweck menschlichen Daseins nichts weiter ist als die Erhaltung der Art", sei für den Menschen schwer zu „akzeptieren", meint der Verfasser. Bewerte diese Aussage.*

12 *Im zweiten und dritten Abschnitt des Textes werden Situationen geschildert, in denen selbst Nichtgläubige einen „göttlichen Funken" ahnen würden. Hattest du, eine Freundin oder ein Freund schon einmal ein solches Erlebnis? Erzähle den anderen davon.*

13 *Fasse alle deine Erkenntnisse zum Thema „Darum glaubt der Mensch" in Stichpunkten zusammen. Vergleicht eure Ergebnisse und ergänzt sie.*

Die meisten religiösen Menschen fühlen sich heute allerdings eher zu einem wenig definierten, vielleicht sogar nur möglichen Gott hingezogen, den sie aber als transzendenten Halt
5 nicht aus ihrem Leben streichen wollen.
[...]
„Mit der Angst vor der Hölle oder der Aussicht aufs Paradies könnten Sie nicht einmal mehr das sprichwörtliche alte Weiblein in die Kirche
10 locken", sagt Pastor Claussen. „Und wenn Sie im Religionsunterricht die Schöpfungsgeschichte erzählen, wie sie in der Bibel steht, dann sagt Ihnen schon ein aufgeweckter Drittklässler, die Dinos habe es doch bereits 100 Millionen Jahre
15 vor den Menschen gegeben."

[...] „Die Menschen sehen die Beziehung zu Gott wesentlich partnerschaftlicher als früher", sagt der Religionspsychologe und Jesuitenpater Bernhard Grom. Sie suchen das Zwiegespräch
20 mit ihm, empfangen von ihm im Gebet Stärke, Trost, Entscheidungshilfe. Der tief gläubige Samuel Koch, seit seinem Unfall bei der TV-Show „Wetten, dass …?" querschnittsgelähmt, fühlt gerade in schweren Stunden Gottes tröstliche
25 Nähe: „In so einsamen Momenten gibt es noch jemanden, der da ist und immer ansprechbar."

Der katholische Theologe und Entwicklungshelfer Josef Thalhammer hat mit seiner Familie 18 Jahre unter den Armen in Brasilien gelebt.
30 An das ewige Höllenfeuer glaubt er nicht, mit der ↑Theodizee hat er zunehmend Probleme und der Offenbarungsgehalt der Bibel, hm, sehr durchwachsen. Aber von Gottes schützender Hand in seinem Leben ist er überzeugt. „Ich ha-
35 be diese Erfahrung so oft gemacht, und sie hat mich in meinem Glauben bestärkt."

Da habe es diese Morgenmesse im brasilianischen Bundesstaat Mato Grosso gegeben. „Die Kirche war eine armselige Hütte mit einem
40 Sandboden. Vorne der Priester an einem roh gezimmerten Altar, ich kniete barfuß als einziger Besucher in der ersten Bank", erinnert sich Thalhammer. „Durch die offene Tür fiel die Sonne auf den Messkelch. Plötzlich erstarrte der
45 Priester, den blitzenden Kelch zur Wandlung hoch erhoben, mir schien es ein wunderbarer Anblick. Nach ein paar Sekunden ließ er den Kelch sinken, atmete erleichtert durch. Warum, fragte ich später: ‚Genau hinter deiner rech-
50 ten Ferse wollte sich eine Klapperschlange im warmen Sand zusammenrollen. Wärest du aufgestanden, hätte sie dich gebissen. Aber dann hat sie sich davongemacht.'" A mão de Deus é grande – Gottes Hand sei wahrhaftig groß, so
55 Thalhammer, der Biss dieser Schlange wäre tödlich gewesen.
[...]
Der Münchner Quantenphysiker Jan Mühlstein ist liberaler Jude. Er lebt gut mit dem Spa-
60 gat zwischen Wissenschaft und Religion. „Gott gibt es schon für mich, als Ursprung, als Ausgangspunkt. Doch an einen lenkenden Gott glaube ich nicht. Als Jude lebe ich weniger in einem Glauben, eher in einer Religion. Ihre
65 Regeln bringen Struktur, Geborgenheit, sind aber auch eine Herausforderung. Aus der Bibel schöpfe ich Kraft. Sie ist ein so reicher Schatz, dass es wert wäre, sich mit ihr zu beschäftigen, selbst wenn es Gott nicht geben sollte."

Ethik der Weltreligionen

14 Recherchiere den Begriff „Theodizee". Erkläre, weshalb er für viele Religionen wichtig ist.

15 Jan Mühlstein meint, er lebe weniger in einem Glauben, eher in einer Religion. Beschreibe den Unterschied. Möglicherweise hilft dir eine Recherche.

16 „Warum glaubt der Mensch?" Füge deinen Notizen deine weiteren Erkenntnisse hinzu.

Dass es Gott gibt, ist nicht beweisbar. Dass es ihn nicht gibt, aber ebenso wenig. Atheisten können die Behauptungen und Widersprüche der Offenbarungsreligionen schlüssig ad absurdum führen. Doch woher die Kräfte kamen, die zum Urknall führten, mit dem das Universum seinen Anfang nahm, können sie nicht erklären. Martin Urban, der Plasmaphysiker aus der Pastorenfamilie, sieht bis heute jenseits des ehrfürchtigen Staunens der Wissenschaft keinen konkreten Hinweis auf eine göttliche Macht im Universum. „Doch ich hoffe, dass das Universum mit Gott zu tun hat. Und man weiß ja nie, vielleicht entdeckt die Wissenschaft in Zukunft ausnahmsweise mal etwas pro Gott."

[...]
Und so muss der Mensch sich weiter abmühen, seinem Leben Sinn zu geben, wenn ihm ein „Carpe Diem!" – „Genieße den Tag!" – nicht reicht. Nach Blaise Pascal, dem scharfsinnigen französischen Theologen aus dem 17. Jahrhundert, ist trotz aller Zweifel der Glaube an Gott der sicherste Weg. Gibt es Gott nicht, meinte Pascal, hat der Glaube an ihn nicht geschadet. Gibt es ihn, war es richtig, an ihn zu glauben. „Was für ein theologischer Taschenspielertrick", sagt lächelnd Pastor Claussen.

17 Die Argumentation von Blaise Pascal ist als sogenannte „Pascalsche Wette" in die Philosophiegeschichte eingegangen. Sie ist allerdings etwas komplizierter als hier beschrieben. Informiere dich über Pascals verblüffende Beweisführung. Erkläre sie den anderen in deiner eigenen Formulierung.

18 „Religion – Warum glaubt der Mensch?"
Ergänze deine Notizen zu dieser Frage und schließe sie ab.

19 Der Soziologe Franz-Xaver Kaufmann schreibt der Religion grundsätzlich sechs verschiedene Funktionen zu. Sie stehen in der linken Spalte der unten abgebildeten Tabelle.
Übertrage die Tabelle in dein Heft und ergänze mithilfe deiner Notizen die rechte Spalte.
Fasse deine Erläuterung jeweils in einem Satz zusammen.

Funktionen von Religion	Erläuterung dazu in einem Satz
1. Angstbewältigung	…
2. Handlungsanweisung	…
3. Verarbeitung von Unrecht und Leid	…
4. Weltdistanzierung	Die Religion hilft dabei, entweder gegen einen ungerechten Zustand aktiv zu protestieren oder ihn passiv zu erdulden.
5. Sinngebung der Welt	…
6. Gemeinschaft und soziale Integration	…

Ethik der Weltreligionen

Religiöse Menschen leben ihren Glauben

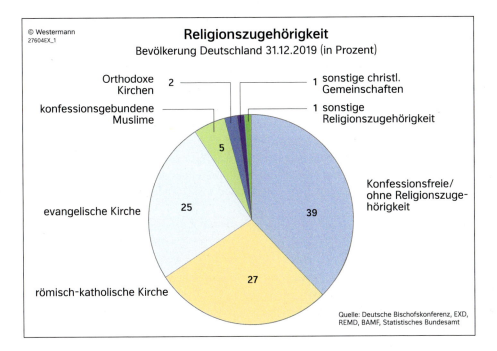

1. *Betrachte das obige Diagramm. Welchem „Tortenstück" kannst du dich zuordnen? Begründe deine Entscheidung.*

2. *Kennst du alle genannten Religionen? Recherchiere Unterschiede und Gemeinsamkeiten.*

3. *Ergänzt weitere Religionen, die in Deutschland praktiziert werden.*

Im Grundgesetz der Bundesrepublik Deutschland ist die Religionsfreiheit seit 1949 als ↑Grundrecht verankert.

> **Art. 4 Grundgesetz (GG)**
> (1) Die Freiheit des Glaubens, des Gewissens und die Freiheit des religiösen und weltanschaulichen Bekenntnisses sind unverletzlich.
> (2) Die ungestörte Religionsausübung wird gewährleistet. [...]

4. *Besprich mit deiner Partnerin/deinem Partner, wie ihr die Aussage in Art. 4 Abs. 1 GG versteht. Vergleicht danach in der Gruppe.*

5. *Sammelt Beispiele für die in Art. 4 Abs. 2 GG genannte „ungestörte Religionsausübung".*

6. *Diskutiert: Kann der Staat die „ungestörte Religionsausübung" immer sicherstellen, ohne dass eine Religionsgemeinschaft benachteiligt wird? Denkt dabei etwa an den Schutz religiöser Feiertage.*

Ethik der Weltreligionen

Auch die ↑Europäische Menschenrechtskonvention schützt die Religionsfreiheit.

> **Art. 9 Europäische Menschenrechtskonvention (MRK) Gedanken-, Gewissens- und Religionsfreiheit**
> (1) Jede Person hat das Recht auf Gedanken-, Gewissens- und Religionsfreiheit; dieses Recht umfasst die Freiheit, seine Religion oder Weltanschauung zu wechseln, und die Freiheit, seine Religion oder Weltanschauung einzeln oder gemeinsam mit anderen öffentlich oder privat durch Gottesdienst, Unterricht oder Praktizieren von Bräuchen und Riten zu bekennen.
> (2) Die Freiheit, seine Religion oder Weltanschauung zu bekennen, darf nur Einschränkungen unterworfen werden, die gesetzlich vorgesehen und in einer demokratischen Gesellschaft notwendig sind für die öffentliche Sicherheit, zum Schutz der öffentlichen Ordnung, Gesundheit oder Moral oder zum Schutz der Rechte und Freiheiten anderer.

7 *Notiert in einer Mindmap alle Punkte, die die Europäische Menschenrechtskonvention unter Religionsfreiheit zusammenfasst.*

8 *Ermittelt zusammen auch die Grenzen der freien Religionsausübung.*

Man unterscheidet allgemein zwischen einer positiven und einer negativen Religionsfreiheit.
Die **positive Religionsfreiheit** lässt sich leicht aus den Gesetzestexten herauslesen: Sie garantiert jedem Menschen das Recht, seine Religion zu praktizieren und seinen Glauben zu leben.
Die **negative Religionsfreiheit** folgt nur einem anderen Blickwinkel des gleichen ↑Grundrechts: Man versteht darunter die garantierte Freiheit, bestimmte religiöse Überzeugungen abzulehnen, Religionsgemeinschaften zu verlassen, zu wechseln oder atheistisch zu leben.
Achtung: Die Adjektive „positiv" und „negativ" sind hier ausdrücklich nicht wertend zu verstehen!

9 *Entscheide dich: Wird der jeweilige Aspekt in der linken Spalte durch den positiven oder den negativen Gebrauch von Religionsfreiheit garantiert? Wenn du richtig zuordnest, ergibt sich ein sinnvolles Lösungswort.*

	Positive Religionsfreiheit	Negative Religionsfreiheit
Gründung einer neuen Religion	F	T
Eintritt in eine Religionsgemeinschaft	R	A
Nichtteilnahme an religiösen Festen	O	E
Religiöse und fromme Lebensführung	I	N
Atheismus	A	H
Werbung für den eigenen Glauben	E	M
Austritt aus einer Religionsgemeinschaft	E	I
Keine Zugehörigkeit zu einer Religionsgemeinschaft	L	T

10 *Zu allen Zeiten wurden Menschen wegen ihres Glaubens und ihrer Religion in ihrer Freiheit beschränkt oder gar verfolgt. Nenne Beispiele, die dir z. B. aus dem Geschichtsunterricht bekannt sind.*

Ethik der Weltreligionen

11 *Immer wieder kam und kommt es im Zusammenhang mit dem Recht auf Religionsfreiheit zu knifflligen und teilweise skurrilen Fällen, die vor Gericht zu entscheiden sind. Lest die Fälle durch. Wie hättest du als Richter oder Richterin geurteilt? Recherchiert anschließend im Internet das jeweilige Urteil.*

1. Im Jahr 2000 klagte der bayerische Liedermacher Hans Söllner vor dem Bundesverwaltungsgericht sein Recht auf freie Religionsausübung ein: Für ihn als bekennenden Anhänger der Rastafari-Religion (erkennbar z. B. an den „Rasta-Locken") sei das gemeinsame Rauchen von Marihuana ein zentrales rituelles Element. Gläubige Rastas sollten deshalb Hanf anbauen dürfen.

2. Das Bundesverwaltungsgericht urteilte im Februar 1992 über eine Klage gegen die Erteilung einer Baugenehmigung für eine Moschee in einem Wohngebiet. Der Eigentümer eines gegenüberliegenden Wohnhauses hatte geklagt, da er unzumutbare Belästigungen und Störungen befürchte, wie zum Beispiel die Anfahrt der Gebetsteilnehmer bereits morgens um sechs Uhr.

3. Ein gläubiger Anhänger der Sikh-Religion beantragte bei der Stadt Konstanz die Befreiung von der Pflicht zum Tragen eines Schutzhelms beim Motorradfahren. Die Schutzhelmpflicht verletze ihn in seiner Religionsfreiheit, da er aus religiösen Gründen stets einen Turban tragen müsse.

4. Der Verwaltungsgerichtshof Baden-Württemberg befasste sich 2012 mit dem Fall eines Mannes, der in unmittelbarer Nähe zu einer Kirche wohnte. Im täglichen Glockengeläut sah der Mann eine Einschränkung seiner (negativen) Religionsfreiheit, da er – teilweise bereits morgens um sechs Uhr – gezwungen werde, ein „akustisches religiöses Zeichen" zu hören. Er sei zwar selbst Christ, erkenne aber im Glockengeläut ein heidnisches Element, da es der Abwehr böser Geister diene.

5. Der Mitarbeiter eines Callcenters klagte vor dem Arbeitsgericht Bochum gegen seinen Arbeitgeber. Ihm war gekündigt worden, da er jedes Kundengespräch mit den Worten „↑Jesus hat Sie lieb – vielen Dank für ihren Einkauf" beendete. Das Unternehmen hatte ihm dies mehrfach untersagt. Der Kläger berief sich auf die Freiheit seiner Glaubensüberzeugung.

6. Im Jahr 2007 urteilte das Verfassungsgericht über die Beschwerde einer Schülerin der siebten Jahrgangsstufe: Der verbindliche Ethikunterricht an Berliner Schulen sei nicht verfassungsgemäß, da er ihre nach Artikel 4 GG zugesicherte Religionsfreiheit verletze.

7. In Bremen wurde ein Mann nahezu täglich in Polizeigewahrsam genommen, da er immer wieder auf dem Marktplatz auftauchte, um dort Passanten lautstark zu beschimpfen und zu beleidigen. Der „Marktschreier" berief sich vor Gericht überraschenderweise auf Artikel 4 der Verfassung: Er mache nur auf Missstände aufmerksam und handle somit „im Namen Gottes".

8. Ein Unternehmen kündigte einem muslimischen Mitarbeiter, da er sich mit dem Hinweis auf seine Religionsfreiheit geweigert hatte, in der Getränkeabteilung Bier zu stapeln. Der Mitarbeiter wollte die Kündigung so nicht hinnehmen und zog im Jahr 2011 vor das Bundesarbeitsgericht.

Ethik der Weltreligionen

Religiöse Gebote versus rechtliche Normen

1 *Im Folgenden siehst du verschiedene Gebote oder rechtliche Normen. Lies diese durch und entscheide dann: religiöses Gebot oder rechtliche Norm.*

- Du sollst nicht ehebrechen.
- Alle Menschen sollen sich mit Respekt und Würde begegnen.
- Du sollst fünfmal am Tag beten.
- Du darfst nicht töten.
- Du darfst nicht bei Rot über die Ampel fahren.
- Du musst bei einem Unfall erste Hilfe leisten.
- Du sollst keine anderen Götter neben mir haben.
- Die Freiheit des Glaubens, des Gewissens und die Freiheit des religiösen und weltanschaulichen Bekenntnisses sind unverletzlich.
- Du sollst kein Schweinefleisch essen.
- Du darfst innerorts nicht schneller als 50 km/h fahren.
- Wenn du ein Tier isst, muss es geschächtet* worden sein.

Schächtung: Eine rituelle Art der Schlachtung im ↑Islam und ↑Judentum. Das Tier wird unbetäubt geschlachtet.

2 *Erstellt eine Tabelle und ergänzt sie mit weiteren religiösen Geboten und rechtlichen Normen.*

Religiöses Gebot	Rechtliche Norm
…	…

3 *Nennt Überschneidungen zwischen Geboten und Normen, die euch auffallen.*

Unter **rechtlichen Normen** versteht man Verhaltensregeln, die nach einem bestimmten Prozess (Gesetzgebung) zustande gekommen sind und mit Zwangsmitteln durchgesetzt werden können. Unter einem **Gebot** versteht man eine bestimmte ethische oder religiöse Anweisung, die sowohl positiv (Du sollst deinen Nächsten lieben) als auch negativ sein kann (Du sollst nicht begehren deines Nächsten Haus). Gebote reichen oftmals weiter als staatliche Normen und greifen tiefer in die persönliche Freiheit ein.

4 *Fasse die beiden Definitionen mit deinen eigenen Worten zusammen.*

1. Staatliche Normen und religiöse Gebote können immer wieder in Konflikt geraten. So wurde z. B. im Jahr 2002 durch das Bundesverfassungsgericht entschieden, dass das Schächten von Tieren nur noch mit einer Ausnahmegenehmigung erlaubt sei, da es gegen das Tierschutzgesetz verstoße.

2. 2020 klagte eine Rechtsreferendarin gegen das Verbot, bei bestimmten dienstlichen Tätigkeiten (im Gerichtssaal) ein Kopftuch zu tragen. Sie argumentierte mit der Glaubensfreiheit und der Ausübung ihrer Religion. Diese Klage wurde zurückgewiesen, weil bei richterlichen Tätigkeiten das Recht auf Neutralität schwerer wiege als das Recht des Einzelnen auf Religionsausübung.

5 *Diskutiert diese beiden Urteile.*

6 *Recherchiert im Internet weitere Urteile, bei denen Staat und Religion in Konflikt geraten sind.*

Ethik der Weltreligionen

Woran orientiert sich meine Entscheidung?

Die Ausgangssituation
Du gehst eines Nachmittags neben den Gleisen im Grünen spazieren. Ein Zug kommt mit hoher Geschwindigkeit auf eine Weiche zugefahren. Du siehst auf dem Gleis vor dem Zug mehrere Kinder spielen. Nur du kannst den Zug noch auf das andere Gleis umleiten. Doch du erkennst, dass dort gerade ein Bauarbeiter auf dem Gleis tätig ist. Die Zeit reicht nicht mehr, um den Zugführer zu alarmieren. Du musst jetzt sofort entscheiden, auf welchem Gleis der Zug durchsaust. Entscheide dich! Was tust du?

1 Orientiere dich bei deiner Entscheidung
   a) nach rechtlichen Grundlagen,
   b) nach religiösen Geboten,
   c) nach deinem eigenen Gefühl/Gewissen.

2 Tausche dich mit deiner Partnerin/deinem Partner aus. Kommt ihr zur gleichen Entscheidung?

Die veränderte Situation
Du befindest dich in derselben Ausgangssituation. Nun jedoch erkennst du, dass der Bauarbeiter auf dem anderen Gleis dein Vater ist. Die Kinder kennst du nicht. Was tust du jetzt?

Situationen nach: Regine Rompa: 30x90 Minuten Philosophie/Ethik (verändert)

3 Beschreibe, wie du dich nun entscheiden würdest. Hat sich deine Meinung geändert? Diskutiert eure Meinungen in der Klasse.

Wie du dich auch entscheidest, es wird Verletzte und Tote geben und du wirst dich vor Gericht für deine Entscheidung verantworten müssen und auch vor deiner Religion und vor dir selbst.

4 Spüre in dich hinein und lege dar, welches Gespräch für dich am unangenehmsten wäre.

5 Formuliere Tipps für jemandem, der sich in einer Situation so entscheiden musste, dass er gegen rechtliche Grundlagen oder religiöse Gebote verstoßen hat und nun mit diesen Folgen leben muss.

6 Zähle Beispiele aus dem Alltag auf, in denen Menschen sich gegen ihre Einstellung entscheiden mussten, z. B. in Kriegssituationen.

Ethik der Weltreligionen

Fundamentalismus

Fundamentalismus

Radikalismus *Fundamentalismus* *Faschismus*
Extremismus *Fanatismus* *Terrorismus*

Mit der Nachsilbe „-ismus" kann man im Deutschen aus beliebigen Nomen und Adjektiven neue Wörter bilden. Ein so entstandenes neues Wort bezeichnet meist eine geistige Strömung oder einen Zusammenschluss von Anhängern einer Theorie. Die Anhänger bekommen die Nachsilbe „-ist/in" angehängt. Ihr Programm ist dann „-istisch".

1 *Nehmt in die Tabelle in Partnerarbeit mindestens fünf „Ismen" auf. Ihr könnt bereits existierende „Ismen", z. B. „Fundamentalismus", wählen oder beliebige neue geistige Strömungen erfinden. Nutzt auch die „Ismen", die in der Karikatur auf Seite 65 gemeint sind.*

Beliebiges Nomen	-ismus	-ist/in	-istisch
Ehrenmann	Ehrenmannismus	Ehrenmannist/in	ehrenmannistisch
…	…	…	…

2 *Geht in Gruppen zusammen. Erarbeitet eine Präsentation zu einem „Ismus" aus Aufgabe 1. Gebt dabei die Bedeutung eurer „Ismen" in eigenen Worten wieder. Mögliche Präsentationspunkte: Wortbedeutung, bekannte Vertreter, Anhänger, Aktualität in meiner Lebenswelt etc. Werdet dabei zu Experten.*

3 *Präsentiert euch gegenseitig mithilfe der Stamm- und Expertengruppen-Methode (StEx) eure Ergebnisse.*

Wir leben heute in einer Gesellschaft mit einer großen Vielfalt an Weltanschauungen. Die meisten Menschen betrachten die weltanschauliche Freiheit als Gewinn für sich selbst und als große Errungenschaft gegenüber vergangenen Zeiten, in denen z. B. Andersgläubige verbrannt oder Andersdenkende im Konzentrationslager ermordet wurden.

Ethik der Weltreligionen

Fundamentalisten dagegen können die moderne Vielfalt an Meinungen und Denkweisen schlecht ertragen. Sie sind überzeugt, die einzige und grundlegende („fundamentale") Wahrheit zu kennen. Aus dieser Weltsicht kann eine wertende Zweiteilung im Denken entstehen: Aus „wahr oder falsch" wird für Fundamentalisten „gut oder böse", „schwarz oder weiß", „Mann oder Frau", „Freund oder Feind". Eine bunte und vielfältige moderne Öffentlichkeit erscheint einem Fundamentalisten moralisch verwerflich. Dementsprechend verspürt er den starken Wunsch, die Gesellschaft ausschließlich nach seinen eigenen Glaubensüberzeugungen zu bestimmen.

4 *Nutze das Internet und informiere dich über fundamentalistische Gruppierungen wie die Amischen, die Mormonen oder das ultraorthodoxe Judentum.*
Im Vergleich dieser Gruppierungen kannst du vielleicht ein Verhaltensmuster entdecken: Viele Fundamentalisten aus verschiedenen Glaubensrichtungen lehnen die Vielfalt der modernen Gesellschaften ab. Zähle einige Gruppierungen mit dieser Einstellung auf.

5 *Fundamentalisten machen die heutige Gesellschaft verantwortlich für*

Drogenkonsum   AIDS   Alkoholismus   Homosexualität   Gender   Arbeitslosigkeit   Emanzipation von Frauen   sexuelle Freizügigkeit   …

Findet in der Gruppe Gegenargumente.

6 *Fundamentalisten fordern, dass eine plurale Gesellschaft ihnen mit Toleranz zu begegnen und ihnen Meinungs- und Religionsfreiheit zu gewähren habe. Gerade Toleranz und Freiheit sind diejenigen Grundwerte, die eine fundamentalistisch geprägte Gesellschaft sofort abschaffen würde. Wäge ab, inwieweit sich eine wehrhafte Demokratie auf dieses Spiel einlassen sollte.*

7 *Wählt in der Klasse eine religiös motivierte extremistische Gruppe aus. Diskutiert anhand der Grundthesen dieser Gruppe, inwieweit der religiöse Extremismus einen Missbrauch der Religion darstellt. Sammelt Argumente, die den Gegensatz zwischen den Aussagen der Religion und der Position der Extremisten aufzeigen.*

Terrorismus

Terroranschlag auf das World Trade Center in New York (USA) am 11. September 2001

Das lateinische Wort „terror" bedeutet so viel wie „Schrecken" oder „Furcht". Damit ist das hauptsächliche Wesensmerkmal und die Vorgehensweise des Terrorismus benannt: Terroristen wollen **Furcht und Schrecken** verbreiten. Terroristische Anschläge gegen Menschen oder Sachen werden meist von Anhängern **fundamentalistischer** und **extremistischer** Ideologien verübt. Das nächstliegende Ziel von Terroristen ist in der Regel nicht die sofortige politische Veränderung. Terrorismus will zunächst Aufmerksamkeit für die eigene Sache erzeugen, Hass zwischen Menschen säen und so das bestehende poltitische und gesellschaftliche System destabilisieren.

1 *Im Kampf gegen den Terrorismus in unserem Land gilt es immer wieder eine grundsätzliche Abwägung zu treffen: Dürfen die freiheitlichen Grundrechte aller Bürger im Namen der Sicherheit eingeschränkt werden, um Terroristen das Handwerk zu legen? Hierbei geht es z. B. um Durchsuchungen, verdeckte Ermittlungen, Abhören von Telefonaten, Überwachung sozialer Medien und aller Kommunikationsmittel usw.*
Besprecht euch erst in Gruppen oder in Partnerarbeit: Welche Maßnahmen erscheinen euch sinnvoll und gerechtfertigt? Wo ist die Grenze zum sogenannten „Überwachungsstaat" überschritten?

2 *Ermittelt die Bedeutung folgender Ismen.*
Rechtsradikalismus   Extremismus   Dschihadismus   Faschismus
Radikalismus   Neonazismus   Fanatismus   Linksradikalismus

Ethik der Weltreligionen

Interreligiöser Dialog – auch mit Terroristen?

Später wirst du noch den Dalai Lama kennenlernen. Er gilt weltweit als einer der bekanntesten Friedensstifter. Der Dalai Lama ist auch ein engagierter Förderer des interreligiösen Dialogs.

Dalai Lama: Dialog mit ↑Islamisten unumgänglich

„Es gibt keinen anderen Weg"

Der Dalai Lama sieht das Problem mit dem „Islamischen Staat" nicht anders zu lösen als durch Dialog. „Es gibt keinen anderen Weg", sagte er.
„Man muss hören, verstehen, jedenfalls Respekt vor dem Anderen haben", sagte das Oberhaupt des tibetanischen ↑Buddhismus in einem Interview der italienischen Zeitung „La Stampa" [...]. Er bekräftigte dabei seine frühere Aussage, der Feind sei dann geschlagen, wenn er zum Freund werde.
Deutschland habe muslimische Flüchtlinge „sehr großzügig" aufgenommen, ihnen Nahrung und Kleidung gegeben, so der 80-Jährige.
Jetzt gehe es auch darum, sie zu bilden, damit sie oder ihre Kinder heimkehren könnten. „Sie müssten zurückkehren mit dem Wissen und der Fähigkeit, ihr Heimatland zu verändern, damit es nicht weitere Flüchtlinge gibt. Das ist die einzige Lösung", sagte der Dalai Lama [...].
Jeder Mensch habe „seine Religion und eine Wahrheit", aber in einer Gemeinschaft müsse es „viele Religionen und viele Wahrheiten" geben. „Der ↑Islam ist eine Religion des Friedens; die Intoleranten schaden ihrem eigenen Glauben und ihren Brüdern", so der Dalai Lama weiter.
Eines Tages müssten die Religionsführer vor Gott treten und sich fragen lassen: „Warum habt ihr euch bekämpft? Darum habe ich euch nicht gebetet."

1 Der interreligiöse Dialog wird von Politikern in aller Welt und auch von Religionsgemeinschaften verstärkt gefordert. Warum erscheint er gerade heutzutage immer wichtiger? Welche Hindernisse gilt es dabei zu überwinden? Beratet euch in Partnerarbeit.

2 Die Meinung des Dalai Lama zum Umgang mit Terroristen erregt auch Widerspruch. Nennt auch dafür mindestens zwei Gründe.

Ethik der Weltreligionen

Ethische Forderungen der Weltreligionen

Wie auch im weltlichen (säkularen) Bereich gibt es in nahezu allen Religionen Gebote, Verbote, Empfehlungen und Anweisungen. Sie sind meist in heiligen Schriften niedergeschrieben und haben sich oft über Jahrtausende unverändert erhalten. Sie schreiben vor, wie sich die Gläubigen bei Festen, Zeremonien oder im Alltag kleiden sollen, welche Speisen sie zu sich nehmen dürfen und wie sie beten oder ihre Toten ehren sollen. In den Schriften werden meist auch klare ethische Standpunkte deutlich. So gibt es Anweisungen darüber, wie man sich insbesondere Mitmenschen gegenüber verhalten soll, was moralisch gut oder schlecht und hinderlich ist.

↑Christentum und ↑Judentum berufen sich auf die **Zehn Gebote**.

> 2 Ich bin der HERR, dein Gott [...].
> 3 Du sollst neben mir keine anderen Götter haben.
> [...]
> 8 Gedenke des Sabbats: Halte ihn heilig!
> [...]
> 12 Ehre deinen Vater und deine Mutter, damit du lange lebst in dem Land, das der HERR, dein Gott, dir gibt!
> 13 Du sollst nicht töten.
> 14 Du sollst nicht die Ehe brechen.
> 15 Du sollst nicht stehlen.
> 16 Du sollst nicht falsch gegen deinen Nächsten aussagen.
> 17 Du sollst nicht das Haus deines Nächsten begehren. Du sollst nicht die Frau deines Nächsten begehren, nicht seinen Sklaven oder seine Sklavin, sein Rind oder seinen Esel oder irgendetwas, das deinem Nächsten gehört.
>
> *Zweites Buch Mose (Exodus) 20,2–17*

Der ↑buddhistische Katalog an Lebensregeln heißt **Edler Achtfacher Pfad**.

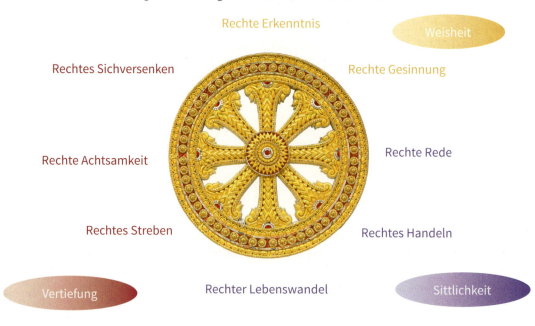

68

Ethik der Weltreligionen

1 *Vergleiche die Regeln des Achtfachen Pfades mit denen der Zehn Gebote. Notiere alle Übereinstimmungen.*

2 *Suche Erklärungen für diese Ähnlichkeiten.*

3 *Untersuche die Unterschiede dahingehend, ob sie wichtige Themen betreffen. Begründe dein Ergebnis.*

Für Muslime sind unter anderem die **Fünf Säulen des ↑Islam** wichtig.

Die fünf täglichen Gebete (Salāt)

Das Glaubensbekenntnis zu Allah (Schahāda)

Das Fasten während des Ramadan (Saum)

Die Wohltätigkeit gegenüber den Mitmenschen (Zakāt)

Die Pilgerfahrt nach Mekka (Haddsch)

Der ↑Hinduismus gebietet, die **sechs „Inneren Feinde"** auf dem Lebensweg zu meiden. Hindus sehen diese Feinde im Büffeldämon Mahisasur verkörpert.

Gier und Geiz

Hochmut

Eifersucht und Neid

Wut und Zorn

weltliche Begierden

geistige Verblendung

4 *Die Aufzählung der „Inneren Feinde" entspricht der christlichen Tradition der „Sieben Todsünden". Recherchiert diese und vergleicht die „Feinde" mit den „Sünden".*

5 *Es fällt auf, dass die großen Religionsgemeinschaften ihre Ethik meist in Listen dargelegt haben. Nenne Vorteile. Denke dabei an den Zweck von Listen im Alltag.*

Weltethos – die vier ethischen Prinzipien der Weltreligionen

Das Parlament der Weltreligionen tagte im Jahr 1993 in Chicago. Mehr als 6 500 Abgeordnete als Vertreter von annähernd 125 Religionen nahmen an diesem großen Parlament teil. Nach vielen Diskussionen verständigten sie sich auf vier „Weisungen", die die Kernelemente der Ethik aller Religionen der Welt darstellen. Der Initiator dieses Projekts „Weltethos" war der Schweizer Theologe Hans Küng.
Von Christophe Braun

Hans Küng (1928 – 2021)

„Wir wollen über das von Ihnen 1989 initiierte Projekt Weltethos sprechen. Können Sie kurz die Ziele des Projekts skizzieren?"
Das Projekt Weltethos hat zwei Hauptziele. Erstens: Friede zwischen den Religionen und Kulturen als Basis für den Frieden zwischen den Nationen. Zweitens: Bewusstsein wecken für die den Weltreligionen gemeinsamen ethischen Werte, Standards, Maßstäbe, Haltungen als universales ethisches Fundament.

Sie wollen aus den ethischen Gemeinsamkeiten der Weltreligionen ein universales Regelwerk ableiten?
Ja, aber kein Ethiksystem, sondern einige wenige elementare ethische Standards, die sich in allen großen Menschheitstraditionen finden lassen.

Zum Beispiel?
Am bekanntesten ist sicher die „Goldene Regel": Was Du nicht willst, dass man Dir tu', das füg' auch keinem anderen zu. Diese Regel gilt nicht nur für Individuen, sondern auch für Kollektive, bis hin zu Nationen. Grundlegend dafür ist die Humanitätsregel: Jeder Mensch soll menschlich und nicht unmenschlich oder gar bestialisch behandelt werden – unabhängig von Geschlecht, Alter, Hautfarbe, Religion… Konkret finden sich in allen Traditionen vier ethische Maßstäbe: Schutz der Wahrheit, Schutz des Eigentums, Schutz des Lebens, Schutz der geschlechtlichen Beziehungen.

Das ist alles?
Das ist alles: Zwei Grundregeln und vier ethische Maßstäbe, die sich seit der Menschwerdung des Menschen durch die Jahrtausende herausgebildet haben.

Ethik der Weltreligionen

Wie entstand die Idee zum „Weltethos"?
Langsam. Schon während meiner Libanonreise im Jahr 1967 wurde mir klar: Ein dauerhafter Friede zwischen Muslimen und Christen wäre möglich – wenn es eine Verständigung gäbe. An dem Beispiel wird deutlich: Die Frage des interreligiösen Dialogs ist hochpolitisch.

Dass Verständigung notwendig ist, um Konflikte zu lösen, leuchtet ein. Aber warum braucht es ein universales Ethos?
Die ↑Globalisierung betrifft inzwischen fast alle Bereiche. Dass sie auch unmenschliche Seiten hat, ist längst nicht mehr zu übersehen. Deshalb brauchen wir auch eine Globalisierung des Ethos: ethische Grundregeln, die für alle gelten.

Ohne Ausnahme?
Ja. Das war mehr als einmal ein Streitpunkt zwischen Henry Kissinger und mir. Meine Position ist: Diese fundamentalen ethischen Standards gelten für alle – für den Staatsmann genauso wie für den gewöhnlichen Bürger. Auch der Präsident der Vereinigten Staaten darf nicht lügen. Wir haben ja am Beispiel des Irakkrieges gesehen, welche Folgen gerade Lügen aus den Mündern von Staatsmännern haben können.

Sie haben das Projekt Weltethos 1989 in einer Zeit enormer weltpolitischer Umbrüche ins Leben gerufen.
Ich hoffte, dass die Menschheit ihre dritte große Chance im zwanzigsten Jahrhundert endlich nutzen würde. Die vorangegangenen Chancen in den Jahren 1918 und 1945 hat sie verpasst. Mit dem Ende des Kalten Krieges kündigte der damalige US-Präsident George Bush senior „a new world order" an, eine neue Weltordnung. Das wurde auf der ganzen Welt mit Begeisterung aufgenommen.

Warum ist daraus nichts geworden?
Bush hatte ganz einfach kein Konzept für diesen neuen Frieden.

Wie steht es heute um das Erreichen der Projektziele?
Die Lehre der vergangenen zwanzig Jahre lautet leider: Die Menschheit ist nur bereit, durch Leiden zu lernen. Es ist viel Schlechtes passiert in Politik, Wirtschaft, Gesellschaft. Jetzt setzt ganz langsam ein Umdenken ein. Betrachten Sie zum Beispiel die aktuelle Diskussion über die Finanzkrise: Allenthalben wird eine Regulierung der Großbanken gefordert. Aber ein paar neue Regeln nützen nichts, wenn sie nicht durch ein grundsätzliches Umdenken auf der ethischen Ebene fundiert sind. Die Banker selbst müssten sich aus Überzeugung zu einigen ethischen Standards verpflichten.

Auch die Zahl der religiösen Konflikte hat seit 1989 deutlich zugenommen. […] Wie steht es angesichts dieser Entwicklungen heute um den interreligiösen Dialog?
Den Weltethos-Thesen „Kein Friede unter den Nationen ohne Frieden unter den Religionen" und „Kein Frieden unter den Religionen ohne einen Dialog zwischen den Religionen" widerspricht heute niemand mehr. Das können Sie in Indien und in China genauso hören wie in den USA oder in Israel. Aber zum Weltethos gehört auch noch eine dritte These: „Kein Dialog zwischen den Religionen ohne gemeinsame ethische Werte und Standards". Das hat sich noch nicht durchgesetzt.

Es herrscht also Einigkeit über die Notwendigkeit interreligiösen Dialogs. Aber haben wir auch echten interreligiösen Dialog?
Ja, den haben wir! Interreligiöser Dialog ist ja nicht die Angelegenheit einiger weniger Spezialisten, sondern aller Bürger. Überall wo heute zum Beispiel eine Moschee gebaut wird, setzen sich Menschen ein für Dialogforen, für gegenseitigen Austausch und Zusammenarbeit. Da sind wir viel weiter als früher. Auch die politischen Debatten zu diesen Themen sind vielfach sachlicher und kooperativer geworden. Der interreligiöse Dialog hat trotz mancher Probleme enorme Fortschritte gemacht.

Herr Küng, ich danke Ihnen für das Gespräch.

Ethik der Weltreligionen

1 Hans Küng nennt im Interview in Kurzform die vier ethischen Maßstäbe, die sich seiner Meinung nach in allen Religionen und Traditionen finden lassen. Schreibe sie heraus. Ordne sie den vier „unverrückbaren Weisungen" des Projekts „Weltethos" zu:

> 1. Verpflichtung auf eine Kultur der **Gewaltlosigkeit** und der **Ehrfurcht vor allem Leben**.
> 2. Verpflichtung auf eine Kultur der **Solidarität** und eine **gerechte Wirtschaftsordnung**.
> 3. Verpflichtung auf eine Kultur der **Toleranz** und ein **Leben in Wahrhaftigkeit**.
> 4. Verpflichtung auf eine Kultur der **Gleichberechtigung** und die **Partnerschaft von Mann und Frau**.

2 Im November 2018 tagte das Parlament der Weltreligionen erneut, um angesichts des fortschreitenden Klimawandels und der Zerstörung der Umwelt eine zusätzliche „Fünfte unverrückbare Weisung" zu erarbeiten. Wie könnte diese lauten? Formuliert eine solche Fünfte Weisung im Stil der ersten vier. Recherchiert den Vorschlag des Parlaments der Weltreligionen und vergleicht ihn mit euren Ergebnissen.

3 Hans Küng meint im Interview: „Die Frage des interreligiösen Dialogs ist hochpolitisch." Stimmt das? An mehreren Stellen im Text finden sich Begründungen für diese Behauptung. Schreibt sie heraus und überprüft die Stichhaltigkeit.

4 „Auch der Präsident der Vereinigten Staaten darf nicht lügen." Über diese Frage haben sich Hans Küng und der ehemalige US-Außenminister Henry Kissinger „mehr als einmal" gestritten. Sammelt Argumente für ein solches Streitgespräch in Form einer Tabelle.
Teilt eure Klasse in eine „Gruppe Kissinger" und eine „Gruppe Küng". Die Lehrkraft ist Diskussionsleiter/in in der Frage: **„Darf der Präsident der Vereinigten Staaten lügen?"**

Hans Küng	Henry Kissinger
„Nein, denn ethische Standards gelten für alle."	„Ja, es sind Situationen denkbar, in denen er das sogar muss, z. B. wenn …"
…	…

Für eine friedlichere Welt: religiöse Friedensstifter/innen und Friedensnobelpreisträger/innen

Martin Luther King (1929–1968)

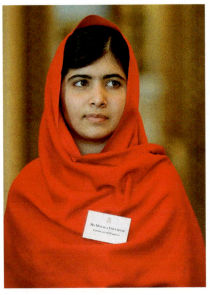
Malala Yousafzai (*1997)

Dalai Lama (*1935)

Mahatma Gandhi (1869–1948)

Mutter Teresa (1910–1997)

1 *Die Fotos zeigen Menschen, die sich aktiv für eine friedlichere Welt einsetzten und einsetzen. Tragt zusammen, was ihr über die Personen und ihr Friedensengagement wisst.*

2 *Erstellt in Kleingruppen eine Präsentation zu einer Person und tragt sie der Klasse vor.*

Ethik der Weltreligionen

Das kann und weiß ich jetzt ...

Darüber weiß ich jetzt Bescheid:

Glaubensgründe: Darum glauben Menschen   Zehn Gebote

Edler Achtfacher Pfad des Buddhismus   Fünf Säulen des Islam

Sechs „Innere Feinde" im Hinduismus   Art. 4 Grundgesetz

Fundamentalismus   Terrorismus   gemeinsame ethische Aussagen

der Weltreligionen   Weltethos   Dalai Lama   interreligiöser Dialog

Diskussionsrunde
Ihr habt in diesem Kapitel viel über ethische Werthaltungen aus Religion und Philosophie erfahren. Diskutiert abschließend mindestens drei der folgenden ethischen Alltagsfragen und begründet euer Ergebnis sachlich fundiert:

- *Eine Freundin ist in Drogengeschäfte verwickelt und zeigt Anzeichen einer Drogensucht. Muss ich handeln? Falls ja, wie?*

- *Für Flugreisen kann angesichts des Klimawandels eine Ausgleichszahlung geleistet werden. Findest du dies sinnvoll?*

- *Viele Jugendliche sehen sich gerne sogenannte „Fail-Videos" an. Das sind kurze „Pannenfilme", die reale Personen oder Tiere zeigen, die einen Unfall erleiden oder an etwas scheitern. Die Schadenfreude des Betrachters ist groß. Ist dies ethisch vertretbar?*

- *Ein Mitschüler schlägt und schikaniert andere in der Klasse. Wenn er von einer Lehrkraft zur Rede gestellt wird, behauptet er einfach: „Ich hab' nichts gemacht, ich schwöre!" Damit kommt er erstaunlicherweise immer durch. Muss ich eingreifen?*

- *In der Fußgängerzone sitzt eine ältere Frau in zerschlissener Kleidung und bettelt. Soll man ihr ein wenig Geld geben oder gibt es Gründe, das besser nicht zu tun?*

- *Ein Freund treibt sich auf seltsamen Internetseiten und -foren herum. Dir fällt auf, dass er ständig radikaler werdende religiöse Anschauungen äußert. Er wirkt geradezu fanatisiert. Du sprichst ihn darauf an. Er reagiert äußerst aggressiv und abwehrend. Er hält dir entgegen, dass schließlich der Grundsatz der Religionsfreiheit gelte. Was antwortest du ihm?*

4 Verantwortung für sich und andere

Über Lebensgemeinschaft und Elternschaft nachdenken

Lebensgemeinschaften

1 *Ordne die folgenden Begriffe den Bildern auf Seite 75 zu.*

Gleichgeschlechtliche Partnerschaft   Patchworkfamilie
Alleinerziehende/r   Ehe   Familie

2 *Erkläre mit deinen Worten, ob es sich dabei um Lebensgemeinschaften handelt.*

3 *Recherchiere den Begriff „Lebensgemeinschaft" und ergänze weitere Begriffe.*

4 *Ermittle Gemeinsamkeiten dieser hier aufgezählten Formen des Zusammenlebens. Berate dich mit deiner Partnerin/deinem Partner.*

Die Familie

Familie im Wandel der Zeit

Der Begriff „Familie" kommt vom lateinischen „familia" und bedeutet zunächst einmal Hausgemeinschaft. In diesem Sinn gehör(t)en zu einer Familie alle Menschen, die „unter einem gemeinsamen Dach" leben. Verwandtschaftsverhältnisse sind dafür keine Voraussetzung. Im Römischen Recht ist der „Pater familias" demzufolge auch „Herr" nicht nur über Frau und Kinder, sondern auch über Hausangestellte, Sklaven etc.

Erst im Laufe der Zeit entsteht die Vorstellung von der Verwandten-Familie. Diesem Verständnis zufolge gehören zu einer Familie die Menschen, die in einem (mehr oder weniger nahen) Verwandtschaftsverhältnis zueinander stehen, also Eltern, Kinder, Enkelkinder, Tanten, Onkeln etc.

Im Laufe des 19. Jahrhunderts setzt sich vor allem im städtischen Bereich die bürgerliche Kernfamilie (Vater, Mutter, mehrere Kinder) durch, während auf dem Land noch eher die traditionelle Großfamilie, in der mehrere Generationen zusammenleben, weiter dominant bleibt.

Historisch betrachtet ist die Familie zunächst einmal eine Rechtsgemeinschaft. Das heißt, dass die Mitglieder einer Familie gegenseitig durch bestimmte Rechte (z. B. Unterhaltsrecht, Erbrecht, …) und Pflichten (Erziehungsverpflichtung, Versorgungspflichten) verbunden sind. Der Kern dieses Rechtsverhältnisses sind die Ehe und aus dieser Ehe stammende Kinder (weshalb die Unterscheidung zwischen ehelichen und nicht-ehelichen Kindern z. B. im Erbrecht in der Geschichte auch sehr fundamental war). Die Vorstellung, dass eine Ehe etwas mit zwei Personen zu tun habe, die ineinander verliebt sind oder sich gegenseitig lieben, ist eine relativ junge Vorstellung, die auf die Zeit der Romantik (18./19. Jahrhundert) zurückgeht. Und auch danach bleibt das Ideal einer „Liebesehe" eher auf bestimmte soziale Nischen beschränkt. Bis ins 20. Jahrhundert hinein ist es viel eher üblich, dass Ehen aus „Vernunftgründen" geschlossen werden. Dazu zählen vor allem wirtschaftliche Interessen, aber auch die Tatsache, dass man noch bis weit ins 20. Jahrhundert in vielen Milieus „heiraten muss", um der Schande, die mit einem unehelichen Kind verbunden wäre, zu entgehen.

Bis in die 70er-Jahre des 20. Jahrhunderts gilt [… :] Der Mann ist das „Oberhaupt der Familie" und Frau und Kinder sind seinen Entscheidungen unterstellt. So darf z.B. der Mann allein den Wohnsitz bestimmen. Frauen dürfen nur mit Zustimmung des Mannes berufstätig sein. Der Mann bestimmt allein über die Ausbildung der Kinder. […]

Seit den 70er-Jahren des 20. Jahrhunderts ändert sich außerdem – parallel zu anderen gesellschaftlichen Entwicklungen, z.B. zur Veränderung der Rolle der Frauen in der Gesellschaft und zur Diskussion über Kinderrechte – die soziale Bedeutung von Familie. Die Scheidungsrate nimmt enorm zu, jede dritte Ehe (im städtischen Bereich: jede zweite Ehe) scheitert heute. Viele Paare leben zusammen, ohne dass sie miteinander verheiratet wären. Selten ist es die erste große Liebe auch der Partner fürs Leben, ein Phänomon, wofür ExpertInnen den Begriff der „seriellen Monogamie" oder des „Lebensabschnittspartners" geprägt haben. Neue familiäre Formen (Lebensgemeinschaften, Patchwork-Familien, Alleinerzieher-Familien, Regenbogen-Familien) ergänzen die traditionelle Familie mit zwei Elternteilen und einem oder mehreren Kindern.

Seit den 70er-Jahren nimmt die Geburtenrate und damit auch die Anzahl der Kinder in einer Familie stetig ab. Waren in den 60er- oder 70er-Jahren Familien mit drei, vier oder noch mehr Kindern durchaus „normal", leben in der durchschnittlichen Familie heute nur noch ein oder zwei Kinder. Eine Familie, in der mehr als drei Kinder leben, ist inzwischen selten geworden. Dadurch verändert sich auch der Umgang mit Kindern und die Bedeutung, die (die meist wenigen) Kinder in einer Familie haben. […]

Edeltraud Mathis

1 *Die Familie hat sich seit der Zeit der altrömischen Antike stark gewandelt. Gehe auf die verschiedenen Stationen ein und verdeutliche diese an einem Zeitstrahl.*

Altrömische Antike	19. Jh.	1811	1970	heute
Pater familias	**Bürgerliche Familie**	...	...	
• Vater: Herr über Frau, Kinder und Sklaven	• Bürgerliche Kernfamilie • Traditionelle Großfamilie auf dem Land	...	...	

2 *Recherchiert Lebensgemeinschaftsmodelle wie die Co-Elternschaft oder die Regenbogenfamilie. Stellt diese in der Klasse vor.*

3 *Wie ist es bei dir? Beschreibe deine Familie.*

4 *Blicke in die Zukunft: Berichte, welche Lebensgemeinschaft du anstrebst.*

Funktion der Familie

Biologische Funktion von Familie

Aus biologischer Perspektive betrachtet ist eine Familie zunächst einmal ein sozialer Raum, in dem Kinder in (mehr oder weniger) gesicherten Verhältnissen auf die Welt kommen und aufwachsen können. Aus dieser Perspektive entscheidend ist, dass zu einer Familie mindestens ein Kind und zwei erwachsene Personen – nämlich ein biologischer Vater und eine biologische Mutter – gehören. Evolutionsbiologisch betrachtet geben die biologischen Eltern „ihre Gene" an die nächste Generation weiter und kümmern sich – wie dies bei allen „Nesthockern", insbesondere bei Säugetieren der Fall ist – auch nach der Geburt um ein möglichst gesundes Aufwachsen ihrer Kinder. Aus biologischer Perspektive betrachtet ist der Mensch ein extremer Nesthocker. Wie kein anderes Lebewesen ist er auf eine lange Zeit sozialer Fürsorge angewiesen, um sich gesund entwickeln zu können. Das ist der „Preis", den wir für unser kompliziertes und unverhältnismäßig großes Gehirn und für unsere „Lernoffenheit" bezahlen. In stabilen sozialen Verhältnissen sind die Chancen für ein Kind, sich gesund entwickeln zu können, ungleich größer als in instabilen Verhältnissen. Die Familie ist aus dieser Perspektive ein soziales System, das Kindern diese Chance bieten soll.

Soziale Funktionen von Familie

Aus einem sozialen Blickwinkel betrachtet lässt sich die Aufgabe, Kindern ein „gesundes" Aufwachsen zu ermöglichen, weiter ausdifferenzieren. Nicht zuletzt aufgrund der Vielfalt moderner Lebensformen werden die **biologischen Eltern** hier häufig durch **soziale Eltern** (meistens sind es soziale Väter) ergänzt, manchmal auch ersetzt. Dieses Phänomen ist aber keinesfalls neu. Auch früher kam es häufig vor, dass ein biologischer Elternteil zum Beispiel wegen der sehr viel niedrigeren Lebenserwartung „ausfiel" und durch einen sozialen Elternteil (z. B. eine „Stiefmutter") ersetzt wurde. Neben den Eltern spielen heute häufig auch die **Großeltern** oder andere Verwandte eine wichtige soziale Rolle. Weniger wichtig geworden sind – aufgrund der kleineren Kinderanzahl in den Familien – die **Geschwister**. Aber in Mehrkind-Familien spielen auch sie eine wichtige Rolle.

Die wichtigste Funktion ist die **Sozialisationsfunktion**. Unter Sozialisation versteht man den Lernprozess, in dessen Verlauf ein Mensch die zentralen Regeln einer sozialen Gemeinschaft kennen lernt und in dem es lernt, sich in dieser Gemeinschaft zu bewegen. Dazu zählen soziale Regeln (Benimm-Regeln, Regeln, sich anderen Menschen anzunähern, Regeln, die eigenen Interessen zu vertreten; soziale Strukturen wie z. B. eine Zeitstruktur u. a.). Grundvoraussetzung für eine gelingende Sozialisation ist – wie die Psychologie zeigt – eine sichere soziale Grundbindung (was aber nicht heißt, dass ein Kind mehrere Jahre lang nur von seiner Mutter betreut werden soll). Darauf aufbauend können über eine Balance aus Geborgenheit und Halt einerseits und zunehmend größer werdender Freiheit und Eigenständigkeit die Lernerfahrungen stattfinden, die ein Mensch für eine gesunde Entwicklung der eigenen Persönlichkeit braucht.

Eine weitere wichtige Funktion ist die **Kulturationsfunktion**. Darunter versteht man den Lernprozess, durch den ein Mensch in die Kultur, in die er hineingeboren worden ist, auch hineinwachsen kann. Dazu gehört, dass ein junger Mensch Grundelemente der eigenen Kultur – aber auch des sozialen Milieus, in dem er aufwächst, oder des Submilieus, in dem die Familie lebt – kennenlernt. Dazu gehören grundlegende Erzählungen (z. B. Märchen), grundlegende Riten und Rituale (z. B. Geburtstag feiern, Gute-Nacht-Geschichte), grundlegende Regeln, die in einer Kultur gelten (z. B. Verhaltensnormen), aber auch grundlegende Weltbilder und Weltdeutungen. Dieser Prozess kann sich (in religiösen Familien) an den „Eckpunkten" einer bestimmten Religion bewegen, er kann sich aber auch an nicht-religiösen Themen orientieren.

Eine weitere Funktion, die Familien erfüllen,

ist die **wirtschaftliche Funktion**. Darunter versteht man vor allem die materielle Versorgung der Familienmitglieder, die Fürsorge und materielle Absicherung benötigen. In erster Linie sind das natürlich die Kinder. Aber auch ein erkrankter Elternteil oder pflegebedürftige Angehörige können Empfänger materieller und sozialer Fürsorge sein.

Schlussendlich ist auch in der heutigen Zeit die Familie eine **Rechtsinstitution**. Das heißt, dass an die Familienzugehörigkeit bestimmte rechtliche Attribute geknüpft sind. [...] Auch andere rechtliche Bestimmungen, beispielsweise das Recht auf Auskunft bei Krankheit oder Unfall oder das Zeugnisverweigerungsrecht vor Gericht, sind an die Familienzugehörigkeit gebunden. Der Tatsache, dass es immer mehr Paare gibt, die mit oder ohne gemeinsame Kinder ohne Trauschein zusammen leben, trägt der Gesetzgeber insofern Rechnung, als dass **Paare in Lebensgemeinschaft einem verheirateten Paar heute in vielen Bereichen gleichgestellt** sind (Partnerschaftsgesetz, eingetragene Partnerschaft bei gleichgeschlechtlichen Paaren). [...]

Edeltraud Mathis

1 *Sammle Stichpunkte zu den einzelnen abgebildeten Funktionen der Familie.*

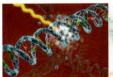 

§ 1618a BGB Pflicht zu Beistand und Rücksicht

Biologie	Sozialisation	Kulturation	Wirtschaft	Recht
• genetische Eltern	• soziale Regeln wie …	• Riten und Rituale wie …	• …	• Recht auf …
• …	• …	• …		• …

Art. 6 Grundgesetz (GG)
(1) Ehe und Familie stehen unter dem besonderen Schutze der staatlichen Ordnung.
(2) Pflege und Erziehung der Kinder sind das natürliche Recht der Eltern und die zuvörderst ihnen obliegende Pflicht. Über ihre Betätigung wacht die staatliche Gemeinschaft.
(3) Gegen den Willen der Erziehungsberechtigten dürfen Kinder nur auf Grund eines Gesetzes von der Familie getrennt werden, wenn die Erziehungsberechtigten versagen oder wenn die Kinder aus anderen Gründen zu verwahrlosen drohen.
(4) Jede Mutter hat Anspruch auf den Schutz und die Fürsorge der Gemeinschaft.
(5) Den unehelichen Kindern sind durch die Gesetzgebung die gleichen Bedingungen für ihre leibliche und seelische Entwicklung und ihre Stellung in der Gesellschaft zu schaffen wie den ehelichen Kindern.

2 *Erläutere die Aussagen des Grundgesetzes zum Thema „Familie" und die Bedeutung der Begriffe „Recht" und „Pflicht" in diesem Zusammenhang.*

3 *Vergleiche Art. 6 GG mit unseren verschiedenen Lebensgemeinschaften. Gilt er für alle? Diskutiert darüber in der Gruppe.*

Wie erziehst du denn?

„Es braucht ein ganzes Dorf, um Kinder großzuziehen."
Afrikanisches Sprichwort

1 *Erläutere die Bedeutung des Sprichworts.*

2 *Heutzutage ist nicht mehr das ganze Dorf gefragt. Erläutere, wer deiner Meinung nach die Kinder erzieht. Tausche dich mit deiner Partnerin/deinem Partner aus.*

3 *Wovon hängt es ab, wer die Erziehung übernimmt? Berichte von deinen eigenen Erfahrungen.*

4 *Nenne Vor- und Nachteile, die du im Vergleich zu der bei uns üblichen Kindererziehung siehst.*

„Eltern werden ist nicht schwer, Eltern sein dagegen sehr!" Dieser Stoßseufzer entspringt vielen Erziehungsberechtigten, die mit der Erziehung ihres Kindes überfordert zu sein scheinen. Wie verhalte ich mich, wenn der süße Fratz in die Trotzphase gekommen ist und nie das tut, was Mama und Papa von ihm erwarten? Besonders junge, unerfahrene Eltern sind von den zahlreichen Tipps zur Kindererziehung, die sie aus den Medien und von den eigenen Eltern und Freunden erfahren, total verunsichert. Wie soll ich mein Kind erziehen? Soll ich streng sein, ihm feste Zügel anlegen oder soll ich weitgehend seine Wünsche berücksichtigen? Mit welchen Erziehungsmethoden lasse ich mein Kind zu einem selbstbewussten, zufriedenen und emphatischen Menschen heranwachsen?

In jeder Generation prägten bestimmte Erziehungsstile das Verhalten der Eltern zu ihren Kindern. Viele sind inzwischen veraltet. So ist die Prügelstrafe nicht nur verpönt, sondern sogar ein Straftatbestand. Aber welcher Erziehungsstil am effektivsten ist, darüber scheiden sich die Geister. Bis in die sechziger Jahre des vergangenen Jahrhunderts hinein herrschte der autoritäre Erziehungsstil in der Familie. Heute scheint sich die demokratische Erziehungsmethode mehr und mehr durchzusetzen. Aber welche Erziehungsstile gibt es überhaupt? Welche Vor- und Nachteile weisen sie auf?

Der ↑autokratische Erziehungsstil

Unter dieser Erziehungsmethode mussten unsere Vorfahren leiden. Die Vertreter dieses Erziehungsstils gehen davon aus, dass das Kind eine starke Hand braucht, damit aus ihm ein aufrechter Erwachsener wird. Jegliche Eigeninitiative des Sprösslings wird unterdrückt, jeder Anflug von Selbstständigkeit durch strenge Regeln und Verbote unterbunden. Fehler werden bestraft, positive Verhaltensweisen hingegen kaum honoriert. Das Kind hat keinerlei Mitspracherecht und keine Entscheidungsfreiheit.

Verantwortung für sich und andere

Vorteile	Die Vorteile sind für die Entwicklung des Kindes nicht erkennbar. Für die Eltern ist der Erziehungsstil durch Zucht und Ordnung leicht, denn sie brauchen keinen Widerstand durch ihr Kind zu erwarten. Der autokratische Erziehungsstil ist heute weitgehend verschwunden.
Nachteile	Durch die strenge und einengende Hand der Erziehungsberechtigten kann das Kind kein Selbstwertgefühl und keine eigene Persönlichkeit entwickeln. Der durch den autokratischen Erziehungsstil geformte Erwachsene fällt entweder durch Minderwertigkeitsgefühle und durch autoaggressive Verhaltensweisen auf oder er neigt zu aggressivem Verhalten gegenüber Schwächeren.

Der autoritäre Erziehungsstil

Strenge Regeln, konkrete Anordnungen, ein System aus Strafe und Belohnung dominieren diesen Erziehungsstil. Die Erziehungsberechtigten bestimmen, was zu tun und was zu unterlassen ist. In dieser hierarchischen Struktur, bei dem der Vater oft eine dominante Rolle spielt, haben die Kinder so gut wie kein Mitbestimmungsrecht. Ihre Wünsche und Bedürfnisse werden kaum berücksichtigt.

Vorteile	Wie beim autokratischen Erziehungsstil sind hier kaum positive Auswirkungen auf das Kind erkennbar. Allerdings erfährt es durch die festgelegten Regeln und Verbote eine gewisse Sicherheit.
Nachteile	Wie beim autokratischen Erziehungsstil werden die Kinder nicht zur Selbstständigkeit erzogen. Kreativität und Fantasie werden nicht gefördert, da die Eltern die Aktivitäten der Kinder bestimmen. Das Kind kann kein gesundes Selbstbewusstsein entwickeln. Durch die Einschränkung der persönlichen Entwicklung können später aggressive und egozentrische Verhaltungsweisen auffallen oder es entwickeln sich Depressionen und Minderwertigkeitsgefühle.

Der antiautoritäre Erziehungsstil

Der antiautoritäre Erziehungsstil ist das Gegenteil der autoritären oder gar autokratischen Erziehung. Seit Beginn der Studentenbewegung ab 1968 wurde der autoritären Kindererziehung, die Verbote und Strafen zur Grundlage hat, eine Erziehung ohne Zwänge entgegengesetzt. Antiautoritäre Erziehung bedeutet jedoch nicht, dass das Kind überhaupt keine Grenzen kennenlernt. Es erfährt diese jedoch nicht durch Verbote und Strafen, sondern durch eigene Erfahrungen.

Verantwortung für sich und andere

Die Kinder erlernen Selbstvertrauen und erfahren Wertschätzung, erleben einen großen Spielraum für eigene Entscheidungen ohne Gängelung durch die Erziehungsberechtigten. Die Kinder lernen, selbst Verantwortung für ihr Handeln zu übernehmen.

Vorteile	Die Persönlichkeit des Kindes, das Selbstvertrauen und die Entscheidungsfreiheit werden gefördert. Durch die angstfreie Erziehung entwickelt sich das Vertrauen in die eigenen Stärken. Kreativität und Fantasie werden gestärkt. Das Kind fühlt sich angenommen und wertgeschätzt.
Nachteile	Dieser Erziehungsstil wird oft mit dem Laissez-faire-Prinzip gleichgesetzt. Es wird befürchtet, dass diese, ohne Grenzen aufgewachsenen Kinder, zu Egoisten heranwachsen. Antiautoritäre Erziehung ohne Grenzen kann auch dazu führen, dass die Grenzen anderer nicht akzeptiert werden.

Der demokratische Erziehungsstil

Der demokratische Erziehungsstil zeichnet sich dadurch aus, dass das Kind den Eltern nicht untergeordnet ist, sondern gleichberechtigt mitentscheiden kann. So wird das Kind zur Eigeninitiative und Selbstständigkeit erzogen. Die Eltern erteilen keine Befehle, sondern unterbreiten Vorschläge, die die Wünsche aller Beteiligten berücksichtigen. Die Basis ist also nicht Befehl und Gehorsam, sondern Kommunikation und Vertrauen.

Vorteile	Durch die Akzeptanz und Liebe, die das Kind durch die Eltern erfährt, entwickelt sich ein stabiles Selbstvertrauen. Durch die emotionale Ausgeglichenheit und den Glauben an die eigenen Fähigkeiten kann sich später eine große Leistungsbereitschaft entwickeln. Das Vertrauen, das das Kind durch die Eltern erfahren hat, überträgt sich auf andere Menschen.
Nachteile	Das Praktizieren des demokratischen Erziehungsstils kann hin und wieder zeitraubend und lästig sein, denn die Eltern befehlen nicht, sondern diskutieren mit dem Kind. Aber ist das wirklich ein Nachteil?

Der egalitäre Erziehungsstil

Dieser Erziehungsstil ist die Steigerung des demokratischen Erziehungsstils. Hier sind Eltern und Kinder völlig gleichberechtigt. Eine Hierarchie fehlt vollständig. Wichtige Entscheidungen werden nicht nur mit den Kindern besprochen – sie werden zusammen mit den Kindern festgelegt. Eltern und Kinder unterliegen gleichen Rechten und Pflichten.

Vorteile	Da die Kinder keiner Hierarchie unterworfen sind, entwickeln sie ein hohes Maß an Selbstbewusstsein, Eigeninitiative und Selbstverantwortung. Diese Verhaltensweisen kommen ihnen besonders im späteren Berufsleben zugute.
Nachteile	Durch die vollständige Gleichberechtigung mit ihren Eltern lernen die Kinder oftmals nicht, dass es im Leben auch Regeln gibt, die im Interesse aller befolgt werden müssen. Viel Zeit und Geduld ist erforderlich, um zu einem einvernehmlichen Ergebnis zu kommen.

Der Laissez-faire Erziehungsstil

Bei dieser übersteigerten Form des antiautoritären Erziehungsstils fallen die Eltern durch ihre Passivität auf. Das Kind bleibt sich weitgehend selbst überlassen. Es erfährt keinerlei Orientierung und Sicherheit. Der stabile Rahmen, der eine verantwortungsvolle Erziehung ausmacht, fehlt völlig. Die Eltern scheinen kein Interesse an der Entwicklung ihres Kindes zu haben. Oftmals besteht der Verdacht der Vernachlässigung.

Vorteile	Vorteile scheint es nur für die Eltern zu geben, denen die Erziehung ihres Kindes völlig egal ist.
Nachteile	Kinder, die im Laissez-faire Stil „erzogen" wurden, werden später erhebliche Beziehungsschwierigkeiten haben. Ihnen fehlt das Gefühl für Nähe und Distanz. Durch die emotionalen Defizite während ihrer Kindheit werden sie später große Schwierigkeiten haben, sich anzupassen. […]

Adrian Pietruschka

1 Lies dir die Vor- und Nachteile der jeweiligen Erziehungsstile genau durch. Vergleiche die Erziehungsstile miteinander und wäge ab, welcher für dich und deine zukünftige Familie in Frage käme.

2 Teilt euch in sechs verschiedene Gruppen auf und einigt euch auf einen Erziehungsstil, den ihr als kleines Rollenspiel vortragt. Stellt Vermutungen an, welchen Erziehungsstil die anderen Gruppen präsentieren.

3 Erziehung wird in der heutigen Zeit als Mammutaufgabe gesehen. Am meisten verbreitet ist aktuell wohl der flexible Erziehungsstil. Beschreibe, was du dir darunter vorstellst. Konkretisiere deine Vermutungen durch Recherche im Internet.

Verantwortung für sich und andere

Die Erziehung rückt als zentrale Aufgabe in den Mittelpunkt von Familien. Viele Eltern fragen sich, was ein Kind braucht, um sich zu entfalten und sich gut zu entwickeln. Die Fachhochschule Köln hat eine Art Leitfaden entwickelt, der alle wichtigen Eckpfeiler beinhaltet.

Fünf Säulen einer guten Erziehung [...]

- **Liebe und emotionale Wärme** zeigt sich, wenn der Erwachsene sich dem Kind zuwendet und es in einer wohlwollenden Atmosphäre anhört und wahrnimmt. Dazu gehört, dem Kind mit echter Anteilnahme zu begegnen. Der emotionale Aspekt kann sich äußern in Körperkontakt (jedoch keinem erzwungenen!), in aufmunterndem Lächeln, einer zugewandten Haltung, Blickkontakt und Trost.
- **Achtung und Respekt**: Der Erwachsene wendet sich dem Kind in voller Aufmerksamkeit zu, aber anerkennt auch, dass das Kind anders ist als er selbst. Er wertschätzt die Individualität des Kindes, traut ihm eigene Wege zu und hält es für fähig, selbst Lösungen für sein Wollen und Streben zu finden. Der Respekt vor dem „Eigen-Sinn" des Kindes wird hoch gehalten.
- **Kooperation**: Die Eltern vermitteln dem Kind das Miteinander, Gespräche und Erklärungen; es geht um das wechselseitige Verstehen und „Um-Verständnis-Ringen". Erwachsene vertreten ihren eigenen Standpunkt und hören sich die Meinung des Kindes an. Es wird in Entscheidungen einbezogen. Bei Grenzüberschreitungen werden sowohl vom Erwachsenen, wie vom Kind Entschuldigungen ausgesprochen und akzeptiert.
- **Struktur und Verbindlichkeit** bedeuten, dass geltende Regeln allen bekannt und einsichtig sind. Werden abgesprochene und begründete Regeln nicht eingehalten, hat das Konsequenzen, die nicht nur angedroht, sondern durchgeführt werden. Grenzen bedeuten nicht nur Verbote, sondern Orientierung und Klarheit. Neben Regeln schaffen auch Rituale und Gewohnheiten eine Struktur. Die Verlässlichkeit und Kontinuität solcher wiederkehrender Ereignisse geben dem Kind Handlungssicherheit.
- **Allseitige Förderung**: Der Erwachsene sorgt für eine Umgebung, die reich an Anregungen ist. Er macht das Kind bekannt mit Natur, Wissenschaft, Technik, Religion und Kosmos. Er antwortet auf Fragen, unterstützt die Neugier und ermöglicht dem Kind intellektuelle, sprachliche, motorische und sinnliche Erfahrungen. So lernt das Kind Welt- und Lebenszusammenhänge kennen, es eignet sich Kultur an.

Diese fünf Säulen stellen die Basis dar für eine gute Erziehung, ein Kind erhält damit das Rüstzeug für ein gesundes Selbstbewusstsein, mit dem es seinen Lebensweg außerhalb des Elternhauses antreten kann. [...]

Sigrid Tschöpe-Scheffler

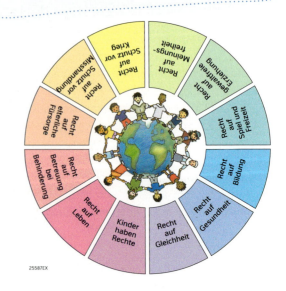

1 Ordne das System der fünf Säulen einem entsprechenden Erziehungsstil zu.

2 Vergleiche die fünf Säulen mit den Kinderrechten der UN-Kinderrechtskonvention und nenne Übereinstimmungen.

Verantwortung für sich und andere

So oder so?

Der Struwwelpeter
von Dr. Heinrich Hoffmann

Wenn die Kinder artig sind,
Kommt zu ihnen das Christkind;
Wenn sie ihre Suppe essen
Und das Brot auch nicht vergessen,
Wenn sie, ohne Lärm zu machen,
Still sind bei den Siebensachen,
Beim Spaziergehn auf den Gassen
Bringt es ihnen Gut's genug
Und ein schönes Bilderbuch.

1. Beschreibe die beiden Erziehungsstile, die in diesen Beispielen dargestellt sind.

2. Zur Information: „Der Struwwelpeter" von Dr. Heinrich Hoffmann wurde im Jahr 1848 veröffentlicht. Das Werk gilt heute pädagogisch als sehr regulativ und wird zur „schwarzen Pädagogik" gezählt. Begründe, woran das liegen könnte. Recherchiere und stelle weitere „Erziehungsmaßnahmen" des „Struwwelpeter" dar.

3. Erörtere die Kritik, die sich in dem rechts unten dargestellten Motiv verbergen könnte.

4. Stelle alle Erziehungsstile in einem Standbild dar. Teilt euch in Gruppen ein und lasst euer Standbild erraten.

5. Lege dar, welcher Erziehungsstil für dich denkbar wäre.

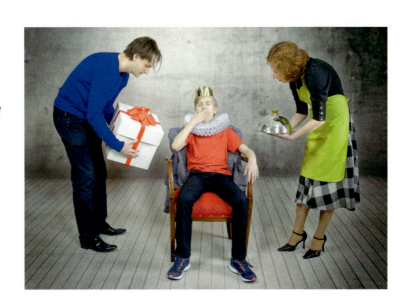

Verantwortung für sich und andere

Und nun zu dir: Wie waren deine Erfahrungen in der Kindheit?

Der bekannte Psychologe Paul Watzlawick äußerte sich einmal: „In der Wahl seiner Eltern kann man nicht vorsichtig genug sein."

❶ Erkläre das oben stehende Zitat.

„Zwei Dinge sollen Kinder von ihren Eltern bekommen: Wurzeln und Flügel."
(J. W. von Goethe)

❷ Was will Goethe mit diesem Zitat ausdrücken? Übertrage es auf das wirkliche Leben.

Tamara (16): „Mir fällt nur wenig aus meiner Kindheit ein. Am besten kann ich mich an die Dinge erinnern, die mir Angst gemacht haben, oder an besondere Feste. Meine Eltern sind, als ich sieben war, gerne am Wochenende ausgegangen. Meinen vierjährigen Bruder und mich haben sie oft bis in die frühen Morgenstunden alleine zu Hause gelassen. Wir hatten jedes Mal Todesangst, bis sie wieder da waren. Das würde ich meinen Kindern bestimmt nicht antun. Ich weiß, wie schlimm sich so etwas anfühlt."

David (15): „Ich war ungefähr acht, als ich mit meinen Eltern und meiner Schwester drei ganze Wochen während der Sommerferien in Italien verbracht habe. Wir sind einfach ohne wirkliches Ziel losgefahren – mit dem Zelt im Kofferraum. Dieser Urlaub war der schönste in meinem ganzen Leben. Wir waren die ganze Zeit zusammen und wurden nicht vom Fernseher oder anderen Dingen abgelenkt. Wir haben einfach auf einem Campingplatz übernachtet oder in einer Pension, ganz wie wir Lust hatten. Es hat uns alle total zusammengeschweißt. So etwas würde ich sofort wieder machen, wenn ich eigene Kinder hätte."

❸ Lies dir die Erfahrungen in der Kindheit dieser beiden Jugendlichen durch. Versetze dich in ihre Lage und gehe darauf ein, wie sie ihre Erlebnisse beurteilen.

❹ Schreibe auf einem Blatt deine positiven Erfahrungen in deiner Kindheit auf.

❺ Was würdest du aufgrund deiner Erfahrungen in der Kindheit an der Erziehungsmethode deiner Eltern ändern? Beschreibe auch diese Punkte auf dem Blatt.

❻ Verfasse nun einen Brief an deine Eltern, in dem du ihnen eine Art Wortgutachten über ihre Erziehungsleistung in deiner Kindheit ausstellst. Achte dabei stets darauf, Kritik konstruktiv (nach den Regeln des Feedbackgebens) zu formulieren.

❼ Schreibe einen Brief an dein zukünftiges Ich. Welche Erziehungselemente willst du von deinen Eltern übernehmen? Was willst du völlig anders machen?

Rollenverteilung in der Familie

„Ich bin seit 15 Jahren mit Ingo verheiratet. Wir haben zusammen zwei Kinder: Tim ist dreizehn und Simon ist elf Jahre alt. Als Simon drei wurde, ging ich wieder fast Vollzeit (32 Stunden/Woche) arbeiten. Ich bin der Meinung, dass Frauen sich am Einkommen der Familie gleichberechtigt beteiligen sollten. Mein Mann hat eine Dreiviertelstelle als Sozialpädagoge. Wir teilen uns alles: das Staubsaugen, den Müll entsorgen, die Bezahlung der Miete und der anfallenden Rechnungen. Ich empfinde die Aufteilung als gerecht. So häufen wir zwar keine Reichtümer an, aber wir haben beide Zeit für die Kinder. Selbstverständlich habe ich die Termine der verschiedenen Freizeitaktivitäten meiner Söhne im Kopf. Ich weiß auch, bei wem aus der Familie wann der nächste Zahnarzttermin ansteht oder welches Pausenbrot Tim und Simon lieben und welches nicht. Diese Dinge müssen doch nicht zwei Personen gleichzeitig im Kopf verwalten! Bevor ich im Detail lange erkläre, was wann zu tun ist, erledige ich es lieber gleich selbst. Auch der Hort und die Lehrkräfte wenden sich automatisch an mich. Da gebe ich auch mal zwischen zwei Terminen Auskunft, obwohl der Vater der Jungs zu Hause wäre. Ich will das nicht unnötig verkomplizieren. Abends bin ich dann oft viel geschlauchter als Ingo. Ich glaube, er versteht einfach nicht, dass mein Sich-um-alle-Kleinigkeiten-Kümmern ziemlich anstrengend ist."

1 Äußere deine Gedanken zur Gleichberechtigung in dieser Partnerschaft. Beurteile, ob die Frau wirklich die Realität sieht.

2 In der Soziologie wird auch von „Verschleierungstaktik" bei Frauen in Bezug auf Gleichberechtigung gesprochen. Stelle Vermutungen an, was damit gemeint ist.

3 „Bei der Aufgabenverteilung scheinen viele moderne Paare in den 1970er-Jahren stehen geblieben zu sein." Erörtere die Bedeutung dieser Aussage.

4 Diskutiere in deiner Ethikgruppe, wie die Gleichberechtigung in scheinbar gleichberechtigten Beziehungen funktionieren kann.

Rollenbilder im Wandel der Zeit

Josefa Greiter (85): „Eine Frau braucht nicht zu arbeiten!" Das hat mein Mann Theo immer gesagt. Und auf diesem Standpunkt beharrte er. Er verbot mir, die Stelle im örtlichen Stoffgeschäft anzunehmen, als das Geld mal wieder knapp war und wir jeden Pfennig zweimal umdrehen mussten. So habe ich mich um meine vier Kinder gekümmert, die Wäsche gewaschen und den ganzen Haushalt erledigt. Ich habe meinem Mann den Rücken freigehalten und die Familie versorgt. Er hat das Geld nach Hause gebracht und ich war einfach seine Frau. Rollenverteilung war nie ein Thema."

Monika Marschall (61): „Als wir frisch verheiratet waren, war es für mich ganz normal, an der Seite meines Mannes zu sein. Doch ich wollte unbedingt eine Berufsausbildung, um für mich eine berufliche Grundlage zu haben und auch etwas für mich gemacht zu haben. Nach der Geburt unserer beiden Kinder habe ich selbstverständlich aufgehört zu arbeiten. Es gab mehr als genug Arbeit zu Hause. Erst als die Kinder aus dem Gröbsten raus waren, bin ich wieder stundenweise als Sekretärin ins Büro gegangen. Von meinem ersten Mann habe ich mich dann scheiden lassen, was meine Eltern überhaupt nicht verstehen konnten, da man ja auch in schlechten Zeiten zusammenhalten muss. Heute bin ich glücklich in zweiter Ehe verheiratet. Für mein Selbstbewusstsein habe ich meinen Mädchennamen wieder angenommen und mein Mann behielt einfach seinen Namen. Auch das konnte besonders mein Vater nicht nachvollziehen. So gehöre man doch nicht zueinander."

Julia Ober (45): „Ich habe Bürokauffrau gelernt, weil mich das interessiert hat und es sich gut mit dem Familienleben vereinbaren lässt. Nach der Ausbildung habe ich erst einmal mein Leben genossen, bin viel gereist und habe mich beruflich noch weiter entwickelt. Sogar ein Studium habe ich nachträglich noch angehängt. Ich kann schon sagen, dass lange Zeit meine Arbeit ein sehr wichtiger Bestandteil meines Lebens war.

Erst spät habe ich meinen Mann kennen und lieben gelernt. Wir haben mit Mitte dreißig geheiratet. Da war meine erste Tochter Julia bereits ein Jahr alt und ich war mit meiner zweiten Tochter Melanie schwanger. Beim ersten Kind bin ich nur ein halbes Jahr zu Hause geblieben. Beim zweiten Kind habe ich gleich nach dem Mutterschaftsurlaub wieder angefangen zu arbeiten. Beide Kinder waren erst bei einer Tagesmutter und anschließend im Kindergarten. Jetzt sind meine Kinder zehn und zwölf Jahre. Ich möchte gerne wieder Vollzeit in die Arbeit gehen. Mir wurde eine Führungsposition angeboten, die aber mit vielen Reisen verbunden ist."

Sofie Braml (27): „Ich habe nach meiner Berufsausbildung erst einmal ein Jahr in Australien verbracht. Anschließend bin ich noch nach Südamerika gereist. Erst dann bin ich wieder ins Berufsleben zurückgekehrt. Ich bin in der glücklichen Lage für mich selbst sorgen zu können, da ich in meinem Beruf genügend verdiene. Ich habe inzwischen einen dreijährigen Sohn, Noah, mit dessen Vater ich nur kurz zusammen war. Erst danach habe ich meinen jetzigen Freund kennengelernt, verheiratet sind wir jedoch nicht. Wir wohnen auch nicht zusammen – jeder hat eine eigene Wohnung. Wenn wir uns sehen wollen, treffen wir uns meist bei mir, wegen Noah. Jeder übernimmt ganz selbstverständlich Aufgaben wie Kochen oder Saubermachen. Es versteht sich von selbst, dass mein Freund seine Wäsche selbst bügelt. Ich finde diese Art der Beziehung sehr entspannt. Man ist nicht ganz alleine, kann es aber doch sein, wenn man will, und man behält seine Eigenständigkeit."

Verantwortung für sich und andere

Dilan Öztürk (35): „Mein Mann und ich heirateten in unserem Dorf in der Türkei. Wir kannten uns schon als Kinder. Seine und meine Eltern dachten, wir würden gut zusammenpassen. Vorher habe ich in unserem Supermarkt an der Kasse gearbeitet. Nach der Hochzeit sind wir nach Deutschland ausgewandert, da mein Mann hier in der Firma seines Bruders arbeiten konnte. Ich wurde schnell schwanger und hatte fürchterliches Heimweh nach meiner Familie. Schnell hintereinander habe ich drei Töchter und einen Sohn bekommen. Da ich bis heute nicht gut Deutsch kann und meine Kinder das meiste für mich übersetzen müssen, finde ich, obwohl die Kinder jetzt schon recht groß sind, keine Arbeit. Mein Mann möchte das auch nicht. Er will, dass ich mich um den Haushalt und die Kindererziehung kümmere. Alles andere entscheidet er. Leider habe ich auch keinen Führerschein, sodass mich immer mein ältester Sohn oder mein Mann zum Einkaufen oder Arzt fahren müssen. Mir wird schon angst und bange, wenn meine Töchter heiraten und ich dann alleine zuhause sitze."

Pooja Khanna (28): „Hier in Indien haben wir Frauen es sehr, sehr schwer. Als Mädchen musst du oft dafür kämpfen, besonders auf dem Land, dass du regelmäßig und lange genug in die Schule gehen kannst. Sonst kannst du später keine Berufsausbildung machen.

Ich hatte großes Glück, da es meinem Vater immer wichtig war, für meine Schwestern und mich einen guten Weg in die Berufstätigkeit zu finden. Ich habe eine Ausbildung als Sachbearbeiterin bei der Polizei in unserer kleinen Stadt absolviert. Als ich dann meinen Mann geheiratet habe und wir bei meinen Schwiegereltern in ihr Haus gezogen sind, war es sofort vorbei mit meiner Selbstständigkeit. Ab da musste ich meiner Schwiegermutter den ganzen Tag im Haushalt helfen. Auch mein Mann, der immer erst abends von der Arbeit nach Hause kam, konnte dagegen nichts ausrichten.

Als ich meine erste Tochter erwartete und es immer enger in der kleinen Wohnung wurde, sind wir zwar in eine eigene Wohnung gezogen. Aber meine Schwiegermutter ist täglich bei mir und kommandiert mich herum, weil ich in ihren Augen nicht gut genug koche. Ich fühle mich völlig abhängig. Meinen Beruf werde ich wohl nie wieder ausüben. Noch dazu darf ich nirgends alleine hingehen, weil es in unserem Viertel ständig zu Brutalitäten gegenüber Frauen kommt."

1 *Zeige die Gemeinsamkeiten und Unterschiede der Lebensumstände der sechs Frauen auf. Beschreibe die Beziehung zu ihren Ehepartnern.*

2 *Erörtere die Bedeutung des kulturellen, sozialen und biologischen Hintergrunds.*

3 *Diskussionsrunde: Sechs Schülerinnen oder Schüler der Ethikgruppe schlüpfen in die Rolle der aufgeführten Personen. Diskutiert in der jeweiligen Position über den gesellschaftlichen Druck sowie die sozialen und biografischen Anteile im Rollenverständnis dieser Personen.*

4 *Nenne weitere Geschlechterrollen, die vom Wandel der Zeit oder vom kulturellen Hintergrund abhängen.*

Die neuen Väter

Aktuelle Studie: Das Rollenbild von Frauen und Männern ist im Wandel

Von Birgit Marschall und Eva Quadbeck

Berlin – Als 2007 das Elterngeld mit Vätermonaten startete, wurde es noch als „Wickelvolontariat" verspottet. Mittlerweile pausiert gut jeder dritte Vater beruflich für sein Baby. Arbeitgeber müssen nunmehr nicht nur damit rechnen, dass junge Mitarbeiterinnen schwanger werden können. Sie müssen sich auch darauf einstellen, dass Väter Elternzeit einreichen.

Auch die Vorstellung, wie die Rollen zwischen Männern und Frauen aufgeteilt sein sollten, hat sich in den vergangenen Jahren noch einmal deutlich verändert. Der Anteil der Männer, die sich Erwerbs- und Erziehungsarbeit mit ihrer Partnerin teilen wollen, wächst. Immer mehr Männer treten von sich aus offensiv für Gleichberechtigung ein.

Was macht den „neuen Mann" aus?

Das sind die zentralen Ergebnisse einer 150 Seiten starken, noch unveröffentlichten Studie des Bundesfamilienministeriums, die unserer Redaktion exklusiv vorliegt. Schon für eine Studie im Jahr 2007 hatte das Familienministerium Männer und Frauen repräsentativ befragt. Die Studie wurde nun mit den gleichen Methoden wiederholt. Bei 3000 Männern und Frauen spürten der Münchner Soziologe Carsten Wippermann und sein Team nach, wie weit verbreitet der Typus des „neuen Mannes" heute ist und was ihn eigentlich ausmacht. Zwar befürwortet demnach auch heute nur gut jeder dritte Mann eine aktive, offensive Gleichstellungspolitik. Doch die Einstellungen für eine Partnerschaft auf Augenhöhe sind heute deutlicher als vor zehn Jahren in die Breite der Gesellschaft eingedrungen.

Es hat ein Wandel stattgefunden

Ein paar zentrale Ergebnisse: 82 Prozent der Männer finden, dass es einer Partnerschaft gut tut, wenn beide berufstätig sind. Zehn Jahre zuvor waren nur 71 Prozent dieser Ansicht. Mit 49 Prozent meint inzwischen weniger als die Hälfte der Männer, dass Frauen nicht erwerbstätig zu sein brauchen, wenn ihre Männer gut verdienen.

Familienministerin Manuela Schwesig (SPD) verweist darauf, dass die Einstellung zum Rollenbild auch eine Generationenfrage sei: „Immer mehr Männer sind sogar der Überzeugung, dass der Vater seine Berufstätigkeit reduzieren sollte, solange die Kinder noch klein sind. Von den heute 70-Jährigen sind 20 Prozent dieser Meinung, von den unter 30-Jährigen Männern aber 59 Prozent." Es habe ein gesellschaftlicher Wandel stattgefunden – das bestätigten auch die Zahlen der Studie.

Männer engagieren sich zunehmend im Haushalt

Schwesig weiter: „Immer weniger Frauen und Männer denken, dass die alte Rollenverteilung – der Mann ist der Ernährer und die Frau kümmert sich alleine um Kinder und Haushalt – für sie das richtige Lebensmodell ist."

Selbst bei der ungeliebten Arbeit im Haushalt gibt es Bewegung. Während vor zehn Jahren Putzen, Waschen oder Spülmaschine ausräumen vollständig oder überwiegend von Frauen erledigt wurden und der Herr im Haus nur Reparaturen und Autopflege übernahm, engagieren sich Männer zunehmend im Haushalt. Dieser Aufbruch finde aber nicht flächendeckend statt, vielmehr bewegen sich der Studie zufolge auch hier eher jüngere Männer – insbesondere die mit gut ausgebildeten, erwerbstätigen Partnerinnen.

Viele Hürden für Männer

Nun ist die Gleichstellung von Männern und Frauen nicht nur eine Frage des inneren Willens, sondern auch der äußeren Rahmenbedingungen. Für Männer erweist sich die Vereinbarkeit von Familie und Beruf oft als schwieriger als für Frauen. Zwei Drittel der Väter mit Kindern unter zwei klagen über hohe Hürden. So fordern 94 Prozent der Väter, dass die Kita-Öffnungszeiten sich nicht am Modell der nur teilzeiterwerbstätigen Mutter orientieren dürften. [...]

1 Beschreibe den Wandel der Rollenbilder von Frauen und Männern in den vergangenen Jahren.

2 Erläutere, wie du dir später die Rollenverteilung zwischen deiner Partnerin/deinem Partner und dir vorstellst.

> **Art. 3 Abs. 2 Grundgesetz (GG)**
> Männer und Frauen sind gleichberechtigt. Der Staat fördert die tatsächliche Durchsetzung der Gleichberechtigung und wirkt auf die Beseitigung bestehender Nachteile hin.

Die Gleichberechtigung von Mann und Frau ist als ↑Grundrecht unmissverständlich im Grundgesetz festgeschrieben. Doch wie sieht die Wirklichkeit aus? Sind Frauen heute wirklich in allen Lebensbereichen gleichberechtigt?

3 Arbeitet in Kleingruppen. Überlegt und recherchiert, ob Frauen in Deutschland heute gleichberechtigt sind. Sucht nach konkreten Beispielen aus den Bereichen „Familie", „Bildung", „Beruf" sowie „Politik". Übertragt die Tabelle in eure Hefte und tragt eure Ergebnisse ein.

Beispiele für Bereiche, in denen die Gleichberechtigung für Männer und Frauen ...		
	... noch nicht erreicht ist	... erreicht ist
Familie	...	...
Bildung	...	...
Beruf	...	...
Politik	...	...

4 Nenne Möglichkeiten, wie mehr Gleichberechtigung von Frauen deiner Ansicht nach erreicht werden könnte.

Verantwortung des Einzelnen in der Gesellschaft

Aktiv werden in der Gesellschaft!

Der Basketballplatz in einem Wohnviertel einer Großstadt ist für alle dort wohnenden Jugendlichen frei zugänglich. Ein älteres Gebäude in der Nähe des Platzes steht seit dem Neubau von Asylunterkünften leer. Nach Anfrage einiger Jugendlicher stellt ihnen die Stadt das Erdgeschoss des Gebäudes zur Verfügung. Bedingung ist, dass die Jugendlichen für dessen Gestaltung, Möblierung und Öffnungszeiten selbst verantwortlich sind. Im Gegenzug gewährt die Stadt einen finanziellen Zuschuss. Nach mehreren Treffen der Jugendlichen bildet sich eine zehnköpfige Gruppe von Engagierten, die die Sache in die Hand nehmen wollen. Alle anderen ziehen es vor, ihre Freizeit „weniger stressig" zu verbringen.

Nach vier Wochen legt das Organisationsteam in einer Versammlung einen Plan zur Vorgehensweise, zur Finanzierung und zur Gestaltung der Räume vor. Massive Einwände gegen die Gestaltungsvorschläge kamen vonseiten der „Untätigen". Einige äußerten weder eine Meinung dazu noch wollten sie irgendeine Aufgabe übernehmen. Manche sahen überhaupt keinen Sinn darin.

1 *Spielt diese Geschichte im Rollenspiel zu Ende.*

> Das bringt doch alles nichts. Am Ende baut die Stadt hier sowieso einen Wohnblock oder ein Einkaufszentrum.

> Das sehe ich anders! Wenn wir ...

2 *Beschreibe die Haltungen der hier genannten Jugendlichen.*

3 *Erläutere, in welcher Position du dich selbst sehen würdest. Begründe.*

4 *Formuliere mögliche Beweggründe der zehn Jugendlichen für ihr Engagement.*

5 *Stelle Vermutungen darüber an, ob die Stadt die Idee eines Freizeittreffs für Jugendliche wirklich wieder zerstören wird.*

6 *Nenne Möglichkeiten für Jugendliche, aktiv zu werden, um ihre Wünsche in der Gesellschaft zu äußern. Vervollständige den Satz „Das sehe ich anders! Wenn wir ...".*

7 *Diskutiert über unsere Möglichkeiten als Bürgerinnen und Bürger, Einfluss auf die Gesellschaft zu nehmen. Begründet, welche davon ihr selbst nutzen würdet.*

Sich stark machen für eine bessere Welt

Die Schwedin Greta Thunberg wurde 2003 in Stockholm geboren. Bereits im Grundschulalter beschäftigte sie sich mit der Problematik des Klimawandels. Zunächst versuchte sie in ihrem privaten Umfeld, ein Bewusstsein für die Unausweichlichkeit von Maßnahmen zum Klimaschutz zu schaffen.
Mit 15 Jahren wurde sie einer breiteren Öffentlichkeit bekannt, als sie an Freitagen nicht mehr den Schulunterricht besuchte. Stattdessen demonstrierte sie für die Umsetzung des Pariser Klimaabkommens. Aus dem lokalen schwedischen „Schulstreik für das Klima" entwickelte sich rasch die globale „Fridays For Future"-Bewegung. So wurde Greta zu einem der bekanntesten Gesichter des Klimaaktivismus. In den vergangenen Jahren hat die junge Schwedin vor Parlamenten, auf internationalen Tagungen wie der ↑UN-Klimakonferenz und mit zahlreichen herausragenden Persönlichkeiten wie etwa Papst Franziskus gesprochen.

1 *Sammle Informationen über das Pariser Klimaabkommen.*

2 *Erläutere Gründe für Gretas Motive, die Klimaschutz-Bewegung ins Leben zu rufen.*

3 *Finde Ursachen dafür heraus, dass wir in unserer Zeit das Klima „retten" müssen.*

Globalisierung als Chance und Gefahr

Einmal um die Welt. Überall wird ↑Globalisierung diskutiert. Fast alle Länder und die meisten Menschen sind immer stärker verbunden durch Tourismus, Wirtschaft, Internet und vieles mehr.

1 *Recherchiere den Begriff „Globalisierung".*

2 *Teilt euch zur Bearbeitung der folgenden Themen in Gruppen auf.*

Dimensionen der Globalisierung

3 *Erbeitet am PC eine Präsentation anhand eines ausgewählten Beispiels. Darin stellt ihr Chancen und Gefahren anschaulich dar. Beispiel: „Wirtschaft: Vernetzung der Produktionsketten auf dem globalen Markt am Beispiel eines Autokonzerns".*

4 *Erörtert einige Auswirkungen der Globalisierung: Schafft Globalisierung neue Arbeitsplätze? Werden kleinere, lokale Unternehmen von den Global Players in den Hintergrund gedrängt?*

5 *Diskutiert die Frage: Ist die Globalisierung eher ein Segen oder ein Fluch für die Menschheit?*

Verantwortung für sich und andere

Arm und Reich

Es gibt Länder auf unserer Erde, in denen viele Menschen in bitterer Armut leben.

1 Beschreibe die vier Bilder.

2 Stelle Vermutungen darüber an, wie es zu solch großen Unterschieden zwischen Arm und Reich kommen kann. Betrachte dazu die folgende Grafik.

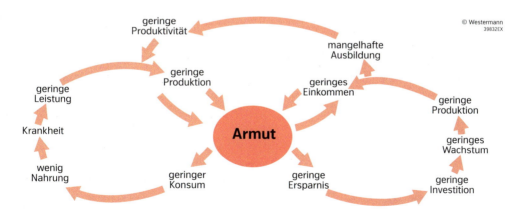

3 Beschreibe, an welcher Stelle in diesem Armutskreislauf du eine Möglichkeit siehst, den Teufelskreis zu durchbrechen.

4 Auch in Deutschland gibt es viele Kinder an der Armutsgrenze. Recherchiere die Richtigkeit dieser Aussage und belege sie mit Fakten.

Verantwortung für sich und andere

Gleiche Chancen für alle?

Bei Geringqualifizierten kommt es auf die klassischen ↑Arbeitstugenden an [...]

Flexibilität, Zuverlässigkeit, Motivation – vor allem diese „Grundtugenden" sind bei Geringqualifizierten gefragt, wenn sie sich bei Firmen beispielsweise als Reinigungskraft oder Lagerarbeiter bewerben. Dies ist das Ergebnis einer Analyse von Online-Stellenanzeigen durch das Projekt AlphaGrund im Institut der deutschen Wirtschaft Köln (IW Köln).

Das IW Köln wertete nach eigenen Angaben 518 Stellenanzeigen aus, die im Januar auf Online-Jobbörsen eingestellt waren – darunter Portale von großen Zeitarbeitsunternehmen sowie die Jobbörse der Bundesagentur für Arbeit (BA). Zwei von drei Unternehmen legten demnach Wert auf klassische, aber eben auch überfachliche Arbeitstugenden: Neben den bereits genannten Tugenden waren beispielsweise auch Ehrlichkeit und Einsatzbereitschaft von geringqualifizierten Neu-Mitarbeitern für Firmen sehr wichtig. Jedes vierte Unternehmen legte darüber hinaus großen Wert auf „ausreichende Deutschkenntnisse".

Neben diesem Befund stellt die Analyse des IW Köln aber noch einen weiteren interessanten Aspekt heraus: Generell sind offenbar die Anforderungsprofile auch von sogenannten einfachen Jobs vielschichtiger geworden, bisher gängige Vorstellungen der Arbeit von Geringqualifizierten scheinen zumindest der Untersuchung zufolge überholt. In der entsprechenden Pressemitteilung des IW Köln heißt es dazu: „Das Bild, dass Geringqualifizierte nur unter dauernder Anleitung oder Aufsicht arbeiten, trifft heutzutage [...] vielfach nicht mehr zu. So erwartet jedes dritte Unternehmen von seinen Küchenhilfen selbstständiges Arbeiten, und fast jedes zweite Unternehmen setzt das bei Reinigungskräften auf die Wunschliste." Von Lagerarbeitern würde jedes vierte untersuchte Unternehmen indes Computerkenntnisse erwarten – „ein weiteres Zeichen für die gestiegenen technischen Anforderungen an viele vormals rein manuelle Tätigkeiten", so das IW Köln.

1 *Nenne die Arbeitstugenden, die Arbeitgeber erwarten.*

2 *Darüber hinaus wird oft noch mehr verlangt. Erörtere, ob jeder das leisten kann.*

Zarif (15): „In meinem Land war ich einer der besten Schüler. Meine Eltern hatten eine Apotheke. Sicherlich hätte ich Pharmazie studieren können. Aber der Krieg hat alles zerstört. Jetzt reichen meine Deutschkenntnisse kaum aus, um den Quali zu bestehen."

Vanessa (16): „Meine Mutter ist alleinerziehend. Sie hat zwei Jobs, um uns über Wasser zu halten. In der achten Klasse konnte sie mir in der Schule, vor allem in Latein und Mathe, nicht mehr helfen. Nachhilfe war viel zu teuer. Da musste ich vom Gymnasium runter. Ich wäre gerne Sofwareentwicklerin geworden. Aber ohne Studium ..."

3 *Sucht in der Gruppe weitere Beispiele, die aufzeigen, dass es nicht immer gerecht zugeht.*

„Jeder Mensch hat das Recht auf Bildung"

> **Art. 26 Allgemeine Erklärung der Menschenrechte   Recht auf Bildung**
> 1. Jeder hat das Recht auf Bildung. Die Bildung ist unentgeltlich, zum mindesten der Grundschulunterricht und die grundlegende Bildung. Der Grundschulunterricht ist obligatorisch. Fach- und Berufsschulunterricht müssen allgemein verfügbar gemacht werden, und der Hochschulunterricht muss allen gleichermaßen entsprechend ihren Fähigkeiten offenstehen.
> 2. Die Bildung muss auf die volle Entfaltung der menschlichen Persönlichkeit und auf die Stärkung der Achtung vor den ↑Menschenrechten und Grundfreiheiten gerichtet sein. Sie muss zu Verständnis, Toleranz und Freundschaft zwischen allen Nationen und allen rassischen oder religiösen Gruppen beitragen und der Tätigkeit der Vereinten Nationen für die Wahrung des Friedens förderlich sein.
> 3. Die Eltern haben ein vorrangiges Recht, die Art der Bildung zu wählen, die ihren Kindern zuteil werden soll.

1 Fasse die drei Absätze aus der Erklärung der Menschenrechte mit deinen Worten zusammen.

2 Prinzipiell hat jeder die gleichen Möglichkeiten, möglichst viel Bildung zu erhalten und den bestmöglichen Schulabschluss zu erhalten. Trotzdem gibt es nicht nur Professoren auf der Welt. Erkläre, woran das liegen könnte. Berücksichtige dabei diese Themenkreise.

- Arm/Reich
- Junge/Mädchen
- Berufe der Eltern
- Religion/Kultur

3 Finde weitere Bereiche, die auf soziale Ungerechtigkeit in Deutschland hindeuten. Recherchiere den Begriff „soziale Ungerechtigkeit".

4 Beziehe dich auf Artikel 26 Absatz 3 der Menschenrechtserklärung. Gib dein persönliches Statement dazu ab, wenn Eltern behaupten: „Mein Kind soll auf das Gymnasium, egal was die Lehrkräfte dazu sagen."

5 Befasse dich mit den rechts abgebildeten Schlagworten. Diskutiert in Kleingruppen, welche Bereiche für jeden zugänglich sind und was man ändern sollte, falls dem nicht so ist.

6 Wie stellst du dir ein Bildungssystem vor, das jedem gerecht werden kann? Nenne einige Stichpunkte dazu.

Grenzen der Gleichberechtigung

Frauen auf dem Arbeitsmarkt

[…] Gerade die Erwerbsbeteiligung – also der **Anteil der erwerbstätigen Frauen** an der Gesamtzahl der Frauen – zeigt, wie viel sich tut: In den Jahren seit der deutschen Einheit ist er um 15 Prozentpunkte gestiegen. Andererseits liegt er immer noch 8 Punkte unter der Vergleichsgröße der Männer.

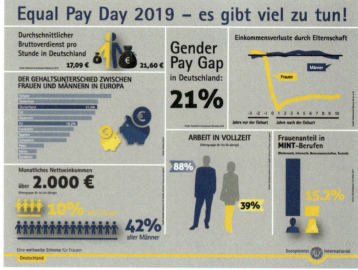

Wobei diese Zahl noch nicht viel darüber sagt, wie die Arbeit verteilt ist. Noch immer sind es meist Männer, die Vollzeitstellen haben, während Frauen viel häufiger in Teilzeit sind: Fast die Hälfte der abhängig beschäftigten Frauen arbeitet in Teilzeit, bei den Männern gilt das nur für gut zehn Prozent. Und die **Teilzeitquote** der Frauen ist in den vergangenen Jahren sogar gestiegen. Für viele ist Teilzeit wahrscheinlich die Voraussetzung, um Familie und Job in Einklang zu bringen. Und in Familienfragen spielen immer noch meist Frauen die Hauptrolle. […]

Und wer hat in den Betrieben das Sagen? Meist sind es Männer. In der Privatwirtschaft ist nur ein Viertel der obersten **Chefposten** mit Frauen besetzt. Der Wert ist seit mindestens einem Jahrzehnt praktisch unverändert, allen Initiativen wie der Frauenquote für Aufsichtsräte zum Trotz. Einzig im mittleren Management hat die Zahl der Frauen zugenommen. Von einem Gleichstand kann aber auch hier keine Rede sein.

Am Ende spiegelt sich das in der Bezahlung wieder. Der ↑**Gender Pay Gap**, also der Unterschied zwischen durchschnittlichen Bruttostundenlöhnen von Männern und Frauen, beträgt 21 Prozent (2016) – und diese Größenordnung ist seit Jahren unverändert. Die Zahl berücksichtigt allerdings nicht, dass Frauen oft in anderen Arbeitsverhältnissen beschäftigt sind und deshalb weniger verdienen – zum Beispiel bedeuten mehr Führungspositionen für Männer im Schnitt eben auch höhere Einkünfte. Deshalb gibt es auch einen **bereinigten Gender Pay Gap**, bei dem man diese strukturellen Unterschiede herausrechnet. Allerdings: Selbst dann verdienen Frauen für ihre Arbeit 6 Prozent weniger Geld (2014) – und diesmal für die gleiche Arbeit.

Anna van Hove, Matthias Kaufmann

1 Erkläre den Begriff „Gender Pay Gap".

2 Erkläre den Verdienstunterschied zwischen Männer und Frauen.

3 Analysiere die Infografik. Ermittle Bezüge zum Text.

Verantwortung für sich und andere

Internationaler Frauentag
Der 8. März wurde in Erinnerung an den Streik von tausend Textilarbeiterinnen in New York 1921 für bessere Arbeitsbedingungen und höhere Löhne am 8. März 1857 als Internationaler Frauentag festgelegt. Der Streik fand ein blutiges Ende durch die Niederschlagung durch die Polizei. Andere Quellen berichten von einem Feuer in der Fabrik, dem viele Frauen zum Opfer fielen. Erste internationale Frauentage gab es schon 1911 in Dänemark, Österreich, Schweden, Schweiz, Deutschland und USA.

Schutz der Menschenrechte von Frauen

Art. 2 Allgemeine Erklärung der Menschenrechte — Verbot der Diskriminierung
Jeder Mensch hat Anspruch auf die in dieser Erklärung verkündeten Rechte und Freiheiten ohne irgendeinen Unterschied, etwa aufgrund rassistischer Zuschreibungen, nach Hautfarbe, Geschlecht, Sprache, Religion, politischer oder sonstiger Überzeugung, nationaler oder sozialer Herkunft, Vermögen, Geburt oder sonstigem Stand. […] (Text verändert)

1 Vergleiche diesen Artikel mit dem entsprechenden Artikel aus dem Grundgesetz (Seite 91). Nenne inhaltliche Übereinstimmungen und Unterschiede.

Die Frauenrechtskonvention der Vereinten Nationen

Die Vereinten Nationen haben verschiedene Spezialabkommen zur Sicherung der ↑Menschenrechte der Frau erarbeitet. Ein Meilenstein für den internationalen Schutz von Frauenrechten ist die Verabschiedung der Frauenrechtskonvention der Vereinten Nationen von 1979, die Convention on the Elimination of all forms of Discrimination Against Women (CEDAW). Die Konvention bezeichnet als Diskriminierung von Frauen „jede mit dem Geschlecht begründete Unterscheidung, Ausschließung oder Beschränkung, die zur Folge oder zum Ziel hat, dass die auf die Gleichberechtigung von Mann und Frau gegründete Anerkennung, Inanspruchnahme oder Ausübung der Menschenrechte und Grundfreiheiten durch die Frau – ungeachtet ihres Zivilstands – im politischen, wirtschaftlichen, sozialen, kulturellen, staatsbürgerlichen oder jedem sonstigen Bereich beeinträchtigt oder vereitelt wird". Die Frauenrechtskonvention formuliert erstmals auf internationaler Ebene Standards zur Beseitigung jeder Form der Diskriminierung der Frau in allen Lebensbereichen. Es kann als das wichtigste internationale Vertragswerk im Menschenrechtschutz für Frauen bezeichnet werden. Mittlerweile haben über 180 Staaten das Übereinkommen ratifiziert. Die Vertragsstaaten haben die Pflicht allen innerhalb dieser Staaten lebender Frauen, also nicht nur Staatsbürger/innen, Diskriminierungsfreiheit und Geschlechtergerechtigkeit zu garantieren bzw. herzustellen. […]

2 Nenne die Aufgaben der Frauenrechtskonvention der Vereinten Nationen.

3 Erkläre, inwiefern diese Spezialabkommen als Meilenstein für den internationalen Schutz von Frauenrechten gelten können.

4 Wie müsste in einem perfekten Umfeld – politisch, sozial und kulturell – die Gleichberechtigung gelebt werden? Notiere einige Bedingungen dafür.

Zeit für andere

Nils (15): „Seit diesem Schuljahr bin ich Tutor an unserer Schule. Man kann sich am Ende der 8. Klasse freiwillig melden, um in der 9. Klasse Tutor für die Schülerinnen und Schüler der 5. Klassen zu werden. Zwei bis drei Tutoren kümmern sich immer um eine 5. Klasse. Jeden Morgen schauen wir vor Schulbeginn in deren Klassenzimmer, fragen, ob alles in Ordnung ist, und zeigen ihnen das Schulhaus. Um die Klassengemeinschaft zu stärken, bieten wir Aktionen am Nachmittag an: Wir spielen und basteln mit den Kids oder backen mit ihnen Plätzchen. Ich finde es cool, von den Kleinen gebraucht zu werden."

Amelie (16): „Neulich kam die Anfrage, ob es Interesse gibt, den Senioren aus dem Altenheim neben der Schule „Nachhilfe" im Umgang mit digitalen Medien zu geben. Da musste ich nicht lange nachdenken. Ich kenne mich gut aus und helfe meiner Oma ständig mit ihrem Handy. Ich denke, diese Aufgabe macht richtig Sinn. Besonders ältere Menschen, die nicht mehr so viel rauskommen, haben im Internet viele Möglichkeiten. Ich helfe gerne, vor allem, wenn so viel Dankbarkeit zurückkommt wie von Gusti, meiner 82-jährigen ‚Nachhilfeschülerin'."

Hans-Peter (71): „Ich gehe mindestens dreimal pro Woche in unser ortsansässiges Heim für Flüchtlinge und helfe einem zehnjährigen Jungen aus Syrien bei seinen Hausaufgaben. Wir Betreuer sind meist ehemalige Lehrkräfte. Sprache ist der Schlüssel zur Integration. Daher ist es mir ein großes Anliegen, dass die Kinder gut Deutsch lernen. Ich lese ihnen vor, halte sie aber auch zum Lesen an. Diese Aufgabe als „Lesepate" halte ich für sehr sinnvoll. Der Umgang mit jungen Menschen hält mich fit."

Joshua (15): „Seit zwei Jahren bin ich bei der Jugendfeuerwehr hier in meinem Heimatort. Man lernt alles, was später für einen Feuerwehrmann wichtig ist. Selbstverständlich werde ich weiterhin bei der Freiwilligen Feuerwehr bleiben. Ich finde es so wichtig zu helfen, wenn jemand in Not ist."
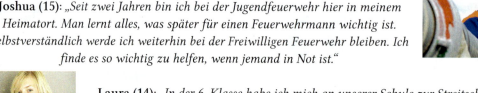

Laura (14): „In der 6. Klasse habe ich mich an unserer Schule zur Streitschlichterin ausbilden lassen. In unserer Klasse gab es dauernd Ärger. Das hat mich sehr gestört. Ich wollte wissen, wie man damit umgehen soll und wie man helfen kann. Die Ausbildung war für mich persönlich interessant, denn ich betrachte die Streitigkeiten nun viel überlegter. Sowohl in meinem direkten Umfeld, bei Streit unter Freunden, als auch hier an der Schule als Streitschlichterin konnte ich schon die Gemüter beruhigen. Ich habe ein gutes Gefühl dabei."

Annemarie (57): Zweimal in der Woche bereite ich für die Tafel bei uns am Ort das Essen vor. Unser Verein erhält Essensspenden von Supermärkten. Daraus bereiten wir freiwilligen Tafel-Helferinnen mittags warme Mahlzeiten für Bedürftige. Ich glaube, dass den Leuten das Zusammentreffen noch wichtiger ist als das Essen.

1 Erkläre die Motive von Menschen, sich ehrenamtlich zu engagieren.

2 Erzähle von deinen Erfahrungen mit Engagement und Ehrenamt.

Sich stark machen für eine gerechtere Welt

Zivilcourage
Toleranz

Hinsehen statt weggehen!

1. Zivilcourage wird auch mit dem Wort „Bürgermut" übersetzt. Verfasst eine eigene Definition.

2. Berichte von Helden des Alltags, die du kennst.

3. Diskutiert darüber, in welchen Situationen ihr Zivilcourage zeigen würdet.

> 15-jähriger Thomas B. schlägt Handtaschendieb in die Flucht

> Jugendliche rettet Hund vor dem Ertrinken

> Unfallopfer überlebt dank Erste-Hilfe-Maßnahmen eines 23-Jährigen

> 48-jährige Mutter stirbt am Unfallort
> Rettungskräfte konnten wegen schaulustiger Gaffer nicht rechtzeitig vor Ort sein.

Toleranz   Respekt   Fair Play   Vielfalt

Mit diesem Motto setzt der FC Bayern München ein Zeichen gegen Rassismus, Antisemitismus, Sexismus, Homophobie, Hass, Hetze, Beleidigungen und Gewalt in jeglicher Form.

4. Finde Gründe dafür, dass gerade der Fußballsport dieses Thema aufgreift.

5. Übertrage diese Begriffe auf deine alltägliche Lebenswelt.

Verantwortung für sich und andere

Das kann und weiß ich jetzt …

Darüber weiß ich jetzt Bescheid:

Rollenverhalten   Funktionen der Familie   Erziehungsstile
Lebensgemeinschaften   Kriterien für eine gute Beziehung
Globalisierung   Einflussmöglichkeiten des Bürgers   Greta Thunberg
Umwelt   Armut und Reichtum   Chancengleichheit   Recht auf Bildung
Gleichberechtigung   Internationaler Frauentag
Diskriminierung   Toleranz   Ehrenamt   Zivilcourage

1 *Diskutiert in der Ethikgruppe, welche der folgenden Aussagen eurer Meinung nach berechtigt und welche unangemessen sind:*
- *„Als Familie muss man zusammenwohnen."*
- *„Man kann nur einen Partner haben."*
- *„Familie ist das Wichtigste im Leben."*
- *„Die Großfamilie ist nicht mehr zeitgemäß."*
- *„Man braucht Kinder, um eine Familie zu sein."*

2 *Wenn ein Ehepaar keine Kinder bekommen kann und ein Kind adoptiert, wird trotzdem von Familie gesprochen. Was weißt du von Adoption? Informiere dich darüber.*

Projekt für die Klasse

3 *Werde Pate! Recherchiert, wo man Patenschaften übernehmen kann, z. B. Baumpate, Umweltpate, Zootierpate, Dritte-Welt-Pate, Kuhpatenschaft in Biobetrieben, Sportpate, Lesepate etc.*

4 *Informiert euch darüber, gestaltet Plakate und zeigt Einsatz.*

5 *Jeder kann sich engagieren. Präsentiere deine Ideen dazu.*

6 *Wähle ein Thema aus. Beobachte und sammle eine Woche lang, welche Produkte dir begegnen. Schreibe dein Konsumverhalten in der Notizen-App auf.*

Mülltrennung   *Mikroplastik*

Produktionsländer

Regionale Produkte

Verpackungsmüll
z. B. separat verpackte Kekse

Mein Umwelt-Tagebuch
· Jeans aus Bangladesch
· T-Shirt aus Taiwan
· …

5 Gewissen und Vernunft

ALLE MENSCHEN SIND FREI UND GLEICH AN WÜRDE UND RECHTEN GEBOREN. SIE SIND MIT VERNUNFT UND GEWISSEN BEGABT UND SOLLEN EINANDER IM GEISTE DER BRÜDERLICHKEIT BEGEGNEN.
ART. 1 DER ALLGEMEINEN ERKLÄRUNG DER MENSCHENRECHTE

Gewissen und Vernunft

Mein Gewissen und ich

Gewissenskonflikte im Alltag: persönliche Erfahrungen

Situation 1:
Stelle dir vor, du hast in den letzten Ferien mit der freundlichen, allein lebenden Nachbarin ein paar Häuser weiter ausgemacht, dass du ihre Pflanzen versorgen würdest, so lange sie selbst für längere Zeit im Urlaub abwesend ist. Im Gegenzug verspricht sie dir einige Euro für jedes Mal Gießen, die du gut als Aufbesserung für dein Taschengeld brauchen kannst. Weil viele Tage lang schönes Wetter war, warst du viel mit deinen Freunden draußen unterwegs. Abends hast du dann fast immer deine Zeit vor dem Computer oder Fernseher verbracht. Deshalb hast du zum Ende hin mehrmals vergessen, beim Haus der Nachbarin vorbeizugehen und die Blumen zu gießen. Die Nachbarin kehrt aus dem Urlaub zurück. Sie teilt dir mit, dass die Hälfte ihrer geliebten Pflanzen vertrocknet ist. Die Frau ist sehr enttäuscht darüber und wirkt bedrückt auf dich.

Situation 2:
Stelle dir vor, du suchst während einer Schulstunde die Toilette auf. Unter dem Waschbecken blitzt etwas Buntes hervor: ein Geldbeutel! Neugierig hebst du ihn auf und drehst ihn in deiner Hand. Du siehst dich um. Außer dir ist niemand im Raum. Du öffnest den Geldbeutel und suchst nach Hinweisen auf den Eigentümer. Dir ist bewusst, dass du damit die Privatsphäre des Eigentümers verletzt, aber wie sollst du sonst herausfinden, wem der Geldbeutel gehört. Tatsächlich entdeckst du den Namen des dir bekannten Mitschülers F. Gleich ist Pause und du wirst F. sein Eigentum umgehend zurückgeben.

Dein Blick fällt auf das erstaunlich volle Geldscheinfach. Du denkst an die Pause und dein Magen fängt an zu knurren. Du hast wie so oft dein Pausenbrot zu Hause vergessen, und deinen Geldbeutel wahrscheinlich auch. Du ziehst einen der vielen Fünfeuroscheine aus F.s Geldbeutel. Eigentlich kannst du F. nicht leiden. Für einen Moment zuckt der Gedanke durch deinen Kopf, ob du nicht einfach den Schein aus dem Geldbeutel nehmen könntest. F. wird das gar nicht bemerken.

Gewissen und Vernunft

Situation 3:
Stelle dir vor, deine Eltern fahren in den Urlaub und du musst das erste Mal endlich nicht mehr mitfahren und darfst zu Hause bleiben. Ihr habt eine Katze und du versprichst deinen Eltern, dass du dich zuverlässig um das Tier kümmern wirst. Schon am ersten Wochenende soll Freitagabend eine riesige Party im Haus deines Kumpels stattfinden. Bevor du dein Zuhause verlässt, gibst du der Katze noch ein Schälchen Trockenfutter und stellst ihr ausreichend Wasser hin. Dann gehst du zu der Party. Dort wird die Nacht durchgefeiert und auch den gesamten nächsten Tag sind noch alle möglichen Leute dort. Du beschließt auch diesen Abend noch dort zu bleiben, weil es einfach zu lustig ist und übernachtest ein zweites Mal. Erst am Sonntagnachmittag erinnerst du dich an die Katze. Du marschierst übermüdet nach Hause und findest eine völlig verstörte, miauende Katze vor ihren beiden leeren Näpfen.

Situation 4:
Stelle dir vor, du gehst mit deinen Freunden abends zum Pizzaessen. Der Laden brummt. Ihr habt viel Spaß. Du flirtest ein bisschen mit der super sweeten Bedienung, die nur wenig älter ist als du. Ihr esst eure Pizza und irgendwann wollt ihr bezahlen; doch die Bedienung ist nirgends zu entdecken. Ein Kumpel von dir sagt: „Los Leute, egal, fällt eh' nicht auf. Lasst uns einfach gehen! Kleine Mutprobe. Die hat das hier sowieso nicht im Griff und ist überfordert mit den vielen Tischen und Gästen!" Ihr steht auf und verschwindet einfach.

Situation 5:
Stelle dir vor, du bist eine überzeugte Vegetarierin. Du gehst nach der Schule mit zu deiner Schulfreundin nach Hause. Dort kocht die Mutter für euch ein Mittagessen. Es gibt Nudelauflauf. Genüsslich fängst du zu essen an. Ihr seid so sehr in Gespräche vertieft, dass dir erst nach dem halben Teller die Schinkenstückchen im Essen auffallen.

Hast du jetzt ein schlechtes Gewissen?
Wie entscheidest du dich nun?
Was sagt dein Gewissen zu dir?

1 *Versetze dich in die oben geschilderten Situationen. Beschreibe, wie du dich fühlen würdest bzw. wie du reagieren würdest.*

2 *Sammelt ähnliche Situationen aus eurem Alltag und sprecht darüber, wie ihr euch in den einzelnen Momenten gefühlt habt.*

Das Gewissen in der Sprache

Ihr habt euer Gewissen im Alltag häufig für Entscheidungen herangezogen. „Gewissen" bedeutet für die Menschen etwas Unterschiedliches und lässt sich nicht so leicht definieren. Der Begriff begegnet uns in vielen Formulierungen oder Redewendungen unserer Sprache.

- Der junge Mann schwor auf Ehre und Gewissen, dass er den Schaden am Auto nicht selbst verursacht hatte.
- Lina bekam Gewissensbisse, weil sie ihre Mutter gestern belogen hatte.
- Das ist eine reine Gewissensentscheidung.
- Sie ist sich ihrer Sache gewiss.
- Sie ist der gewissenhafteste Mensch, den ich kenne.
- Diesen Anwalt kann ich guten Gewissens empfehlen.
- Den Mord musste ein gewissenloser Täter begangen haben.

1. Erklärt, wie der Begriff „Gewissen" in den oben stehenden Sprechblasen jeweils zu verstehen ist.

2. Findet weitere Redewendungen und Sprichwörter zum Thema und gestaltet ein Plakat zum Begriff „Gewissen".

3. Bildet kleine Gruppen und formuliert eine Definition des Begriffs „Gewissen". Tauscht euch mit den anderen Gruppen über eure Ergebnisse aus.

Gewissen und Vernunft

Zu welcher Gruppe gehörst du?

[...] Das schlechte Gewissen ist ein ständiger Begleiter in unserem Leben – und eine mächtige Triebkraft. Das moralische Gefühl kann sich schon beim Kleinkind rühren, das gegen ein Verbot der Eltern verstoßen hat. Und es kann den Sterbenden belasten, wenn er merkt, dass er es nicht mehr schafft, sich noch mit seinem Kind zu versöhnen. Das schlechte Gewissen läuft uns in viel banalerer Form jeden Tag im Alltag hinterher: nicht nur bei vergessenen Geburtstagen oder nach falschen Gesten, sondern auch ausgelöst durch Dutzende, Hunderte Botschaften aus Werbung, Religion, Politik und sozialen Medien: Du müsstest dünn, freundlich, sportlich, engagiert sein. Du solltest ein Ehrenamt übernehmen, meditieren und nur noch vegan essen. Und auf keinen Fall darfst du ein Steak essen, rauchen oder abends noch Arbeitsmails checken. Von innen wie von außen hagelt es die Botschaft: Du solltest anders sein! [...]

Egal, wie du dich entscheidest, irgendjemand wird von deiner Entscheidung enttäuscht sein und du bekommst ein schlechtes Gewissen deswegen.

 Lies dir die folgenden Beispiele durch. Wie würdest du dich entscheiden?

1. Yusuf findet in der Turnhalle eine teure Jacke, die alle gerade tragen.

2. Tamara hat gerade sehr viel Akne im Gesicht. Alle nennen sie Pickel-Face. Und du?

3. Deine Mutter bittet dich, die Glasflaschen zu entsorgen. Der Glasabfall-Container ist ein Stück weit enfernt. Die Mülltonne steht vor der Tür und deine Kumpels warten schon.

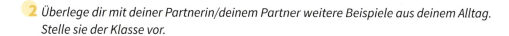 *Überlege dir mit deiner Partnerin/deinem Partner weitere Beispiele aus deinem Alltag. Stelle sie der Klasse vor.*

[...] Eines wollen wir eigentlich immer: das schlechte Gewissen loswerden. Deshalb schauen wir es uns auch viel zu selten richtig an, verdrängen es lieber, versuchen es zu überspielen. Und gerade deshalb hat es so eine unheimliche Macht über uns. Die Kunst besteht aber darin, das schlechte Gewissen mit all seiner Kraft anzunehmen. Um es dann als eine Art Kompass nutzen zu können, anstatt uns davon lähmen zu lassen. [...]

Der Therapeut [Holger Kuntze] sucht die Quelle des schlechten Gewissens nicht in einem Über-Ich, das sich aus der Gesellschaft speist, sondern im Individuum selbst. Die Stimme, die da spricht – das ist weder ein Fremder noch der liebe Gott, sondern das Ich. [...]

Wie schnell es gelingt, die Macht des schlechten Gewissens zu brechen, hängt im Normalfall von einer Frage ab: Ob nämlich das, was ein Mensch als schlechtes Gewissen empfindet, wirklich aus einem klassischen Schuldgefühl heraus entstanden ist oder aber durch etwas Verwandtes, viel Tieferes: durch Scham. [...] Das schlechte Gewissen, das aus Scham resultiert, ist oft ungleich mächtiger als das, was nach einem konkreten Fehler aufkommt. Das Unwohlsein am eigenen Körper, das Werbung mit gephotoshopten Frauenkörpern und Waschbrettbauch-Männern erzeugt, fällt in diese Kategorie. [...]

Der Königsweg beim Umgang mit dem schlechten Gewissen sei, sagt Verhaltenstherapeut Holger Kuntze, sich die inneren Wertkonflikte, Prägungen und heutigen Prioritäten bewusst zu machen und dann so konsequent wie möglich zu handeln. „Wenn wir uns selbst gegenüber ehrlich sind und diese Fragen offen benennen, kann das schlechte Gewissen zu einem Kompass werden auf einem Weg, bei dem wir das Ziel nie erreichen werden – denn keiner von uns wird je perfekt sein."

Gewissen und Vernunft

Bildhafte Vorstellungen vom Gewissen

Mein innerer Kompass

Vincent van Gogh (1853–1890), niederländischer Maler und Grafiker

Das Gewissen ist der Kompass des Menschen.

Ein Kompass ist ein mechanisches Gerät, mit dessen Hilfe man sich auf dem Erdmagnetfeld orientieren kann. Im Kompass ist eine leicht drehbare Nadel befestigt. Diese Kompassnadel ist magnetisch und richtet sich daher nach dem Erdmagnetfeld aus.
Der magnetische Nordpol der Nadel wird vom magnetischen Südpol der Erde angezogen. Folglich richtet die Nadel ihren Nordpol auf den Magnet-Südpol der Erde aus. Der Magnet-Südpol der Erde liegt geografisch gesehen im Norden der Erde. Die Kompassnadel zeigt daher auf den geografischen Norden der Erde. Ein Kompass erleichtert uns also die Orientierung in der Natur. In Karten befindet sich der Norden stets oben.
Auf den Menschen übertragen steht der Kompass als Wegweiser oder Orientierungshilfe in schwer lösbaren und unerwarteten Lebenssituationen. Dabei muss im Vorfeld jedoch klar und somit bereits erlernt sein, welche Richtungsentscheidungen die ethisch richtigen sind.

1 *Sprecht über die Bedeutung der Aussage von Vincent van Gogh. Seid ihr derselben Ansicht?*

2 *Habt ihr euch schon einmal mithilfe eines Kompasses in der Natur orientiert? Tauscht euch über eure Erfahrungen damit aus.*

3 *Übertrage den unten abgebildeten Kompass des Gewissens in dein Heft. Ergänze die einzelnen Richtungen mit Begriffen, die dich im Leben leiten und dir Orientierung geben.*

4 *Wohin würde dein persönlicher Kompass des Gewissens im Moment am ehesten zeigen? Orientierst du dich mehr an dir selbst oder an anderen? Sprecht darüber offen und kritisch in der Klasse.*

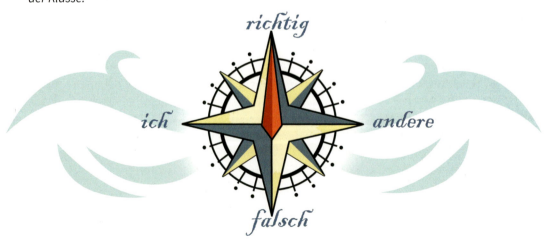

Spricht deine innere Stimme mit dir?

1 *Lest den folgenden Text und vergleicht ihn mit persönlichen Erfahrungen. Erörtert, ob die Vorstellung von einer inneren Stimme, die uns leitet, eurer Meinung nach glaubwürdig ist.*

Man hat sich etwas fest vorgenommen und möchte dieses oder jenes umsetzen. Unser Herz kennt nur noch diesen einen brennenden Wunsch. Der Gedanke beflügelt uns, schenkt uns neuen Lebenswillen und Kraft. Voller Motivation und Energie packen wir die Sache an. Doch je länger es dauert, desto mehr werden wir abgelenkt. Unsere Motivation geht verloren. Wir wollen aufgeben. Unser inniger Herzenswunsch bleibt unerfüllt, obwohl wir es uns so fest vorgenommen hatten. Hörst du sie dann? Die Stimme, die tief in deinem Inneren mit dir spricht? Wie sie dich fragt, an welcher Stelle deines Vorhabens etwas schief gelaufen ist? Warum der Herzenswunsch unerfüllt bleibt? Hat dich die Stimme vielleicht sogar beeinflusst und dir zwischendurch etwas eingeflüstert, das dich vom eigentlichen Ziel abgelenkt hat?

2 *Beschreibt Situationen, in denen ihr schon einmal das Gefühl hattet, eine innere Stimme beeinflusst euch positiv oder negativ.*

Oder hörst du deine innere Stimme nicht mehr? Wenn man vom Alltag oder von Problemen zu sehr abgelenkt ist, kann es eine Herausforderung sein, sich seiner inneren Stimme wieder zu öffnen. Man muss dafür lernen, wieder bei sich anzukommen, auf das zu lauschen, was man tief im Innern fühlt und hört. Die Stimme ist in unserer lauten Welt manchmal ganz leise, sodass man lernen muss, nach innen zu lauschen. Dazu gehört beispielsweise, Dinge loszulassen, die einen im Alltag belasten, und viel Geduld.

Anita Vejvoda (verändert)

3 *Sammelt in einer Liste verschiedene Möglichkeiten, die einem dabei helfen können, seine innere Stimme besser wahrzunehmen. Die folgenden Vorschläge helfen euch vielleicht.*

- Suche dir zu Hause oder in der Natur einen angenehmen Platz zur Entspannung.
- Nimm dir von nun an regelmäßig Zeit, um an diesem Ort Energie zu tanken.
- Umgib dich mit Gerüchen, die dir gefallen und die entspannend wirken.
- Male dir im Geiste immer wieder ein Bild von deinem Leben, so wie du es dir wünschst.
- …

Der Retter

Der Schoner[1] „Christoph" ging so sanft unter, dass Senter, der einzige Mann am Ausguck, nichts empfand als Staunen über das Meer, das zu ihm emporstieg. Im nächsten Augenblick war er klatschnass, das Wasser schlug über ihm zusammen und das Takelwerk[2], an das er sich klammerte, zog ihn in die Tiefe. Also ließ er los. Senter schwamm benommen und verwirrt, wie ein Mensch, dessen Welt plötzlich versunken ist. Mit einem Mal hob sich, wie aus der Kanone geschossen, eine Planke[3] mit einem Ende aus dem Wasser und fiel mit Dröhnen zurück. Er schwamm darauf zu und ergriff sie. Er sah, dass noch etwas auftauchte und das musste einer seiner acht Kameraden sein. Als aber der Kopf sichtbar wurde, war es nur der Hund. Senter mochte den Hund nicht und da er erst so kurze Zeit zur Bemannung gehörte, erwiderte das Tier seine Abneigung. Aber jetzt hatte es die Planke erblickt. Es mühte sich ab, sie zu erreichen und legte die Vorderpfoten darauf. Dadurch sank das Ende tiefer ins Wasser. Senter überkam die furchtbare Angst, sie könnte ganz untergehen. Er zog verzweifelt an seinem Ende: die Pfoten des Hundes rutschten ab und er versank. Aber der Hund kam wieder hoch und wieder schwamm er schweigend, ohne Hass oder Nachträglichkeit, zur Planke zurück und legte seine Pfoten darauf. Wieder zog Senter an seinem Ende und wieder versank der Hund. Das wiederholte sich ein Dutzend Mal, bis Senter, vom Ziehen ermüdet, mit Entsetzen und Verzweiflung erkannte, dass der Hund es länger aushalten konnte als er. Senter wollte nicht mehr an das Tier denken. Er stützte die Ellenbogen auf die Planke und hob sich, so weit es ging, aus dem Wasser empor, um sich umzusehen. Der Schrecken seiner Lage überwältigte ihn.

Er war Hunderte von Meilen vom Land entfernt. Selbst unter den günstigsten Umständen konnte er kaum hoffen, aufgefischt zu werden. Mit Verzweiflung sah er, was ihm bevorstand. Er würde sich einige Stunden lang an der Planke festhalten können – nur wenige Stunden. Dann würde sich sein Griff vor Erschöpfung lösen und er würde versinken. Dann fiel sein Blick auf die geduldigen Augen des Hundes. Wut erfüllte ihn, weil der Hund offenbar nicht begriff, dass sie beide sterben mussten. Seine Pfoten lagen am Rande der Planke. Dazwischen hatte er die Schnauze gestützt, sodass die Nase aus dem Wasser ragte und er atmen konnte. Sein Körper war nicht angespannt, sondern trieb ohne Anstrengung auf dem Wasser. Er war nicht aufgeregt wie Senter. Er spähte nicht nach einem Schiff, dachte nicht daran, dass sie kein Wasser hatten, machte sich nicht klar, dass sie bald in ein nasses Grab versinken mussten. Er tat ganz einfach, was im Augenblick getan werden musste. In der halben Stunde, seit sie sich beide an der Planke festhielten, war Senter bereits ein Dutzend Mal gestorben. Aber der Hund würde nur einmal sterben. Plötzlich war es Senter klar: Wenn er selbst zum letzten Mal ins Wasser rutschte, würde der Hund noch immer oben liegen. Er wurde böse, als er das begriff und er zog sich die Hosen aus und band sie zu einer Schlinge um die Planke. Und er triumphierte, denn er wusste: so konnte er es länger aushalten.

Dann aber warf er einen Blick auf die See und Entsetzen erfasste ihn aufs Neue. Schnell sah er den Hund an und versuchte, so wenig an die Zukunft zu denken wie das Tier. Am Nachmittag des zweiten Tages fingen die Pfoten des Hundes an, von der Planke abzurutschen. Mehrere Male schwamm er mit Anstrengung zurück, aber jedes Mal war er schwächer. Jetzt wusste Senter, dass der Hund ertrinken musste, obwohl er selbst es noch nicht ahnte. Aber er wusste auch, dass er ihn nicht entbehren konnte. Ohne diese Augen, in die er blicken konnte, würde er an die Zukunft denken und den Verstand verlieren. Er zog sich das Hemd aus, schob sich vorsichtig auf der Planke vorwärts und band die Pfoten des Tieres fest.

Am vierten Abend kam ein Frachter vorüber. Seine Lichter waren abgeblendet. Senter schrie mit heiserer, sich überschlagender Stimme, so laut er konnte. Der Hund bellte schwach. Aber auf dem Dampfer bemerkte man sie nicht. Als er vorüber war, ließ Senter in seiner Verzweiflung und Enttäuschung nicht ab zu rufen. Aber als er merkte, dass der Hund aufgehört hatte zu bellen, hörte auch er auf zu rufen. Danach wusste er nicht mehr, was geschah, ob er lebendig war oder tot. Aber immer suchten seine Augen die Augen des Hundes.

Der Arzt des Zerstörers „Vermont", der zur Freude und Aufregung der Mannschaft einen jungen Kameraden und einen Hund auf der See entdeckt und sie hatte auffischen lassen, schenkte den abgerissenen Fieberfantasien des jungen Menschen keinen Glauben. Denn danach hätten die beiden sechs Tage lang auf dem Wasser getrieben und das war offenbar unmöglich. Er stand an der Koje[4] und betrachtete den jungen Seemann, der den Hund in den Armen hielt, sodass eine Decke sie beide wärmte. Man hatte ihn erst beruhigen können, als auch der Hund gerettet war. Jetzt schliefen beide friedlich. „Können Sie das verstehen", fragte der Arzt einen neben ihm stehenden Offizier, „warum in aller Welt ein junger Bursche, der den gewissen Tod vor Augen sah, sich solche Mühe gab, das Leben eines Hundes zu retten?"

William M. Harg

[1] *Schoner:* ein Segelschiff mit zwei Masten
[2] *Takelwerk:* Taue, Masten und Segel eines Schiffes
[3] *Planke:* dickes Brett
[4] *Koje:* Schlafkammer auf einem Schiff

1 *Fasse mit eigenen Worten den wesentlichen Inhalt der Erzählung zusammen. Kläre gegebenenfalls weitere unbekannte Begriffe.*

2 *Inwiefern hat sich das Gewissen des Mannes Senter im Laufe der Geschichte verändert? Nenne Gründe dafür.*

3 *Halte deine Ergebnisse zur inneren Entwicklung Senters in einem Zeitstrahl im Heft fest.*

Ausgangssituation/ anfängliche Einstellung	Veränderungen in Gefühlen und Handlungen	Endergebnis/ Gefühle Senters
…	…	…

Gewissen und Vernunft

Einflüsse auf die Gewissensbildung

Normen, Regeln und Vorgaben

Immanuel Kant (1724–1804; deutscher Philosoph)

Was du nicht willst, das man dir tu', das füg' auch keinem andern zu!

Fast alle Menschen kennen diese Regel und halten sich (nicht immer) daran. Sie ist ein wesentlicher Bestandteil für ein friedliches Miteinander. Es bringt zum Ausdruck, dass das Gewissen ein wichtiger Bestandteil der Leit- und ↑Kontrollinstanz im Menschen ist. Gutes soll angestrebt, Schlechtes unterlassen werden. Das menschliche Gewissen wird auf verschiedenste Arten und Weisen gebildet und geprägt.

1 *Seht euch die Bilder an. Unser Gewissen wird in den unterschiedlichsten Lebensbereichen geprägt. Erstellt eine Liste.*

2 *Welcher Lebensbereich prägt dein Gewissen momentan am stärksten? Diskutiert.*

Gewissensbildung: die Reifungsstadien des Gewissens

Gewöhnungsgewissen

Alter	0 bis 3 Jahre
Kennzeichen	 Das Kind möchte von seinen Eltern angenommen und geliebt werden. Es entwickelt „Urvertrauen". Durch Sanktionen der Bezugsperson (z. B. der Mutter) wird das Kind gelenkt. Es nimmt Triebverzichte in Kauf, um geliebt zu werden und es gewöhnt sich an klare Anweisungen und Befehle. So kommt es zu einer unbewussten Prägung durch die Umwelt. Sind die Sanktionen sehr streng, so bildet sich ein überstrenges Gewissen. Menschen, die auf dieser Gewissensstufe stehen bleiben, reagieren nur auf Lohn und Strafe („nicht erwischen lassen") […]

Identifikationsgewissen oder autoritäres Gewissen

Alter	3 bis 12 Jahre
Kennzeichen	Das Kind versucht seine Eltern zunehmend nachzuahmen und identifiziert sich mit seinen Bezugspersonen. Mit verschiedenen Fragenstellungen an die Bezugspersonen  versucht das Kind Zusammenhänge zu erschließen und Handlungsfolgen immer mehr vorauszusehen. Außerdem lernt das Kind das Leben immer mehr durch Versuch und Irrtum kennen. Es überschreitet Grenzen und geltende Normen ohne Absicht und lernt so die Folgen und Konsequenzen kennen. Viele Menschen bleiben auf dieser Stufe stehen. Ihnen sind persönliche Verantwortung und eigenes Urteil fremd. Sie überlassen dies anderen Autoritäten. […]

Reifendes Gewissen

Alter	10 bis 18 Jahre
Kennzeichen	Kinder und Jugendliche setzen sich zunehmend kritisch mit ihren Bezugspersonen auseinander und hinterfragen ihre Autoritäten. Das Streben nach Ablösung und  Selbstständigkeit wird größer. Der junge Mensch möchte sein Leben selbst in die Hand nehmen. Er beginnt sich auch gegen traditionelle Normen zu wehren, allerdings lässt sich der Jugendliche noch stark von seinen Autoritäten verunsichern. Eigenverantwortung und Selbstvertrauen findet er in den Peergroups. Hinweis: kritischer Protest gehört zum notwendigen Prozess der Selbstfindung und Selbstverantwortung. Viele Menschen bleiben auf dieser Stufe stehen und zeigen ein Leben lang Protest und Unzufriedenheit mit allen Regeln und Normen.

Gewissen und Vernunft

Mündiges Gewissen	
Alter	Ab etwa 18 Jahren
Kennzeichen	Ein Mensch mit einem reifen Gewissen folgt der eigenen Einsicht und denen von ihm als richtig erkannten Grundsätze und Normen. Er setzt sich mit der Realität und der eigenen Persönlichkeit auseinander und trifft daraufhin Handlungsentscheidungen. [...] Es bleibt ein lebenslanger Auftrag das Gewissen zu bilden und die eigene Persönlichkeit in Auseinandersetzung mit Werten und Normen immer neu zu entfalten.

1 *Fasst die vier Reifungsstadien des Gewissens erst mündlich, dann schriftlich zusammen.*

2 *Wer oder was kann einem Jugendlichen bei seiner Gewissensbildung helfen? Tauscht euch zu dieser Frage mithilfe der Kugellagermethode aus.*

> **Sozialisation**
> Unter Sozialisation versteht man die Einordnung des (heranwachsenden) Individuums in die Gesellschaft und die damit veränderte Übernahme gesellschaftlich bedingter Verhaltensweisen durch das Individuum.

Im bayerischen Gesetz über das Erziehungs- und Unterrichtswesen (bei BayEUG) ist der Bildungs- und Erziehungsauftrag der Schulen festgelegt.

> **Art. 1 Bayerisches Gesetz über das Erziehungs- und Unterrichtswesen (BayEUG)**
> **Bildungs- und Erziehungsauftrag**
> (1) ¹Die Schulen haben den in der Verfassung verankerten Bildungs- und Erziehungsauftrag zu verwirklichen. ²Sie sollen Wissen und Können vermitteln sowie Geist und Körper, Herz und Charakter bilden. ³Oberste Bildungsziele sind Ehrfurcht vor Gott, Achtung vor religiöser Überzeugung, vor der Würde des Menschen und vor der Gleichberechtigung von Männern und Frauen, Selbstbeherrschung, Verantwortungsgefühl und Verantwortungsfreudigkeit, Hilfsbereitschaft, Aufgeschlossenheit für alles Wahre, Gute und Schöne und Verantwortungsbewusstsein für Natur, Umwelt, Artenschutz und Artenvielfalt. ⁴Die Schülerinnen und Schüler sind im Geist der Demokratie, in der Liebe zur bayerischen Heimat und zum deutschen Volk und im Sinn der Völkerversöhnung zu erziehen.
> (2) Bei der Erfüllung ihres Auftrags haben die Schulen das verfassungsmäßige Recht der Eltern auf Erziehung ihrer Kinder zu achten.

3 *Notiert in einer Tabelle, wie der Erziehungsauftrag im BayEUG dargestellt wird und wie er in der Praxis umgesetzt werden kann.*

Auftrag	Umsetzung im Leben
Wissen und Können vermitteln	Hauswirtschaft: Umgang mit Geld
...	...

4 *Erörtert, inwieweit die Schule maßgeblich an der menschlichen Gewissensbildung beteiligt ist.*

Gewissen und Vernunft

Jede Kultur ist anders, aber niemals falsch

In früheren Zeiten war es bei einigen Inuit-Stämmen in der Arktis üblich, alte Menschen verhungern oder erfrieren zu lassen. Es war allen Mitgliedern des Stammes bewusst, dass sie im Alter, wenn sie der Gemeinschaft nicht mehr nützlich sein würden, wohl das gleiche Schicksal erfahren würden. Das gehörte zum Leben und es schien nicht notwendig, deswegen ein schlechtes Gewissen zu haben. In den Augen von Europäern allerdings war die Tötung alten menschlichen Lebens barbarisch und gewissenlos.
In den meisten europäischen Ländern hingegen ist die Tötung jungen, ungeborenen Lebens durch Abtreibung erlaubt und eine gängige Praxis. Dieses Verhalten hätten die Inuit wohl ihrerseits als gewissenlos angesehen.

Bei uns ist das erlaubt.

Das ist Tradition.

Das ist bei uns so üblich!

Das war schon immer so!

1. Teilt euch in zwei Gruppen auf. Die eine Gruppe vertritt die Kultur der Ureinwohner Grönlands, der Inuit. Die andere nimmt die Position der Europäer ein. Diskutiert über das Thema „Umgang mit alten Menschen", im Anschluss dann über das Thema „Abtreibung".

2. Beschreibt die Rolle, die das Gewissen in eurer Diskussion spielt.

3. Bezieht in eure Überlegungen die Aussage der Überschrift „Jede Kultur ist anders, aber niemals falsch" mit ein.

4. Begründet, weshalb beide Kulturkreise bei ihren Entscheidungen kein „schlechtes Gewissen" haben.

5. Recherchiert, wie weitere Kulturen (Länder) mit Tieren, mit der Umwelt, mit alten Menschen, mit behinderten Menschen, mit kleinen Kindern etc. umgehen.

Gewissen und Vernunft

Faktoren der Gewissensbildung

Gewissen kommt von „Wissen"

Im Wort „Gewissen" steckt der Bestandteil „wissen". Wissen hat man nicht automatisch. Man muss es sich aneignen und erarbeiten: Man muss lernen. Wie beim Kleinkind und Jugendlichen die kognitiven Fähigkeiten (Lesen, Schreiben, Rechnen etc.) ausgebildet und trainiert werden müssen, so muss sich die Gesellschaft auch um eine Ausbildung des Gewissens bemühen: im Elternhaus, in dem grundlegende Werte vermittelt werden; im Schulunterricht (z. B. Ethik, Religionsunterricht, Sozialkunde); durch Bereitstellung geeigneter Sendungen in Rundfunk und Fernsehen; durch ↑Jugendschutzgesetze und Ähnliches. Vor allem gute Vorbilder unterstützen die Bildung des Gewissens.

Die Gewissensbildung ist eine **lebenslange Aufgabe** des Menschen. Die Notwendigkeit, Entscheidungen nach bestem Wissen und Gewissen fällen zu müssen, wird auch mit zunehmendem Alter nicht leichter.

1 *Beschreibe deine Erfahrungen bei der Ausbildung deines Gewissens im Elternhaus, Freundeskreis, in der Schule, Gesellschaft etc.*

2 *Begründe, weshalb sich ältere Menschen bei Gewissensentscheidungen nicht leichter tun als jüngere, manchmal sogar schwerer.*

Ich habe einen Fehler gemacht. Was soll ich tun?

Clarissa, angehende Arzthelferin: „Letzte Woche lag das Tablet meiner Kollegin einfach so herum und ich habe es dann, ohne groß nachzudenken, mal mitgenommen. Zu Hause sagte meine Mutter dann: ‚Du hast gestohlen, das hat Gott sicherlich gesehen.' Komme ich jetzt in die Hölle oder in das Fegefeuer?"

3 *Recherchiert den Umgang der fünf großen Religionen Christentum, Islam, Judentum, Buddhismus und Hinduismus mit schlechtem Gewissen. Erstellt dazu eine Tabelle.*

	Christentum	Judentum	Islam	Buddhismus	Hinduismus
Sünde/Schuld	…	…	…	…	…

4 *Zählt Möglichkeiten auf, welche die Religionen für das Wiedergutmachen anbieten, wie etwa die Beichte beim katholischen Christentum. Ergänzt dazu die Tabelle.*

Gewissen und Vernunft

Wie ist das mit den Religionen?

> *Lieber Gott, mach' mich fromm, dass ich in den Himmel komm'.*

> Du sollst nicht lügen.
> Du sollst nicht stehlen.
> Du sollst …

> … und den Eltern Güte erweisen. Tötet nicht eure Kinder aufgrund von Verarmung …

Viele Religionen geben Regeln und Gebote für das Zusammenleben der Menschen vor. Inwieweit sich jeder Einzelne daran hält, hängt unter anderem von der religiösen Erziehung der Eltern/Familie ab.

1 Überprüfe deinen Alltag. Nenne Anlässe, zu denen Gebete oder Gottesdienste abgehalten werden oder andere religiöse Rituale gefeiert werden.

2 Erkläre, welchen Stellenwert die Religion in deinem Leben einnimmt.
0 = keinen; 1 = geringen; 2 = hohen; 3 = sehr hohen Stellenwert

Religiöse Erziehung sollte eine bewusste Entscheidung sein

Wie vermittele ich meinem Kind moralische Werte und religiöse Rituale? Der Erziehungswissenschaftler Micha Brumlik rät, diese Fragen nicht dem Religionsunterricht zu überlassen.
Von Micha Brumlik. […]

Ob und welche religiöse Erziehung Kinder jenseits der Schule erhalten sollen, beantwortet sich zuallererst aus dem religiösen Selbstverständnis der Familie sowie aus den Anforderungen und Erwartungen des sozialen Milieus, in dem Eltern und Kinder ihren Alltag verbringen. Vor diesem Hintergrund stellt sich Eltern die Frage, ob sie ihre Kinder in einer zu religiösen Fragen bewusst zustimmenden oder ablehnenden Haltung erziehen wollen, oder ob sie wünschen, dass ihre Kinder zumindest mit den religiösen Bräuchen und Glaubensannahmen des jeweiligen Milieus vertraut werden, um nicht von den Erfahrungen anderer Kinder abzuweichen und als Außenseiter zu gelten. […]

> *Sollen wir unser Kind taufen lassen?*

> *Willst du jeden Sonntag in die Kirche?*

> *Religionsunterricht oder Ethik?*

> *Beschneidung meines Jungen, was meinst du?*

3 Überlegt euch weitere Fragen, die aufkommen, wenn man sein Kind religiös erziehen möchte.

4 Stelle dir vor, du hast bereits eine Familie. Beantworte diese Fragen.

Religion und Gewissen

Da religiöse Erziehung jedoch in vielen Fällen auch als Werte- oder Moralerziehung gefasst wird, muss ihr auch ein erheblicher Einfluss auf die Gewissensbildung zugesprochen werden. Dabei stellt sich dann die Frage, ob und in welchem Ausmaß und vor allem wie eine göttliche ↑Instanz als angenommene unmittelbare Autorität in Fragen dessen, was zu tun oder zu unterlassen ist, auf das Kind wirkt.

In diesem Fall gilt dasselbe, was auch für eine nicht religiös begründete Moralerziehung gilt. Werden Normen und Werte durch eine [starre, nicht nachvollziehbar begründete] Androhung schrecklicher Folgen durchgesetzt, kann das nicht nur eine negative Gottesvorstellung befördern. Es können darüber hinaus in jenen Bereichen, in denen es um Reinlichkeit, Nahrungsaufnahme, Sinnlichkeit und Geschlechtlichkeit geht, neurotische Ängste gefördert werden; Ängste, die lebenslang die Beziehung zum eigenen Körper beeinträchtigen und sich als psychische oder somatische Krankheitssymptome äußern können.

Aus der Sicht des Kindeswohls sollte religiöse Erziehung ohne jede Verängstigung oder Drohung betrieben werden. […]

5 *Wie weit spielt deiner Meinung nach die religiöse Erziehung eine wichtige Rolle bei Gewissensentscheidungen? Erkläre deine Ansicht anhand von Beispielen.*

6 *Auch andere Religionen wie der Hinduismus geben Verhaltensweisen vor, die bei Nichteinhaltung nachteilige Folgen haben können. Beschreibe, was es bedeuten könnte, „gutes Karma zu sammeln".*

Karma

Die Hindus bezeichnen als Karma die Folge, die eine Tat oder ein Werk nach sich zieht.
Je nach Tat kann das Karma verdienstvoll oder verwerflich sein. Vom Karma hängt es ab, wie es den Menschen in diesem Leben ergeht. Es bestimmt seine jetzige körperliche, geistige und seelische Verfasstheit und die Dauer seines Lebens. Was ein Mensch jetzt ist und tut, ist eine Folge seiner früheren Taten. In gleicher Weise aber bestimmt das Tun und Handeln in diesem Leben, wie der Mensch wiedergeboren wird.

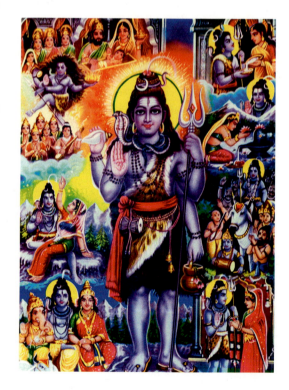

> Opfer und Askese, hingebungsvolle Gottesliebe und Ehrfurcht, Meditation und Erkenntnis bewirken ein verdienstvolles Karma.
> Egoismus und Unwissenheit erzeugen schlechtes Karma.

Gewissen und Vernunft

Die Deutung des Gewissens im Laufe der Zeit

Das Gewissen – ein uralter Bestandteil des menschlichen Wesens

Das Bewusstsein des Menschen, ein Gewissen zu haben, ist uralt. Schon das Alte Testament berichtet von Adam und Eva, die ein schlechtes Gewissen hatten, oder von Kain, der seinen Bruder Abel erschlug und sich vor Gott wegen seines schlechten Gewissens versteckte.

Das Gewissen als „innerer Gerichtshof" in Paulus' Römerbrief

Paulus von Tarsus hatte ursprünglich den jüdischen Namen Saul. Er wurde Anfang des 1. Jh. n. Chr. in Tarsus (heutige Türkei) geboren und im Jahr 60 oder 62 in Rom hingerichtet. Er stammte aus einer strenggläubigen jüdischen Familie. Er erbte von seinem Vater das römische Bürgerrecht, war hellenistisch (griechisch) gebildet und verfügte über eine theologische Ausbildung. Sein Beruf war Zeltmacher (Sattler). Er gehörte zu den Pharisäern, einer jüdischen religiös-politischen Ausrichtung, die sehr national eingestellt, ethisch streng und gesetzestreu war.

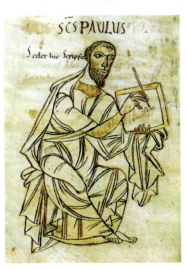

Anfangs war Paulus ein Christenfeind. Der Evangelist Lukas beschreibt, dass Paulus die Steinigung des ersten christlichen ↑Märtyrers Stephanus persönlich beaufsichtigte. Paulus war der historischen Person ↑Jesus von Nazareth („Christus" bei den Christen) nie begegnet. Um 30 n. Chr. hatte er in Damaskus eine Vision, bei der ihm Christus erschien. Dies fasste er als seine persönliche Berufung zum „Apostel der Heiden" auf, also zu einem urchristlichen Missionar, der die Andersgläubigen zum ↑Christentum bekehren sollte. Bis zum Apostelkonzil (Versammlung der Apostel; 48/49 in Jerusalem) wirkte Paulus in der Gegend von Damaskus und in Antiochia. Danach unternahm er drei große Missionsreisen, auf denen er u. a. auch den Grundstein für die christliche Mission im Römischen Reich legte.

Nach seiner Rückkehr wurde er aufgrund von jüdischen Anfeindungen in Jerusalem inhaftiert. Da er die römische Staatsbürgerschaft hatte, wurde er nach Rom überstellt und fand dort im Jahr 60 oder 62 vermutlich unter Kaiser Nero den Märtyrertod durch Enthauptung. Nero legte kurze Zeit später den Brand von Rom im Jahr 64 den Christen zur Last. Daraufhin fanden die ersten systematischen Christenverfolgungen statt, bei denen viele Christen in den Arenen auf bestialische Weise ermordet wurden. Sie wurden beispielsweise Raubtieren zum Fraß vorgeworfen.

Während seiner Gefängnisaufenthalte verfasste Paulus zahlreiche Briefe, die zu den ältesten Schriften des Neuen Testaments zählen. Einer seiner bekanntesten Briefe entstand um das Jahr 58 n. Chr. und ist an die frühchristliche Gemeinde in Rom gerichtet. In diesem sogenannten Römerbrief schreibt Paulus einen Großteil seines theologischen Denkens nieder. Das Gewissen wird von ihm als eine Art „innerer Gerichtshof" (Begriff nach I. Kant) geschildert. Im christlichen Glauben

119

Gewissen und Vernunft

müssen sich alle Menschen am Tag des Jüngsten Gerichts („Tag des Zorns") am Ende der Zeiten vor Gott verantworten. Paulus schreibt in Kapitel 14 (Vers 10–12):

> 10 Du aber, was richtest du deinen Bruder? Und du, was verachtest du deinen Bruder? Wir werden doch alle vor dem Richterstuhl Gottes stehen. 11 Denn es steht geschrieben: So wahr ich lebe, spricht der Herr, vor mir wird jedes Knie sich beugen und jede Zunge wird Gott preisen. 12 Also wird jeder von uns vor Gott Rechenschaft über sich selbst ablegen.

Der Mensch beurteilt nicht nur sein eigenes Tun, er urteilt auch über die Handlungen seiner Mitmenschen. Hierzu schreibt Paulus in Kapitel 2 (Vers 1–11):

> 1 Darum bist du unentschuldbar – wer du auch bist, o Mensch –, wenn du richtest. Denn worin du den andern richtest, darin verurteilst du dich selbst, weil du, der Richtende, dasselbe tust. 2 Wir wissen aber, dass Gottes Gericht über alle, die solche Dinge tun, der Wahrheit entspricht. 3 Meinst du etwa, o Mensch, du könntest dem Gericht Gottes entrinnen, wenn du die richtest, die solche Dinge tun, und dasselbe tust wie sie? 4 Oder verachtest du den Reichtum seiner Güte, Geduld und Langmut? Weißt du nicht, dass Gottes Güte dich zur Umkehr treibt? 5 Weil du aber starrsinnig bist und dein Herz nicht umkehrt, sammelst du Zorn gegen dich für den Tag des Zornes, den Tag der Offenbarung von Gottes gerechtem Gericht. 6 Er wird jedem vergelten, wie es seine Taten verdienen: 7 Denen, die beharrlich Gutes tun und Herrlichkeit, Ehre und Unvergänglichkeit erstreben, gibt er ewiges Leben, 8 denen aber, die selbstsüchtig sind und nicht der Wahrheit gehorchen, sondern der Ungerechtigkeit, widerfährt Zorn und Grimm. 9 Not und Bedrängnis wird das Leben eines jeden Menschen treffen, der das Böse tut, zuerst den Juden, aber ebenso den Griechen; 10 doch Herrlichkeit, Ehre und Friede werden jedem zuteil, der das Gute tut, zuerst dem Juden, aber ebenso dem Griechen; 11 denn es gibt bei Gott kein Ansehen der Person.

1 *Kläre zunächst alle unbekannten Begriffe. Beschreibe nun mit eigenen Worten, wie der Begriff „Gewissen" bei Paulus zu verstehen ist.*

2 *Suche aus den Texten alle positiven Eigenschaften bzw. Tugenden eines Menschen heraus, die nach Paulus' Auffassung zu einem Bestehen vor Gottes Gericht führen. Finde außerdem alle negativen Eigenschaften bzw. „Sünden", die nach christlichem Glauben vor Gott keinen Gefallen finden würden.*

3 *Lege dar, welchen Lohn laut Paulus ein Mensch empfängt, der bei all seinen Handlungen immer seinem Gewissen folgt.*

4 *Beschreibe, wie bei den meisten Menschen das Verhältnis von kritischer Beurteilung des eigenen Handelns und kritischer Beurteilung der Handlungen anderer aussieht. Suche nach Gründen für eventuelle Unterschiede.*

5 *Auch in anderen religiösen Schriften wie dem Koran des Islams spielt das Gewissen eine wichtige Rolle. Recherchiert entsprechende Stellen in den Schriften anderer Religionen und vergleicht sie mit den Worten Paulus' aus dem Römerbrief.*

Gewissen und Vernunft

Das Gewissen in Ethik und Philosophie

Bis vor etwa 50 Jahren hatte die Religion einen entscheidenden Einfluss darauf, was man mit seinem Gewissen vereinbaren kann und was nicht. Im Katholizismus beispielsweise war es Pflicht, regelmäßig zur Beichte zu gehen und sein Gewissen zu erleichtern. Man bekannte vor dem Priester seine Sünden und wurde von ihnen losgesprochen.

In der heutigen Zeit hat die Religion bei uns vielfach an Bedeutung verloren. Im Gegensatz zu einem Kirchen- oder Gottesstaat spricht man von einer säkularen, d. h. weltlichen Gesellschaft. Hier wird das Gewissen häufig mit persönlichen Ansichten und Meinungen gleichgesetzt. Man kennt dies z. B. aus Talkshows, in denen die Teilnehmer – teils um zu provozieren, teils aus Unwissenheit – haarsträubende Einstellungen äußern (z. B. zu Abtreibung, Drogen, Konsumrausch usw.). In vielen Fällen sind diese persönlichen Ansichten moralisch oder ethisch überhaupt nicht begründet, ja es fehlen sogar grundlegende Wertvorstellungen.

Psychologisch gesehen enthält das Gewissen zwei Bestandteile (Komponenten[1]): Wissen und Fühlen. Die kognitive[2] Komponente besagt, dass ich eine Portion Wissen mitbringen muss, um überhaupt ein Gewissen zu besitzen. Von einem Säugling kann man keine Gewissensentscheidung verlangen – ihm fehlt das notwendige Wissen um ethische Grundsätze. Die emotionale[3] Komponente des Gewissens zielt auf die Gefühle ab. Das zeigt sich am deutlichsten in Furcht, Scham, Reue oder Schuldgefühlen, die man empfindet, wenn man gegen das eigene Gewissen gehandelt hat.

[1] *Komponente:* Einzelbestandteil, der mit anderen zusammen ein Ganzes bildet.
[2] *kognitiv:* vom Verstand ausgehend, die Erkenntnis betreffend.
[3] *emotional:* vom Gefühl ausgehend, aus dem Bauch heraus.

Immanuel Kant

Auf Seite 112 hast du bereits den deutschen Philosophen der Epoche der Aufklärung, Immanuel Kant (1724–1804) kennengelernt. Kants Werke, u. a. die „Kritik der reinen Vernunft", zählen zu den bedeutendsten der abendländischen Philosophie. Mit dem Wirken Kants beginnt die moderne Philosophie.

> *Gewissen ist das Bewusstsein eines inneren Gerichtshofes im Menschen.*

> *„Was will ich?", fragt der Verstand.*
> *„Worauf kommt es an?", fragt die Urteilskraft.*
> *„Was kommt heraus?", fragt die Vernunft.*

> *Gewissenlosigkeit ist nicht Mangel des Gewissens, sondern der Hang, sich an dessen Urteil nicht zu kehren.*

> *Der Mensch kann nur Mensch werden durch Erziehung.*

1 Klärt gemeinsam die Bedeutung der Aussprüche Immanuel Kants.

2 Vergleicht seine Aussagen zum Gewissen mit denen von Paulus. Nennt Gemeinsamkeiten und Unterschiede.

Moderne Definitionen des Begriffs „Gewissen"

Das Gewissen bildet eine wesentliche Grundlage für **ethisches Empfinden**. Es setzt immer das Vorhandensein **moralischer Gesetze** sowie von der Gesellschaft anerkannte **Werte, Normen** und **Tugenden** voraus. Verschiedene Kulturkreise und Gesellschaftsschichten können unterschiedliche Auffassungen von Gewissen haben.

Das Gewissen ist nicht von sich aus vorhanden, sondern es wird durch Erziehungseinflüsse (Familie, Bildungseinrichtungen) gebildet. Die Gewissensbildung sollte im frühkindlichen Alter einsetzen, da eine spätere Erlernung grundlegender moralischer Werte schwierig ist, wie das Beispiel jugendlicher Straftäter zeigt.

3 *Recherchiert Auffassungen vom Gewissen aus verschiedenen Kulturkreisen und Gesellschaftsschichten. Präsentiert eure Beispiele der Klasse.*

Das Instanzenmodell nach Freud

Sigmund Freud (1856–1939) war der Begründer der Psychoanalyse und einer der einflussreichsten Denker des 20. Jahrhunderts. Freud untersuchte die Träume seiner Patienten und versuchte diese zu deuten. Aus diesen Beobachtungen heraus entwickelte er ein Modell der Psyche des Menschen. Seiner Idee nach besteht die menschliche Psyche aus drei Teilen: dem **Es**, dem **Ich** und dem **Über-Ich**. Freuds Ansicht nach handelt der Mensch größtenteils unbewusst. Nur ein kleiner Teil menschlicher Entscheidungen wird bewusst getroffen.

Die verschiedenen ↑Instanzen in Freuds Strukturmodell der Psyche:

Es: Das Es bildet die Triebinstanz. Es ist der unbewusste, impulsgesteuerte Teil der Psyche. Hier finden sich die Triebe (Hunger, sexuelle Lust), Bedürfnisse (Wärme, Sicherheit) und Affekte (Hass, Neid, Liebe).

Über-Ich: Hier finden sich die Werte, die der Mensch im Laufe seines Lebens erlernt und sich angeeignet hat: Gewissen; Wertvorstellungen; Gebote und Verbote; Vorstellung von Gut und Böse, richtig und falsch; Ideale, Rollenbilder und Vorbilder; religiöse Handlungsmuster. Das Über-Ich ist der Gegenpart zum Es.

Ich: Das Ich ist die Persönlichkeit, die sich aus dem Es und dem Über-Ich entwickelt. Das Ich ist das, was einen reifen, handlungsfähigen Menschen ausmacht. Durch das Ich werden Gedanken, Gefühle und Handlungen individuell erlebt und beurteilt.

Das schlechte Gewissen und Schuldgefühle entstehen, weil das Es den Menschen zu Handlungen treibt, die vom Über-Ich eigentlich verboten werden. So kommt es ein Leben lang zu triebhaften „Es-bedingten" Konflikten, die das strenge Über-Ich zu unterbinden versucht.

Beispiele:
In einem Wutanfall (Es) hat Florian den Bleistift seines Banknachbarn zerbrochen. Nun hat er ein schlechtes Gewissen (Ich), weil er weiß, dass man das nicht machen darf (Über-Ich).
Sarah hat ihre Eltern angeschwindelt, weil sie bei ihrem Freund übernachten wollte (Es). Nun fühlt sie sich mies (Ich), weil sie gelernt hat, dass man seine Eltern nicht anlügen darf (Über-Ich).

4 *Fasse das Strukturmodell nach Freud mit deinen eigenen Worten zusammen.*

5 *Arbeite mit einer Partnerin/einem Partner. Findet noch weitere Beispiele, die das Strukturmodell veranschaulichen. Tauscht euch dann in der Klasse aus.*

6 *Du kannst nun das Strukturmodell auf deine eigene Psyche anwenden und deine eigenen Handlungen besser verstehen. Beschreibe Situationen, in denen dein Ich in Konflikte mit deinem Über-Ich und deinem Es kommt.*

7 *Recherchiert das Leben von Sigmund Freud und gestaltet eine digitale Präsentation.*

Das Gewissen nach Erich Fromm

Der deutsch-amerikanische Psychoanalytiker und Philosoph Erich Fromm wurde am 23. März 1900 in Frankfurt am Main geboren. 1922 promovierte[1] er in Heidelberg im Fach Soziologie. Ende der 1920er-Jahre ließ er sich in Berlin zum Psychoanalytiker[2] nach der Lehre Sigmund Freuds ausbilden. 1933 emigrierte er in die USA, wo er u. a. an der Columbia University in New York lehrte. Von 1950 an lebte und lehrte er in Mexiko-City. Die letzten sechs Jahre vor seinem Tod im Jahr 1980 wohnte Erich Fromm im Schweizer Tessin.

[1] *promovieren:* den Doktortitel erwerben
[2] *Psychoanalytiker:* Arzt oder Psychologe mit spezieller Ausbildung im psychotherapeutischen Verfahren der Psychonanalyse: Heilung seelischer Konflikte und Störungen durch Bewusstmachung innerer, verdrängter Konflikte

Fromm beschreibt zwei Formen des Gewissen:
- **Kindliches Gehorsamsgewissen** (autoritäres Gewissen):
  Dieses wird in der Kindheit durch Gebote oder Verbote einer äußeren ↑Instanz (z. B. Eltern, Religion, Gesetze) geprägt. Diese sollen das Kind vor äußeren und inneren Gefahren beschützen. Auf dieser Stufe handelt das Kind/der Mensch, um anderen zu gefallen.
- **Mündiges Humangewissen** (↑humanistisches Gewissen):
  Hier folgt der erwachsene Mensch nun seinen eigenen Einsichten, Grundsätzen und Normen, die von ihm persönlich als richtig erkannt werden. Demnach handelt er aus freier Einsicht und richtet sein Leben danach aus.

8 *Beschreibe in deinen eigenen Worten, wie Erich Fromm das Gewissen sieht.*

9 *Vergleiche es mit den bisher kennengelernten Definitionen. Erstellt eine Tabelle mit den Unterschieden und den Gemeinsamkeiten.*

Nach bestem Wissen und Gewissen …

Vereidigung einer Architektin als öffentlich bestellte und vereidigte Sachverständige

> **§ 45 Deutsches Richtergesetz**
> […] (3) Der ehrenamtliche Richter leistet den Eid, indem er die Worte spricht: „Ich schwöre, die Pflichten eines ehrenamtlichen Richters getreu dem Grundgesetz für die Bundesrepublik Deutschland und getreu dem Gesetz zu erfüllen, nach bestem Wissen und Gewissen ohne Ansehen der Person zu urteilen und nur der Wahrheit und Gerechtigkeit zu dienen, so wahr mir Gott helfe." […]

Oft sagt man oder unterschreibt man eine Aussage „nach bestem Wissen und Gewissen."

1 *Erkläre, was diese Worte bedeuten.*

> **Art. 4 Grundgesetz (GG)**
> (1) Die Freiheit des Glaubens, des Gewissens und die Freiheit des religiösen und weltanschaulichen Bekenntnisses sind unverletzlich.
> (2) Die ungestörte Religionsausübung wird gewährleistet.
> (3) Niemand darf gegen sein Gewissen zum Kriegsdienst mit der Waffe gezwungen werden. Das Nähere regelt ein Bundesgesetz.

Artikel 4 GG hast du bereits auf Seite 59 kennengelernt. Er schützt die Freiheit von Glauben und Gewissen. Dies sind Teilaspekte der Menschenwürde. Die Menschenwürde steht als oberster Wert über allen anderen (Art. 1 Abs. 1 GG).

2 *Erläutere, weshalb das Gewissen in Art. 4 GG nicht alleine genannt wird.*

3 *Stelle einen Zusammenhang von Art. 4 GG zu Art. 1 GG her.*

4 *Das Grundgesetz trat 1949 in Kraft. Äußere deine Vermutung, weshalb man bewusst das Gewissen mit in die Grundrechte aufgenommen hat.*

5 *Beurteile, ob die Absichten von Art. 4 GG in den abgebildeten Situationen respektiert sind.*

Gewissen und Vernunft

Die Beeinflussung des Gewissens durch Indoktrination

Indoktrination
Unter Indoktrination versteht man eine besonders massive, keinen Widerspruch und keine Diskussion zulassende Belehrung. Einzelne Menschen oder Gruppen werden gezielt mit besonderen psychologischen Mitteln manipuliert, um eine bestimmte Meinung oder Einstellung durchzusetzen. Durch eine gezielte Auswahl von Informationen sollen andere ideologische Absichten oder Kritik ausgeschaltet werden.

1 *Gib die Definition in eigenen Worten wieder.*

2 *Indoktrination kann man in den unterschiedlichsten Lebensbereichen oder Gruppierungen finden. Geht in Gruppen zusammen und erarbeitet Kurzvorträge über Indoktrination in folgenden Bereichen. Eure Spickzettel könnten folgendermaßen aussehen.*

Indoktrination in der Politik

Beispiel: Nordkorea
Wie: ...
Warum: ...
Psychologische Mittel: ...
Informationsauswahl: ...

Indoktrination in Sekten

Beispiel: Scientology
...
...
...

Indoktrination in Religionen

Beispiel: religiöser Fundamentalismus
...
...

Indoktrination in Schulen

Beispiel: ...
...
...
...

Indoktrination in Computerspielen

Beispiel: ...
...
...

Indoktrination in Filmen

Beispiel: ...
...
...

---

3 *Was stellt Indoktrination mit dem Gewissen betroffener Gruppierungen an? Diskutiert.*

4 *In der Geschichte gab es immer wieder Situationen, in denen durch Indoktrination ein ganzes Land manipuliert wurde. Beschreibe entsprechende Beispiele aus der Geschichte. Erläutere, wie die Menschen beeinflusst wurden und welche Auswirkungen dies auf ihr Gewissen gehabt haben könnte.*

Gewissen und Vernunft

Das Gewissen im Nationalsozialismus

Viktor Frankl

> „Niemals wäre Hitler derjenige geworden, der er geworden ist, hätte er sein Gewissen nicht auf Dauer unterdrückt."
> Viktor Frankl

1 Was haltet ihr von dieser Aussage? Begründet eure Meinung.

Viktor Emil Frankl wurde am 26. März 1905 in Wien als zweites von drei Kindern jüdischer Eltern geboren. Bereits während seiner Zeit auf dem Gymnasium beschäftigte er sich mit Psychoanalyse und Philosophie. Nach einem Medizinstudium [Promotion 1930] promovierte er 1948/49 [ein weiteres Mal, diesmal] im Bereich der Philosophie. Von 1933 bis 1937 leitete er im Psychiatrischen Krankenhaus in Wien den „Selbstmörderinnenpavillon". Hier betreute er als Oberarzt jährlich bis zu 3 000 selbstmordgefährdete Frauen.

Nach dem Anschluss Österreichs an Deutschland während der Zeit des Nationalsozialismus wurde ihm 1938 aufgrund seiner jüdischen Herkunft untersagt, „arische" Patienten zu behandeln. 1940 übernahm er die Leitung der neurologischen Abteilung des Rothschild-Spitals, des einzigen Krankenhauses, in dem in Wien noch jüdische Patienten behandelt wurden. Einige seiner Gutachten aus dieser Zeit sollten Patienten davor bewahren, dem nationalsozialistischen Euthanasieprogramm zum Opfer zu fallen. 1941 zog er es trotz eines gültigen Ausreise-Visums vor, seine Eltern nicht allein zu lassen, und blieb in Österreich.

Nach der Heirat mit Tilly Grosser 1942 wurden er, seine Frau und seine Eltern im September desselben Jahres ins Ghetto Theresienstadt deportiert. Frankls Vater starb dort 1943, seine Mutter sowie auch der Bruder wurden später in Auschwitz ermordet. Seine Frau starb ferner im KZ Bergen-Belsen. Frankl selbst wurde im Oktober 1944 von Theresienstadt nach Auschwitz und einige Tage später in ein Außenlager des KZs Dachau gebracht. Im April 1945 wurde Frankl von der US-Armee befreit.

Seine Erfahrungen in den Konzentrationslagern verarbeitete er später erfolgreich in wissenschaftlichen Büchern. Außerdem arbeitete er weiter auf seinen früheren Fachgebieten und machte sich international einen Namen, bevor er dann 1997 mit 92 Jahren an Herzversagen verstarb.

2 Wie beurteilst du nun den obigen Ausspruch? Hat sich deine Meinung geändert, nachdem du die Lebensgeschichte Viktor Frankls kennengelernt hast?

3 Sprecht über diese Aussage Frankls zum Gewissen. Kann man das Gewissen tatsächlich als Organ verstehen? Ermittelt Eigenschaften, die dafür und die dagegen sprechen.

> „Das Gewissen gehört zu den spezifisch menschlichen Phänomenen. Es ließe sich definieren als die intuitive Fähigkeit, den einmaligen und einzigartigen Sinn, der in jeder Situation verborgen ist, aufzuspüren. Mit einem Wort, das Gewissen ist ein Sinnorgan."
> Viktor Frankl

4 Vergleicht die Aussage mit den Ansichten Sigmund Freuds von Seite 122, den Frankl zu Lebzeiten kannte.

Totalitäre Regime – Leben ohne Gewissen?

Unter der nationalsozialistischen Schreckensherrschaft wurden von 1933 bis 1945 Menschen millionenfach diskriminiert, ausgegrenzt und ermordet. Hier ist ein Bericht aus dieser Zeit.

Theodor Wonja Michael: Überlebt als Unsichtbarer
[…] *Von Bettina Rühl*

Theodor Wonja Michael wurde 1925 in Berlin geboren, als Sohn einer Ostpreußin und eines Kameruners. Als er neun Jahre alt war, wollte er mit zum „Jungvolk" der Hitlerjugend. Das war im Herbst 1934. Seine Berliner Klassenkameraden hatten ihm von den Treffen der NSDAP-Nachwuchsorganisation vorgeschwärmt und wollten ihn dabei haben. Aber zu seiner Überraschung wurde Michael abgelehnt und weggeschickt. Da habe er zum ersten Mal gespürt, dass er nicht dazu gehöre […].

Ein Jahr zuvor hatte die NSDAP die Reichstagswahl gewonnen, Adolf Hitler war zum Reichskanzler ernannt worden. Welch bedrohlichen Wandel Deutschland unter den Nationalsozialisten durchmachte, ahnte der junge Theodor Wonja Michael schon vor seiner Abweisung beim „Jungvolk". So gewöhnte er sich an, auf dem Weg zur Schule die Straßenseite zu wechseln, wenn er an einem Stammlokal der SA vorbeigehen musste; die Atmosphäre, die die faschistischen Schlägertrupps der Sturmabteilung der NSDAP ausstrahlten, war ihm unheimlich. Trotzdem wurde ihm sein andersartiges Aussehen erst bewusst, als er als Nichtdeutscher zurückgeschickt wurde, erzählte er 85 Jahre nach diesem Schlüsselerlebnis in seinem Haus in Köln.

Doch wurde er bereits zuvor ausgegrenzt. So musste er als Zweijähriger mit seiner Familie bei „Völkerschauen" in Zirkussen und Zoos auftreten, weil sein Vater als schwarzer Mensch keine andere Möglichkeit sah, das Geld für das Überleben seiner Familie zu verdienen. Während das nationalsozialistische Deutschland immer rassistischer wurde, waren die Deutschen von projizierter Exotik unvermindert fasziniert. Ungehemmt begafften die Zuschauer im Rahmen solcher „Völkerschauen" vermeintlich afrikanisches Leben, etwa Männer in Baströckchen zwischen nachgebauten Rundhütten. […]

Unter der nationalsozialistischen Diktatur wurde seine Lage noch schwieriger. Um eine Überlebenschance zu haben, versuchte Theodor Wonja Michael, unsichtbar zu bleiben. Dabei half ihm immer wieder die Macht des Faktischen, die zu geradezu kuriosen Widersprüchen führte. So arbeitete er zwischenzeitlich als Portier in einem Hotel, in dem die Elite der SS regelmäßig abstieg – und ihn als schwarzen Menschen faktisch „übersah". […]

„Die Hitlerzeit war für mich ein einziger Stress"

Als Sohn eines Afrikaners und einer Deutschen war Michael das lebende Beispiel der „Rassenschande", die von den Nazis unter Strafe gestellt worden war. Ständig hatte er Angst, ins KZ deportiert oder sterilisiert zu werden. „Die ganze Hitlerzeit war für mich ein einziger Stress", berichtete er, „die ganzen zwölf Jahre". Immer wieder fragte er sich: „Nimmst du dir das Leben, oder wird das einmal anders?"

1 Recherchiert aktuelle Beispiele von Diskriminierung in den Medien und vergleicht diese mit den Formen von Diskriminierung durch das NS-Regime, denen Theodor W. Michael ausgesetzt war.

Die Geschichte von Pater Kolbe

Am 10. Oktober 1982 sprach der damalige Papst Johannes Paul II. den polnischen Franziskanerpater Maximilian Kolbe heilig. Dieser steht stellvertretend für eine endlose Reihe verfolgter und ermordeter Christen, darunter allein 4 000 Geistliche aller Konfessionen, die von den Nationalsozialisten umgebracht wurden.

1894 in der Nähe von Warschau geboren, wuchs Kolbe in einer frommen Familie auf. Die Eltern schickten Rajmund – den Namen Maximilian erhielt er erst später im Orden – gemeinsam mit einem Bruder in ein Franziskanerinternat. Die Franziskaner entsandten den begabten Schüler für ein Philosophie- und Theologiestudium nach Rom, das er mit doppelter Promotion abschloss. 1918 wurde Kolbe zum Priester geweiht. Als es 1939 zum Überfall auf Polen kam, wurde auch in der Folge das Kloster, in dem Kolbe arbeitete, von Deutschen übernommen und zu einem Gefangenenlager umgewandelt. Der Pater kam nach einer ersten Inhaftierung wieder frei. Doch schon 1941 wurde er wieder verhaftet und in das Vernichtungslager Auschwitz deportiert. Im Sommer desselben Jahres gelang einem Häftling seines Blocks beim Ernteeinsatz scheinbar die Flucht. Für ihn sollten zehn seiner Blockkameraden im „Todesbunker" an Hunger sterben. Die willkürliche Wahl durch den Lagerführer Karl Fritzsch fiel dabei auf den polnischen Infanteriesergeant Franciszek Gajowniczek, der fürchterlich um seine Frau und die beiden Kinder, die er zurück lassen würde, weinte.

„Ich möchte anstelle eines dieser Menschen sterben", sagte Pater Kolbe Zeitzeugenberichten zufolge kurz danach zum Lagerführer. Der konnte zunächst nur fassungslos erwidern: „Was will das Polenschwein?" – „Ich bin katholischer Priester, ich möchte für den da sterben", wiederholte Kolbe und deutete auf Gajowniczek. „Ich bin alt und allein, und er hat Frau und Kinder." Kolbe setzte ein unglaubliches Zeichen, indem er freiwillig in den Tod ging.

Weil der Pater wie vier andere die Qualen im Hungerbunker zwei Wochen lang überlebte, wurden alle schließlich am 14. August 1941 durch Gift ermordet.

Die wenigen direkten Zeugen von Kolbes Tod berichteten nach ihrer Befreiung, dass die Ermordung des jungen Paters einen Einschnitt bedeutete. „Die Tat von Pater Maximilian hat uns alle erschüttert. Etwas hat sich verändert. Das Gebot der Nächstenliebe hat seine Bedeutung wiedererlangt. Das Leben, das durch den freiwilligen Tod erkauft wird, hat seinen Wert zurückgewonnen", erinnerte sich später ein Zeitzeuge Kolbes. Franciszek Gajowniczek selbst wurde 93 Jahre alt und starb 1995.

Volker Hasenauer; Christian Feldmann
(Text verändert)

---

1 Sprecht über das Opfer, das Pater Kolbe hier für einen anderen, fremden Menschen erbracht hat. Versucht die Beweggründe des Geistlichen für dieses Opfer nachzuvollziehen.

2 Informiert euch, wie Gajowniczeks sein weiteres, ihm geschenktes Leben genutzt hat.

3 Versetzt euch in die Lage des Lagerführers Fritzsch. Wie mag sein Gewissen ausgesehen und funktioniert haben? Skizziert verschiedene Möglichkeiten und nennt jeweils Gründe.

4 Recherchiert weitere Persönlichkeiten, die solch große Opfer für andere erbracht haben. Erstellt damit eine Präsentation bzw. Ausstellung.

Das Gewissen der Sophie Scholl

Als bekannte Persönlichkeiten des Widerstands gegen das NS-Regime gelten die Geschwister Scholl. Am 22. Februar 1943 ermordeten die Nationalsozialisten in München nach vier Tagen Verhör die Geschwister Hans und Sophie Scholl sowie deren Freund Christoph Probst wegen „Hochverrats, Feindbegünstigung und Wehrkraftzersetzung". Sie waren als Mitglieder der Münchner Widerstandsbewegung „Weiße Rose" verraten und beim Verteilen von Flugblättern an der Ludwig-Maximilians-Universität vom Hausmeister entdeckt worden. In ihren Schriften appellierten sie an das Gewissen ihrer Mitmenschen und an deren Verantwortung als Christen, den Krieg und die Unrechtsherrschaft der Nationalsozialisten zu stoppen.

Nachfolgend findet ihr einen Auszug aus dem Spielfilm „Sophie Scholl – die letzten Tage". Es handelt sich um den Teil eines Verhöres mit Sophie Scholl durch Kriminalobersekretär Robert Mohr.

[...] **Mohr:** „[...] Sie haben zwar mit falschen Parolen, aber mit friedlichen Mitteln gekämpft."
Sophie: „Warum wollen Sie uns denn dann überhaupt bestrafen?"
Mohr: „Weil das Gesetz es so vorschreibt! Ohne Gesetz keine Ordnung."
Sophie: [...] „Das Gesetz, auf das Sie sich berufen, hat vor der Machtergreifung 1933 noch die Freiheit des Wortes geschützt und heute bestraft es unter Hitler das freie Wort mit Zuchthaus oder dem Tod. Was hat das mit Ordnung zu tun?"
Mohr: „Woran soll man sich denn sonst halten, als an das Gesetz, egal, wer es erlässt?"
Sophie: „An Ihr Gewissen."
Mohr: „Ach was! *(deutet auf den Gesetzesband, mit dem er beim ersten Verhör hantiert hat)* Hier ist das Gesetz und hier *(er deutet auf Sophie)* sind die Menschen. Und ich habe als Kriminalist die Pflicht zu prüfen, ob beide deckungsgleich sind, und wenn das nicht der Fall ist, wo die faule Stelle ist."
Sophie: „Das Gesetz ändert sich. Das Gewissen nicht."
Mohr: „Wo kommen wir hin, wenn jeder selbst bestimmt, was nach seinem Gewissen richtig oder falsch ist? – Überlegen Sie doch mal, selbst wenn es Verbrechern gelingen würde, den Führer zu stürzen, was käme denn dann? Zwangsläufig ein verbrecherisches Chaos! Die so genannten freien Gedanken, der Föderalismus, die Demokratie? Das hatten wir doch alles schon, da wissen wir doch, wo es hinführt."
Sophie: „Ohne Hitler und seine Partei gäbe es endlich wieder Recht und Ordnung für jeden und den Schutz des Einzelnen vor Willkür, nicht nur für die Mitläufer."
Mohr: „Mitläufer? Willkür? Wer gibt Ihnen das Recht, so abfällig zu reden?"
Sophie: „Sie reden abfällig, wenn Sie meinen Bruder und mich wegen ein paar Flugblättern Verbrecher nennen, obwohl wir nichts anderes machen, als mit Worten zu überzeugen versuchen." [...]

Fred Breinersdorfer

1. Nenne die Begründungen, mit denen Mohr das Vorgehen der Nationalsozialisten gegen die Geschwister Scholl rechtfertigt. Beschreibe, wie sein Gewissen ausgesehen haben mag.

2. Erläutere, wie Sophie Scholl ihr Engagement gegen den Nationalsozialismus begründet und welche Rolle das Gewissen dabei für sie spielt.

3. Ermittelt Gründe, warum Sophie Scholl das ihr vorgeworfene Verbrechen nicht leugnet, sondern klar bejaht.

Gewissen und Vernunft

Das Dilemma mit unserem Gewissen

> Ein ↑**Dilemma** (auch Zwickmühle genannt) bezeichnet eine Situation, in der man gezwungen ist, sich zwischen zwei gleichermaßen (meist) unangenehmen Dingen zu entscheiden. Es scheint wegen seiner Ausweglosigkeit besonders schwer zu lösen.

1 *Lies die folgenden Dilemma-Situationen genau durch. Wäge verschiedene Aspekte für die eine oder andere Entscheidung gegeneinander ab und fälle dann deine Entscheidung.*

2 *Diskutiert in der Klasse eure Entscheidungen und Beweggründe. Beschreibt eure Gefühle angesichts des Drucks, eine Entscheidung finden zu müssen.*

Fall 1: Stelle dir vor, du liegst im Urlaub am Strand. Dort kommen oft Händler mit einem Bauchladen an dir vorbei und bieten dir Waren an. Du erkennst bei einem Händler scheinbar wertvolle Lederwaren einer weltweit bekannten und sehr exklusiven Marke.
A: „So günstig bekomme ich den Markenartikel in Deutschland niemals. Hier kann ich mir dieses Teil sogar von meinem angesparten Taschengeld leisten."
B: „Bei dem Preis ist die Ware sicherlich gefälscht. Markenpiraterie ist strafbar und schadet vielen Menschen, die ihr Geld mit ehrlicher Arbeit verdienen. Ich kaufe davon sicher nichts."
C: „Ist die Markenware echt? Zumindest sehr gut nachgemacht sieht sie aus. Da kaufe ich vielleicht doch das ein oder andere Stück. Niemand wird den Schwindel bemerken."
Bernhard Weber: Jetzt mal ehrlich, Was würdest du tun? (verändert)

Fall 2: Stelle dir vor, einer deiner Verwandten ist schwer krank und bittet dich um Hilfe. Nur deine Knochenmarkspende könnte ihn retten. Der operative Eingriff wäre Routine und die medizinischen Risiken hielten sich in Grenzen. Du kannst jedoch diesen Verwandten nicht ausstehen. Eigentlich hat deine ganze Familie schon seit Langem nichts mehr mit ihm zu tun.
A: „Auf keinen Fall werde ich für ihn das Risiko einer Operation eingehen. Es wird doch sicher irgendwo einen anderen passenden Spender geben."
B: „Zuerst soll der sich mehr um mich bemühen. Erst dann werde ich überlegen, ob für mich eine Spende in Frage kommt."
C: „Abneigung oder alte Familienstreitigkeiten hin oder her, letztlich ist er ein Teil der Familie. Ich werde ihm helfen."

Fall 3: Stelle dir vor, dass in der Nachbarschaft deines Wohnhauses der Bau einer Moschee geplant ist. Eine Bürgerinitiative bittet dich um eine Unterschrift, mit dem Ziel, den Bau zu verhindern.
A: „Ich gebe Bürgerinitiativen grundsätzlich nicht meine Unterschrift."
B: „Das unterstütze ich sofort. Nicht noch weitere Lärmbelästigung durch die Gebetsrufer in der Nähe! Mich nerven schon die Kirchenglocken."
C: „Ich unterschreibe nicht. Wenn hier Kirchen gebaut werden, sollten auch Moscheen oder andere religiöse Bauten erlaubt sein."

3 *Erfindet gemeinsam eigene Dilemma-Situationen und stellt sie euch gegenseitig vor. Diskutiert über die Ergebnisse.*

„Lifeboat Earth" – das Dilemma auf unserer Erde

Die britische Philosophin Onora O'Neill beschäftigte sich mit der Frage nach einer gerechten Verteilung aller Güter der Welt, um Armut sowie Tod durch Verhungern zu bekämpfen. Dafür schuf sie die fiktive Rettungsbootmetapher „Lifeboat Earth". Darin spielen sogenannte Kausalketten eine Rolle. Das bedeutet, dass eine Ursache mehrere Wirkungen nach sich zieht. So ist ein Mensch, der einen anderen dazu anstiftet (Ursache), einen Mord (Wirkung) zu begehen, wodurch ein weiterer Mensch stirbt (Wirkung) und der Mörder dafür ins Gefängnis muss (Wirkung), als Anstifter ebenfalls schuldig. Falls es keinen Anstifter gab, ist der Mörder alleine schuld, weil nur er die Folgewirkungen verursacht hat.

„Lifeboat Earth"

Weit draußen im Meer geschieht ein Schiffunglück. Sechs Passagiere können sich in ein Rettungsboot flüchten und treiben nun auf dem
5 Meer. Die Sonne brennt auf das Boot. Die Passagiere wissen nicht, ob und wann sie gefunden werden: Voraussichtlich wird das Trinkwasser zwei Tage lang ausreichen, um vier der sechs Passagiere überleben zu lassen. Sie alle wissen,
10 dass es unwahrscheinlich ist, dass sie alle sechs überleben werden. Hinzu kommt, dass ein Passagier krank ist und mehr Wasser benötigt, um zu überleben. Wie sollte das Wasser am fairsten eingeteilt werden?

Szenario nach Onora O'Neill; aus Regine Rompa: 30x90 Minuten Philosophie/Ethik (verändert)

1 *Diskutiert in der Klasse, wie die Schiffbrüchigen die Situation am fairsten lösen könnten. Dabei helfen euch folgende Fragestellungen bzw. Gedanken.*

A) Fair ist nur, wenn jeder so viel Wasser bekommt, wie er braucht. Das Wasser sollte keinem vorenthalten werden. Selbst wenn das bedeutet, dass sie alle sechs sterben.

B) Wenn bei gleicher Verteilung wahrscheinlich ist, dass keiner überlebt, wäre es fairer, wenn man das Wasser ungleich verteilen und damit einige der Passagiere rettet.
Nur: Kann man fair entscheiden, wer Wasser bekommt und wer nicht?

C) Es ist Mord, einem der Passagiere kein Wasser zu geben.

D) Es wäre auf jeden Fall Mord, wenn es genug Wasser für alle gibt und manche Passagiere trotzdem einigen kein Wasser gäben. Ist das auch Mord?

2 *Das Rettungsboot steht für unsere Erde. Es gibt eigentlich genug Nahrung für alle, dennoch verhungern weltweit Menschen. Begründe, ob wir rechtfertigen können, manchen Menschen kein Wasser bzw. keine Nahrung zu geben (Ursache), sodass diese verhungern (Wirkung).*

3 *Ermittelt gemeinsam, ob es beim Thema „Welthunger" Aspekte gibt, die auf eine Kausalkette hindeuten. Beschreibt mögliche moralische Konsequenzen für Industrieländer.*

Gewissen und Vernunft

Das kann und weiß ich jetzt …

Darüber weiß ich jetzt Bescheid:

Begriff „Gewissen"   moralische, religiöse, rechtliche Schuld

Immanuel Kant   Gewissensbildung   Sigmund Freud

Wiedergutmachung   Vergebung   Versöhnung   Art. 4 GG

Erklärung der Menschenrechte   Dilemma-Situationen

Projektidee: Briefmarathon für mehr Menschenrechte

Die Menschenrechtsorganisation „Amnesty International" veranstaltet jedes Jahr weltweit den sogenannten „Briefmarathon", an dem Privatpersonen oder auch Schulen teilnehmen können. Sie will damit gegen vielfältige Menschenrechtsverletzungen in den verschiedensten Ländern der Welt vorgehen. Um den „Tag der Menschenrechte" am 10. Dezember herum stellt die Organisation verschiedene Einzelfälle von Diskriminierung oder politischer Inhaftierung vor. Jeder Einzelne kann anschließend mithelfen, dagegen vorzugehen. Dies geschieht durch persönliche oder vorgefertigte Briefe, die anschließend gesammelt und an die jeweils betroffenen Regierungen verschickt werden. Je größer die Zahl der Teilnehmerinnen und Teilnehmer ist, desto größer ist die Chance, dass die Briefe eine Änderung bewirken.

1 *Informiert euch gemeinsam über den Briefmarathon von Amnesty International auf der deutschen Webseite der Organisation.*

2 *Entscheidet gemeinsam, ob ihr an dem Marathon teilnehmen wollt und welche Personen noch teilnehmen könnten. Bindet weitere Klassen, die ganze Schule oder auch Familie und Freunde mit ein und geht zusammen gegen Menschenrechtsverletzungen vor.*

6 Angewandte Ethik: Medienethik / Medizinethik

Angewandte Ethik: Medienethik

Medienethik

Funktionen der Medien

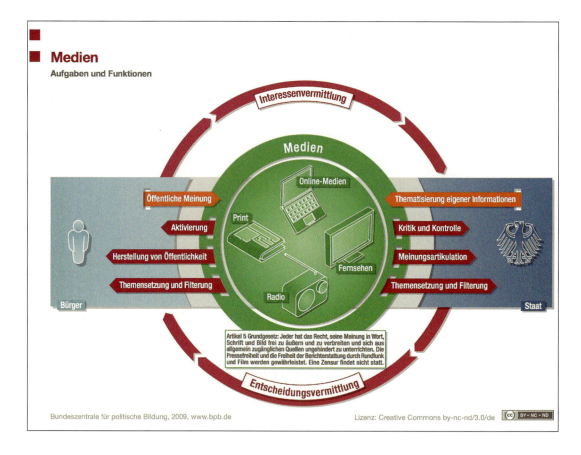

1. Erkläre das Schaubild. Fasse die Aussage des Artikel 5 Grundgesetz zusammen.

2. Sammelt auf dem Whiteboard: „Das sind alles Medien", z. B. Magazine, Smartphones …

3. Das abgebildete Schaubild verdeutlicht Aufgaben und Funktionen der Medien. Nenne die Funktionen der Medien. Überlege dir für jede Aufgabe der Medien eigene Beispiele.

4. Werden die Medien ihren Aufgaben und Funktionen gerecht? Diskutiert diese Frage in der Klasse.

5. Verfasse einen zusammenhängenden Text, der die Aufgaben und Funktionen der Medien zusammenfasst und mit deinen eigenen Beispielen verdeutlicht.

Angewandte Ethik: Medienethik

6 Einmal im Jahr werden Jugendliche im Alter zwischen 12 und 19 Jahren nach ihrer Mediennutzung befragt. Du siehst im folgenden Schaubild das Ergebnis für das Jahr 2020 abgebildet. Fasse die Ergebnisse der Befragung zusammen. Gehe dabei auf die Unterscheidung zwischen neuen und „alten" Medien ein.

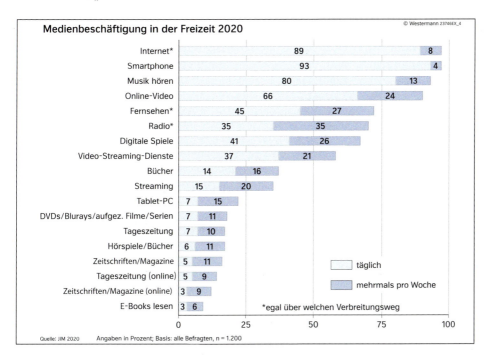

7 Nenne und erläutere Unterschiede zur gleichen Studie aus dem Jahr 2009.

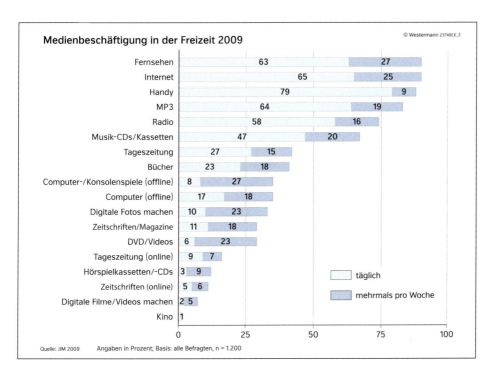

Angewandte Ethik: Medienethik

Bedingungsfaktoren der Medien

Der Warenwert von Information

Massenmediale Erzeugnisse sind – sofern sie nicht öffentlich-rechtlich organisiert sind – zumeist privatwirtschaftliche und profitorientierte Organisationen. Eine Nachricht, die niemand liest, hört oder sieht, macht keinen Sinn. Eine Zeitung, die niemand kauft, lässt sich nicht finanzieren. Nachrichten, die niemand wahrnimmt, sind für Unternehmen, die über Inserate auf ihre Produkte aufmerksam machen wollen, um KundInnen zu gewinnen, uninteressant. Deshalb ist die Reichweite eines Mediums gemessen an LeserInnenzahlen, Verkaufszahlen bzw. Einschaltquoten von wirtschaftlicher Relevanz für Medienunternehmen. Über die Einschaltquote ist der Journalismus der Medien an wirtschaftliche Kalküle gekoppelt. Finanzierungskanäle von Medien haben zumindest indirekten Einfluss auf Art und Inhalt der Berichterstattung. Als die ersten Zeitungen aufkamen, waren sie ein Luxusgut. Erst durch Werbeanzeigen wurden sie zum für die breiten Bevölkerungsmassen erschwinglichen Produkt.

Medien, die für ihre Finanzierung auf AnzeigenkundInnen angewiesen sind, können es sich aber auf Dauer kaum leisten, in ihrer Berichterstattung nachhaltig Interessen von Unternehmen und Verbänden, die bei ihnen regelmäßig Anzeigen schalten, zu beschädigen. Selbst die Finanzierung durch Verkaufserlöse macht ein Medium nicht „unabhängig", denn in diesem Fall besteht ein wirtschaftlicher Anreiz, Perspektiven zu vertreten, die den Interessen und Weltanschauungen ihrer LeserInnenschaft entgegenkommen.

Der Druck zur Profitmaximierung ist in den letzten Jahren deutlich gestiegen. Durch diesen Umstand kam es in der Medienlandschaft einerseits zu Zusammenschlüssen bzw. Medienkonzentration und andererseits zur Kommerzialisierung der Information.

Durch Ersteres kommt die Meinungsvielfalt unter Druck. Letzteres führt dazu, dass Information zunehmend als Ware verstanden wird, die an möglichst viele KonsumentInnen „verkauft" werden muss. Redaktionen müssen ihre Kosten immer weiter senken. Unter diesen Umständen ist es verführerisch, sekundäre Medienrecherche zu betreiben und kostenintensive Vorortrecherche zurückzufahren. Auch andere Kriterien des Qualitätsjournalismus, wie das Heranziehen mehrerer Quellen, Reflexion der eigenen Standpunkte und die Offenlegung von Kriterien von Themen und Bildauswahl, finden seltener Berücksichtigung.

Georg Lauss

---

1 *Erläutere, wie sich die Medienwelt finanziert.*

2 *Erkläre, wieso diese finanzielle Abhängigkeit schnell zum Vorwurf der Bestechlichkeit führt.*

3 *Wie im folgenden Text beschrieben, bereitet die globale Entwicklung den Medienexperten große Sorgen. Beurteile, inwiefern dies zutrifft. Belege deine Aussage mit passenden Beispielen.*

↑Globalisierung berührt auch in besonderem Maße die Medien. Sie hat erhebliche Auswirkungen auf den Markt der Nachrichten. […] Weltweit befindet sich die Medienlandschaft in einem schnellen Wandel. […] Transnationale Fusionen zielen darauf, dass die Mediengiganten über die gesamte Wertschöpfungskette verfügen, von der Produktion der Bilder über die Informationen bis hin zum weltweiten Vertrieb. […] Unternehmenskonzentration im Bereich der Medien schafft auch Möglichkeiten zum Missbrauch von Medienmacht durch einen marktbeherrschenden Konzern, hat aber auch Auswirkungen auf Politik und Wirtschaft.

Angewandte Ethik: Medienethik

Rechtliche Rahmenbedingungen

Pressefreiheit

Art. 5 Grundgesetz (GG)
(1) Jeder hat das Recht, seine Meinung in Wort, Schrift und Bild frei zu äußern und zu verbreiten und sich aus allgemein zugänglichen Quellen ungehindert zu unterrichten. Die Pressefreiheit und die Freiheit der Berichterstattung durch Rundfunk und Film werden gewährleistet. Eine Zensur findet nicht statt.
(2) Diese Rechte finden ihre Schranken in den Vorschriften der allgemeinen Gesetze, den gesetzlichen Bestimmungen zum Schutze der Jugend und in dem Recht der persönlichen Ehre.
(3) Kunst und Wissenschaft, Forschung und Lehre sind frei. Die Freiheit der Lehre entbindet nicht von der Treue zur Verfassung.

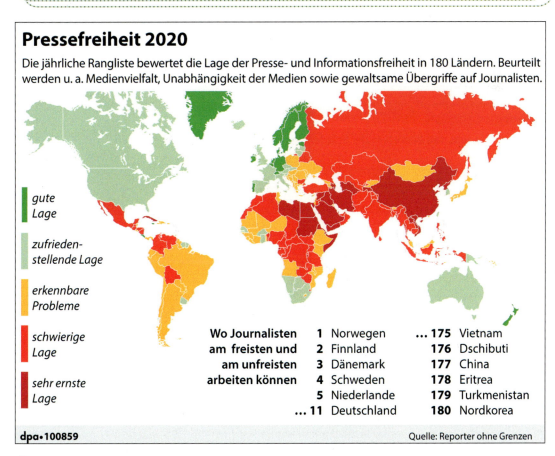

1 Lies Art. 5 GG durch. Vergleiche die Lage in Deutschland mit der anderer Staaten weltweit.

2 Deutschland steht im Ranking der Pressefreiheit nur auf Platz 11. Informiere dich über die Gründe.

3 Ermittle Gründe dafür, dass in der Rangliste der Pressefreiheit 2020 die skandinavischen Staaten an der Spitze stehen.

Angewandte Ethik: Medienethik

Die allgemeinen Persönlichkeitsrechte

Für die Schülerzeitung hat die Redaktion den Schuldirektor zum Thema „Abschlussprüfungen" interviewt. Am Ende des Gesprächs erwähnt der Rektor, dass er seinen Abschluss mit „befriedigend" bestanden hätte. Die Schüler finden es besser, in ihrem Bericht zu schreiben, dass der Direktor mit „sehr gut" bestanden hätte, um die Schülerinnen und Schüler für ihre Prüfungen zu motivieren.

1 *Erörtere, ob die Verfasserinnen und Verfasser der Schülerzeitung das Recht haben, dies über den Rektor ihrer Schule zu schreiben.*

2 *Vergleiche die beiden unten stehenden Artikel des Grundgesetzes miteinander. Gehe dann auf die allgemeinen Persönlichkeitsrechte ein.*

3 *Begründe, was den Reportern der Schülerzeitung demnach vorzuwerfen ist.*

Art. 1 Grundgesetz (GG)
(1) Die Würde des Menschen ist unantastbar. Sie zu achten und zu schützen ist Verpflichtung aller staatlichen Gewalt.
[...]

Art. 2 Grundgesetz (GG)
(1) Jeder hat das Recht auf die freie Entfaltung seiner Persönlichkeit, soweit er nicht die Rechte anderer verletzt und nicht gegen die verfassungsmäßige Ordnung oder das Sittengesetz verstößt. [...]

Angelehnt an diese beiden im Grundgesetz verankerten ↑Grundrechte hat sich in Deutschland das sogenannte **allgemeine Persönlichkeitsrecht** herausgebildet. Dieses allgemeine Persönlichkeitsrecht ist selbst nicht direkt im Grundgesetz verankert, sondern ist Bestandteil des Zivilrechts. Das zivilrechtliche allgemeine Persönlichkeitsrecht wurde erst im Jahre 1954 anerkannt. Seine Aufgabe besteht darin, den persönlichen Freiheitsbereich jedes einzelnen Menschen zu schützen – vor staatlichen und vor privaten Eingriffen.

Demnach soll jeder Mensch selbst entscheiden können, was er von sich in der Öffentlichkeit preisgibt und wie er sich anderen gegenüber darstellen will. Das allgemeine Persönlichkeitsrecht hat verschiedene Untergruppen, z. B. den Schutz der Privat-, Geheim- und Intimsphäre, das Recht am gesprochenen Wort, das Recht am geschriebenen Wort, das Recht am eigenen Bild, das Recht an informationellen Daten und das Recht an der persönlichen Ehre.

Angewandte Ethik: Medienethik

Satire ist frei, aber kein Freibrief

Im Zweifel für die Kunst-, Presse- und Meinungsfreiheit – aber auch sie gelten nicht schrankenlos. Doch in welchen Fällen geht ↑Satire zu weit und wie sollte damit umgegangen werden? Eine Einordnung. *Von Reinhard Müller*

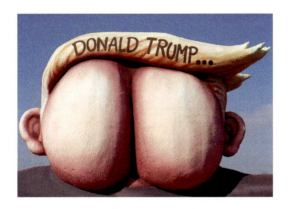

Satire darf alles – solange man nicht selbst betroffen ist. Auf diesen Nenner lässt sich die Haltung vieler insbesondere nach den mörderischen Attacken auf die Mohammed-Karikaturen und den Anschlägen auf die Redaktion der Satire-Zeitschrift „Charlie Hebdo" bringen. Da entdeckte mancher eine Freiheit der Kunst, für die sie sich zuvor kaum stark gemacht hatte. Es ging nämlich um eine andere Religion. Dabei darf auch Satire im Rechtsstaat nicht alles. Doch muss man gegen Überschreitungen friedlich und gegebenenfalls auf rechtlichem Wege vorgehen. Und nicht zur Waffe greifen – darin liegt das Verabscheuungswürdige des Pariser Anschlags.

Ansonsten gilt: Im Zweifel für die Freiheit – das ist der Gedanke des Grundgesetzes. Die Kunst ist frei. Gesetzliche Einschränkungen sind in der Verfassung nicht vorgesehen. Doch heißt das nicht, dass diese Freiheit grenzenlos ist; sie kann aber nur durch andere Werte von Verfassungsrang beschränkt werden, wie etwa durch das Persönlichkeitsrecht. Und dann muss abgewogen werden. Der Straftatbestand der Beleidigung aber auch der „Beschimpfung von Bekenntnissen, Religionsgesellschaften und Weltanschauungsvereinigungen" müssen im Lichte des Grundgesetzes ausgelegt werden. Gerade über den Sinn der Blasphemie-Vorschrift ist immer wieder gestritten worden. So war die Große Koalition in den sechziger Jahren der Ansicht, eine solche Strafnorm sei einem säkularen Staat nicht mehr angemessen. Der Staat könne religiöse Gefühle nicht wirksam schützen. Die Grenze zur Strafbarkeit sei erst überschritten, wenn die Beschimpfungen einer Religion geeignet seien, den öffentlichen Frieden zu stören. Deshalb wurde die alte Vorschrift 1969 um dieses Merkmal ergänzt. [...]

1. *Informiere dich über die Textsorte Satire. Was darf die Satire demnach? Wo siehst du die Konfliktbereiche?*

2. *Vergleicht im Internet verschiedene Satire-Zeitschriften.*

3. *Betrachte das Bild oben und interpretiere es auch im Hinblick auf die Persönlichkeitsrechte.*

4. *Im Text wird über die Freiheit der Kunst geschrieben. Welche Grenzen sind der Kunst auferlegt? Suche nach Beispielen im Text.*

5. *Die „Causa Böhmermann" hat im Zusammenhang mit Satire und Ehrverletzung einiges in der Medienlandschaft ins Rollen gebracht. Recherchiere die Hintergründe dazu.*

Angewandte Ethik: Medienethik

Journalismus und Ethik – geht das?

1 *Lies die Präambel des Pressekodexes des deutschen Presserats durch. Kläre schwieriges, fachspezifisches Vokabular. Fasse den Inhalt in eigenen Worten zusammen.*

> Die im Grundgesetz der Bundesrepublik verbürgte Pressefreiheit schließt die Unabhängigkeit und Freiheit der Information, der Meinungsäußerung und der Kritik ein. Verleger, Herausgeber und Journalisten müssen sich bei ihrer Arbeit der Verantwortung gegenüber der Öffentlichkeit und ihrer Verpflichtung für das Ansehen der Presse bewusst sein. Sie nehmen ihre publizistische Aufgabe fair, nach bestem Wissen und Gewissen, unbeeinflusst von persönlichen Interessen und sachfremden Beweggründen wahr.
> Die publizistischen Grundsätze konkretisieren die Berufsethik der Presse. Sie umfasst die Pflicht, im Rahmen der Verfassung und der verfassungskonformen Gesetze das Ansehen der Presse zu wahren und für die Freiheit der Presse einzustehen.
> Die Regelungen zum Redaktionsdatenschutz gelten für die Presse, soweit sie personenbezogene Daten zu journalistisch-redaktionellen Zwecken erhebt, verarbeitet oder nutzt. Von der Recherche über Redaktion, Veröffentlichung, Dokumentation bis hin zur Archivierung dieser Daten achtet die Presse das Privatleben, die Intimsphäre und das Recht auf informationelle Selbstbestimmung des Menschen.
> Die Berufsethik räumt jedem das Recht ein, sich über die Presse zu beschweren. Beschwerden sind begründet, wenn die Berufsethik verletzt wird. [...]

2 *Nenne dir bekannte Presseregeln. Arbeite Regeln heraus, die sich für die Presse aus dieser Präambel ergeben können.*

3 *Teilt euch nun in sechs Gruppen ein. Geht die einzelnen Ziffern des Pressekodexes durch. Erstellt einen Kriterienkatalog für die Veröffentlichung von Informationen, Beiträgen und Artikeln. Gestaltet auf der Grundlage des Pressekodexes Plakate oder Collagen. Denkt daran, die einzelnen Ziffern in eigenen Worten zusammenzufassen.*

Gruppe 1
Ziffer 1: Wahrhaftigkeit und Achtung der Menschenwürde
Ziffer 3: Richtigstellung
Ziffer 4: Grenzen der Recherche

Gruppe 2
Ziffer 2: Sorgfalt

Gruppe 5
Ziffer 9: Schutz der Ehre
Ziffer 10: Religion, Weltanschauung, ↑Jugendschutz
Ziffer 12: Diskriminierung
Ziffer 14: Medizin-Berichterstattung

Gruppe 3
Ziffer 5: Berufsgeheimnis
Ziffer 6: Trennung von Tätigkeiten
Ziffer 7: Trennung von Werbung und Redaktion

Gruppe 4
Ziffer 8: Schutz der Persönlichkeit

Gruppe 6
Ziffer 13: Unschuldsvermutung
Ziffer 15: Vergünstigungen
Ziffer 16: Rügenveröffentlichung

Presserat rügt blutige Berichterstattung

[Eine große deutsche Boulevardzeitung] druckte 2014 ein Foto, auf dem ein Mann stirbt. Blutüberströmt sitzt er auf dem Boden, ein Messer steckt in seinem Bauch, hinter ihm steht noch der mutmaßliche Täter.
Das Foto erschien in [einer Regionalausgabe, in der Internetausgabe] und riesengroß auf Seite 3 der Bundesausgabe.
Auf den weiteren Fotos ist zu sehen, wie sich Passanten um das Opfer kümmern und der mutmaßliche Täter, dessen Gesicht klar zu erkennen ist, festgenommen wird. […]

Nun hat sich der Presserat mit dem Fall beschäftigt und gegen [die Zeitung] eine öffentliche Rüge ausgesprochen. Die Berichterstattung verstoße sowohl gegen Ziffer 8 (Schutz der Persönlichkeit) als auch Ziffer 11 (Sensationsberichterstattung) des Pressekodex. In der Pressemitteilung heißt es:

Der Vorgang des Sterbens wird in einem protokollarischen Detailreichtum geschildert, der nicht in öffentlichem Interesse liegt und somit unangemessen sensationell ist. […]

Mats Schönauer (verändert)

1 Nenne die Ziffern des Pressekodexes, gegen die dieser Zeitungsbericht verstößt.

> **Die „Maßnahmen" des Presserates:**
> Hat eine Zeitung, eine Zeitschrift oder ein dazugehöriger Internetauftritt gegen den Pressekodex verstoßen, kann der Presserat aussprechen:
> - einen Hinweis
> - eine Missbilligung
> - eine Rüge.
>
> Eine „Missbilligung" ist schlimmer als ein „Hinweis", aber genauso folgenlos. Die schärfste Sanktion ist die „Rüge". Gerügte Presseorgane werden in der Regel vom Presserat öffentlich gemacht. Rügen müssen in der Regel von den jeweilgen Medien veröffentlicht werden. Tun sie es nicht, dann tun sie eben es nicht.

2 Beschreibe deine Haltung zu dieser Art von Sensationspresse in verschiedenen Medien.

3 Sammle eigene Beispiele, in denen gegen den Pressekodex verstoßen wird.

4 Vergleiche den Pressekodex in Deutschland mit dem in England.
Begründe, weshalb die englische Presse anders mit prominenten Personen umgeht.

5 Fertige eine Collage zum Thema „Verletzung des Pressekodex und seinen Folgen" an.

6 Beurteile die Sanktionsmöglichkeiten des Presserates. Findest du sie ausreichend?
Beachte dabei besonders den Artikel 5 GG.

Im Dienst der seelischen Gesundheit der Jugendlichen – Bundesprüfstelle für jugendgefährdende Medien

Medien sind jugendgefährdend, wenn sie geeignet sind, die Entwicklung von Kindern und Jugendlichen oder ihre Erziehung zu einer eigenverantwortlichen und gemeinschaftsfähigen Persönlichkeit zu gefährden.

Die Indizierung hat nicht das generelle Verbot eines Mediums zur Folge. Sie verhindert, dass Kinder und Jugendliche mit jugendgefährdenden Medien konfrontiert werden. Zugleich geben Indizierungen Eltern und anderen Erziehenden wichtige Anhaltspunkte für die Medienerziehung von Kindern und Jugendlichen.

Für Radio- und Fernsehinhalte sowie für Filme, Videos/DVDs und Computerspiele, die mit einer Alterskennzeichnung versehen und so schon auf eine mögliche Jugendgefährdung überprüft worden sind, ist die BPjM nicht zuständig.

Gesellschaft findet jedoch in einer zunehmend digitalen und vernetzten Welt statt. Insbesondere die Lebensrealitäten von Kindern und Jugendlichen sind durch die aktuellen Medienentwicklungen einem starken Wandel unterworfen. Spätestens der Einzug des Web 2.0 führte zu einem Paradigmenwechsel und nicht zuletzt zu einer neuen Qualität von Risiken.

Phänomene wie Cybermobbing, Grooming und Hate-Speech, aber auch Big Data, digitale Informationskanäle und Social Media sowie die zukünftige Entwicklung virtueller Realitäten sind der Maßstab für die aktuellen, insbesondere aber auch zukünftigen Anforderungen an einen wirkungsvollen Jugendmedienschutz.

Die besonderen Anforderungen liegen dabei im Spannungsfeld zwischen Schutz von Kindern und Jugendlichen durch Abschirmen vor diesen Risiken und der Ermöglichung von Teilhabe durch Befähigung.

Jugendmedienschutz in einer zunehmend digitalisierten Gesellschaft kann Kindern und Jugendlichen keine abschließende Sicherheit geben. Jugendmedienschutz kann jedoch gleichwohl verantwortungsvoll und damit zukunftsfähig gestaltet werden, indem eine zielgruppenorientierte Gesamtstrategie zugrunde gelegt wird, die entsprechend der Vielschichtigkeit der Risiken und Gefährdungslagen ein ebenso vielschichtiges intelligentes Risikomanagement garantiert. Dies erfordert die Bündelung bewährter, wie auch neu zu entwickelnder Lösungsansätze, die notwendigerweise regulatorische, technische und pädagogische Instrumente vorsehen. Dies wiederum kann nur unter Berücksichtigung der jeweiligen Zuständigkeit durch eine konzertierte Aktion aller relevanten Akteure gewährleistet werden.

[Die Bundesprüfstelle] hat deshalb die Aufgabe, auf der Grundlage des gesetzlichen Auftrages der BPjM die aktuellen und künftigen Herausforderungen an einen zukunftsfähigen Jugendmedienschutz zu gestalten. Hierfür fördert die Bundesprüfstelle eine gemeinsame Verantwortungsübernahme von Staat, Wirtschaft und Zivilgesellschaft. Zu diesem Zweck werden Vernetzungsstrukturen aufgebaut, die die gemeinsame Verantwortungsübernahme operativ ermöglichen. Ziel ist die Etablierung einer Gesamtstrategie für ein intelligentes Risikomanagements, mit folgenden Bausteinen

- Information und Beratung zu jugendgefährdenden Inhalten und Phänomenen,
- Orientierungshilfe für Kinder und Jugendliche, Erziehende und medienpädagogisch Tätige,
- Weiterentwicklung des technischen Jugendmedienschutzes sowie
- Anbietervorsorge.

---

1 *Skizziere die Aufgaben der Bundesprüfstelle für jugendgefährdende Medien.*

2 *Erörtere die Existenzberechtigung und den Sinn dieser Prüfstelle.*

Angewandte Ethik: Medienethik

Instrumente des Jugendmedienschutzes

Das wichtigste Instrument des Jugendmedienschutzes sind die Altersfreigaben, mit denen viele Medieninhalte nach eingehender Prüfung gekennzeichnet werden. In Deutschland gibt es folgende Einstufungen: ab 0 Jahren (bzw. „ohne Altersbeschränkung"), ab 6 Jahren, ab 12 Jahren, ab 16 Jahren und ab 18 Jahren (bzw. „keine Jugendfreigabe").

Altersfreigaben sind nicht als (pädagogische) Empfehlungen zu verstehen, sondern dienen Erziehenden (und ihren Kindern) zur Orientierung, ob die Nutzung der gekennzeichneten Medieninhalte ab einem bestimmten Alter unbedenklich bzw. ungefährlich ist. Die größte Bedeutung haben Altersfreigaben in den Bereichen Film, Fernsehen und Computerspiele. Mittlerweile sind auch einige Internetseiten mit einer technischen Altersfreigabe gekennzeichnet, die von ↑Jugendschutzprogrammen ausgelesen und weiterverarbeitet werden können. Altersfreigaben spielen etwa beim Kino (durch die Einlasskontrolle) oder beim Kauf von Trägermedien (durch die Alterskontrolle beim Verkauf) eine wesentliche Rolle.

Im Bereich des Fernsehens hat sich seit Jahren eine an den Altersfreigaben der Sendungen orientierte **Sendezeitbeschränkung** etabliert. Sendungen ohne Altersbeschränkungen oder mit einer Freigabe »ab 6 Jahren« dürfen zu jeder Tages- und Nachtzeit gezeigt werden. Sendungen mit einer Freigabe »ab 12 Jahren« dürfen von 20 bis 6 Uhr und auch im Tagesprogramm ausgestrahlt werden, wenn das Wohl jüngerer Kinder dem nicht entgegensteht. Sendungen mit einer Freigabe »ab 16 Jahren« dürfen von 22 bis 6 Uhr und mit einer Freigabe »ab 18 Jahren« von 23 bis 6 Uhr gezeigt werden.

Im Onlinebereich werden verschiedene Instrumente eingesetzt:
- **Sendezeitbeschränkungen**, die wie im Fernsehen an die Altersgruppen geknüpft sind. Auch das Internet bietet die technische Möglichkeit, das Ausspielen von Inhalten an die momentane Tageszeit zu knüpfen
- **Technische Mittel, die eine Hürde für die Nutzer_innen schaffen.** Ein Beispiel ist hier die qualifizierte Abfrage der Personalausweisnummer [...]. Die Hürde muss tatsächlich den Zugang zu den Inhalten für Kinder und Jugendliche erschweren. Eine einfache Altersabfrage genügt nicht, da Kinder und Jugendliche durch falsche Angaben ohne weiteres Zugang zu den Inhalten erhalten können.
- **Jugendschutzprogramme, mit denen Kindern und Jugendlichen ein altersdifferenzierter Zugang zu Medieninhalten ermöglicht werden soll.** Jugendschutzprogramme lesen unsichtbare, technische Altersinformationen bzw. Kennzeichen, die Anbieter bei den Onlineangeboten hinterlegen können. Diese werden dann, je nach Konfiguration, angezeigt oder nicht. Zudem können Jugendschutzprogramme auch nicht auf diese Weise gekennzeichnete Inhalte zu einem gewissen Grad korrekt einer Altersstufe zuordnen. Dazu arbeiten sie mit Listen verbotener und unbedenklicher Inhalte und gleichen diese mit dem gerade abgerufenen Inhalt ab.

Eine drastische, übergreifend zum Einsatz kommende Maßnahme des Jugendmedienschutzes ist die **Indizierung** von Print-, Träger- und Telemedien durch die Bundesprüfstelle für jugendgefährdende Medien (BPjM). Medieninhalten, die geeignet sind, die Entwicklung von Kindern und Jugendlichen oder deren Erziehung zu einer eigenverantwortlichen und gemeinschaftsfähigen Persönlichkeit zu gefährden, werden Vertriebs- und Werbebeschränkungen auferlegt, damit sie Kindern und Jugendlichen nicht zugänglich sind. Die wichtigsten Gründe für Indizierungen durch die BPjM sind Unsittlichkeit, Gewaltdarstellungen, Anreizen zum Rassenhass, Verherrlichung der NS-Ideologie, Dis-

Angewandte Ethik: Medienethik

Fernsehen	Kino	Computerspiele	Printmedien und Tonträger	Internet	
Sendezeit-beschränkung		Verkaufs- bzw. Abgabebeschränkung		Sendezeitbeschränkung	**KONTROLLE**
				Altersverifikationssystem	
				Alterslabel (age.xml)	
	Altersfreigaben			Jugendschutzprogramme	
Indizierung					

FSF	FSK	USK	Dt. Presserat / Dt. Werberat	FSM	
Freiwillige Selbstkontrollen					**INSTRUMENTE**
⇕					
KJM und einzelne Medienanstalten			BPjM		
Für den Jugendmedienschutz zuständige Behörden					

kriminierung von Menschen, Verherrlichung/Verharmlosung von Drogenkonsum, Verherrlichung/Verharmlosung von Alkoholmissbrauch, Propagierung/Anleitung zu schwerer körperlicher Selbstschädigung (Verherrlichung von Anorexie, Anleitung zum Selbstmord). Damit spiegeln die Indizierungsgründe u. a. auch die strafrechtlichen Verbote.

Repressive Maßnahmen des ↑Jugendschutzes sind ordnungs- und strafrechtliche Sanktionierungen von Zuwiderhandlungen. Das heißt, dass die zuständigen Behörden, also die Obersten Landesjugendbehörden, die Landesmedienanstalten, Jugendämter, Ordnungsämter und Polizei die Anbieter bestrafen können, die gegen geltendes Jugendschutzrecht verstoßen. Dabei können auch Medien beschlagnahmt und aus dem Verkehr gezogen oder im Internet abrufbare Inhalte gesperrt werden. Gerade im Onlinebereich ist eine flächendeckende Durchsetzung der geltenden Bestimmungen jedoch aufgrund der schieren Masse nicht gewährleistet.

1 *Beschreibe die Instrumente des Jugendmedienschutzes.*

2 *Erörtere, weshalb die Altersangaben nur der Orientierung dienen.*

3 *Erkläre, was mit „Indizierung" gemeint ist und warum es sie gibt.*

4 *Berichte von deinen Erfahrungen mit dem Jugendmedienschutz. Hast du schon die Grenzen der Nutzungsmöglichkeiten aufgrund deines Alters erfahren?*

5 *Das System des deutschen Jugendmedienschutzes ist sehr komplex. Das oben abgebildete Schaubild gibt dir einen groben Überblick. Erkläre die Zusammenhänge der einzelnen verantwortlichen Behörden und ihre Aufgaben.*

6 *Beurteile die Wirksamkeit der verschiedenen Maßnahmen des Medienjugendschutzes.*

7 *Entwickle einen Vorschlag, um die Jugend vor medialem Schaden zu schützen.*

Internetzensur

[…] In Deutschland soll sich jeder seine Meinung selbst bilden. […] Die **Meinungsfreiheit** gilt als eine der bedeutendsten Errungenschaften der Demokratie. Ein wichtiger Ausdruck der Meinungsfreiheit ist die **Pressefreiheit**, deren Grundlage freie und unabhängige Medien sind. Jeder kann den Medien Informationen entnehmen, um sich seine Meinung und seinen politischen Willen zu bilden. Zu den allgemeinen **Einschränkungen** der Meinungsfreiheit zählen u. a. Beleidigungen, die die Ehre verletzen, Verleumdungen, massive Kritik an eigenen oder ausländischen Staatsvertretern, Verstöße gegen die Sittlichkeit, gegen den Jugendschutz oder gegen die öffentliche Sicherheit.

[…] Viele bringen **Internetzensur** mit Ländern wie China, Kuba, Nordkorea oder Russland in Verbindung. Dass jedoch auch in westlichen Demokratien zensiert wird, ist weniger bekannt. In Großbritannien verpflichteten sich z. B. Netzbetreiber auf staatlichen Wunsch zur Sperrung mancher URLs oder ganzer Domains aufgrund vermuteter pornografischer Inhalte. Andere EU-Länder gehen […] z. B. gegen Onlineglücksspiel vor. In vielen Fällen blockieren diese Filter jedoch auch völlig harmlose Seiten. Ein weiteres Thema ist die zunehmende Selbstzensur sozialer Netzwerke […].

Wenn von Zensur im Internet gesprochen wird, sind bestimmte Verfahren von Staaten oder nichtstaatlicher Gruppen gemeint, deren Ziel es ist, **Veröffentlichungen bestimmter Inhalte über das Internet zu kontrollieren, zu unterbinden oder nach eigenen Vorstellungen zu steuern**. Betroffen sind vor allem Nachrichten, Meinungsäußerungen sowie Webseiten mit religiösem, erotischem oder politischem Inhalt. […]

Die ↑Nichtregierungsorganisation „Reporter ohne Grenzen" (ROG) wehrt sich gegen die Internetzensur. So hat ROG anlässlich des Welttags gegen die Internetzensur am 12. März 2016 zensierte Webseiten in China, Malaysia, Saudi-Arabien, der Türkei und Vietnam entsperrt. Mit der Aktion „Grenzenloses Internet" protestierte ROG gegen die weitreichende Internetzensur in vielen Staaten. […]

Die chinesische Firewall blockiert viele Webseiten. [Viele weltweit zugängliche soziale Medien] sind nicht erreichbar. Die chinesische Twitter-Version […] unterliegt staatlicher Zensur. Über bestimmte Themen darf im Internet nicht berichtet werden. So finden chinesische Nutzer z. B. nichts über die Selbstverbrennungen von Tibetern, die 1998 stattfand. 150 Tibeter verbrannten sich aus Protest gegen die chinesische Politik und die Unterdrückung. Auch über das Tiananmen-Massaker, die gewaltsame Niederschlagung eines Volksaufstandes am Platz des Himmlischen Friedens in Peking vom 4. Juni 1989, finden Nutzer nichts. […]

Mirja-Stefanie Schweigert (verändert)

1 *Erarbeite ein Schaubild, das die Rechte und die Grenzen des Art. 5 GG (siehe Seite 137) darstellt.*

2 *a) Recherchiere, wie einzelne Länder Internetzensur betreiben und nenne Gründe dafür.*
b) Beschreibe, inwiefern du als Schülerin oder Schüler in diesen Ländern selbst von Internetzensur betroffen wärst.

Angewandte Ethik: Medienethik

Neue Tendenzen

Die Medienentwicklung wird vom Verhältnis zwischen „neuen" (Internet, PC, Handy, Spielekonsolen) und „alten" (TV, Radio, Zeitung, Buch) Nachrichtenträgern geprägt sein. Die neuen Medien verdrängen die alten nicht, sondern es findet eine Parallelnutzung beider Formen statt. Die alteingesessenen Vorreiter wie Fernsehen, Radio und Zeitung verlieren so jedoch ihre Monopolstellung. Trotz der steigenden Internetnutzung in allen Lebensphasen ist das „TV-Zeitalter" aber nicht zu Ende, denn das Fernsehen bleibt nach wie vor auf Platz eins der beliebtesten Freizeitaktivitäten, während das Internet lediglich den fünften Platz belegt. […]

Werbung

Während sich Werbung in TV, Print, Kino und Radio dank einer Kennzeichnung oder einer vertrauten zeitlichen Platzierung meist klar von den genutzten Inhalten abhebt, ist Online-Werbung in einigen Fällen „raffinierter". Sie lässt sich in unterschiedlichen Formen darstellen und in verschiedene Zusammenhänge einbetten und wird so schwerer als Werbung erkannt. Darüber hinaus ermöglichen es digitale Werbeformen, Werbung genau an die Nutzergruppen eines Webangebotes anzupassen. Beispielsweise können auf Internetseiten und in Apps spielerische und interaktive Elemente gezielt in Werbung eingebunden werden, um Kinder noch besser zu erreichen.

Werbeeinblendungen können jedoch nicht nur auf einen bestimmten Adressatenkreis zugeschnitten, sondern sehr individuell geschaltet werden. Hat man sich zum Beispiel bei einer Suchmaschine über ein Produkt informiert, kann es passieren, dass es danach als Werbebanner auf diversen Webseiten angezeigt wird. Verantwortlich dafür können unter anderem kleine Datenschnipsel sein, sogenannte Cookies. Diese speichern während des Surfens Informationen über den Besuch einer Webseite oder eingegebene Suchbegriffe. Das kann dazu führen, dass man als Nutzer „wiedererkannt" wird, wenn man den Browser später erneut öffnet. Aber personalisierte Werbung kann auch über andere Kanäle erfolgen, wie beispielsweise über die Nutzung von [Accounts in sozialen Medien].

Die Personalisierung von Werbeanzeigen im Internet ist dabei so gewinnbringend, dass Werbung inzwischen weniger an die Zielgruppen einer App oder einer Webseite angepasst ist, sondern vielmehr an die speziellen Interessen und die aktuelle Situation einzelner Nutzer. […]

Formen von Werbung im Internet

Banner sind Werbeanzeigen, die als Grafiken an verschiedenen Stellen in Apps und Webseiten eingebunden sind. […].

Pop-ups erscheinen beim Öffnen einer App oder Webseite in einem gesonderten Fenster und können dabei die eigentlichen Inhalte überdecken.

Overlays überlagern die angesteuerten Inhalte in Teilen oder komplett. Sie schließen sich nach einer gewissen Zeit entweder automatisch oder müssen mit Klick auf X geschlossen werden.

Gesponserte Meldungen sind Werbeanzeigen, die unter anderem [in sozialen Medien] zwischen den allgemeinen Inhalten angezeigt werden und häufig mit dem Vermerk „gesponsert" versehen sind.

Suchmaschinenwerbung wird in Suchmaschinen nach Eingabe einer Suchanfrage oberhalb oder am Rand der Trefferliste platziert – versehen mit Hinweisen wie „Anzeige", oder ähnlich.

Unterbrecherwerbung macht, was ihr Name verspricht: Das Surfen auf einer Webseite oder die Nutzung einer App wird durch eine Werbeinblendung unterbrochen, die sich über das gesamte Bild legt.

Videowerbung wird unter anderem auf kommerziellen Spiele- oder Videoplattformen eingebunden. [...]

In-Game-Werbung umfasst verschiedene Werbeformen, bei denen Anzeigen in die Handlung oder Welt von digitalen Spielen integriert werden, beispielsweise in Form von Bandenwerbung in einem Sportspiel. **Ad-Games** werden sogar eigens zu Werbezwecken entwickelt; hier steht eine Marke oder ein Produkt im Mittelpunkt des Spiels.

Gewinnspiele und Verlosungen werden meist von Werbetreibenden initiiert und auf Webseiten platziert. [...]

Influencer-Marketing bezeichnet Werbung innerhalb von Sozialen Medien [...], die bei Kindern und Jugendlichen beliebt sind. [...]

1 Suche im Internet zu allen Werbeformen Beispiel-Webseiten. Erläutere Möglichkeiten, um dieser Art von Werbung zu umgehen.

2 Werbung ist sehr oft spezifisch auf den Nutzer zugeschnitten. Das Surfen auf Internetseiten hinterlässt Cookies auf dem PC oder Smartphone. Dadurch wissen Werbetreibende genau über die Vorlieben des Nutzers Bescheid und können genau auf die Person zugeschnittene Werbung einblenden. Recherchiert darüber.

3 Auch du erhältst genau auf dein Surfverhalten abgestimmte Werbung. Tausche dich mit einer Partnerin/einem Partner darüber aus.

Angewandte Ethik: Medienethik

Me, myself and I – soziale Netzwerke als Kommunikationsmittel

Social-Media-Angebote gehören längst zu alltäglichen Kommunikationswegen für Kinder und Jugendliche. Vor allem [eine Plattform zum Teilen von Fotos und Videos] erfreut sich immer größerer Beliebtheit. Laut der […] JIM-Studie 2018 (Langzeitstudie über Jugend, Information, Medien) ist diese nach [einem Messenger-Dienst] (87 %) mit 48 % die beliebteste App der Jugendlichen. Mädchen nutzen [die Plattform] stärker als Jungen (Mädchen: 60 %, Jungen: 37 %).
Die meisten Jugendlichen beteiligen sich nur passiv an [dieser Plattform] und folgen Leuten, die sie persönlich kennen (93 % häufig oder gelegentlich), wobei selten die Fotos und Videos der anderen kommentiert werden. Neben den eigenen Freund/innen folgen die Jugendlichen an zweiter Stelle Menschen, die etwas zu einem bestimmten Thema wie „Fitness", „Beauty" oder „Reisen" posten. An dritter Stelle stehen die Accounts der Stars und an vierter Stelle sogenannte Internet-Stars.

Bei solchen Social-Media-Angeboten geht es um Sehen- und Gesehen-Werden und um Anregungen durch andere. So leben diese bildbasierten Plattformen eher vom visuellen Angebot, die die User/innen jeden Tag in Form von Bildern und Videos von sich posten. Es geht also weniger um den Austausch mit Freunden und die Kommunikation, sondern um die Selbstdarstellung und Selbstinszenierung von sich und seinem Leben.

1 *Stichwort „Selbstdarstellung": Sammle Unterschiede zwischen deinem Online-Ich und deinem Offline-Ich. Vergleiche mit einer Partnerin/einem Partner.*

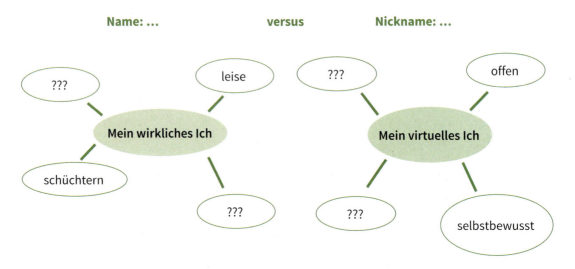

> „Soziale Netzwerke bedienen mit ihren Funktionen der Vernetzung, Selbstdarstellung und Kommunikation wichtige Bedürfnisse nach Anerkennung, Teilhabe, Unterhaltung und Orientierung."

Angewandte Ethik: Medienethik

2 *Schau dir folgende Posts genau an und schätze ein, ob diese Bilder spontan aufgenommen wurden. Begründe deine Antwort.*

3 *Entscheide, ob du du diese Bilder liken würdest. Begründe deine Entscheidung.*

 marisamari

Gefällt 339 Mal
marisamari Gerade aufgewacht! Ich heiße den Tag willkommen.
#goodmorning
#lavitaebella
Antworten   Antworten ansehen
1 Std.

 svenja.b.night

Gefällt 211 Mal
svenja.b.night Das Nachtleben ruft! Bereit für die Megaparty!
#feiernbiszummorgenrot
#partytime
Antworten   Antworten ansehen
2 Std.

Und so lief es in Wirklichkeit ab:
Marisa S.
Marisa benötigte 30 Minuten, um sich zurecht zu machen (Make-up, Haare …). Dann bat sie ihre Mitbewohnerin, Fotos zu machen. Insgesamt entstanden 43 Fotos, für die weitere 30 Minuten nötig waren. Zuletzt hat Marisa das gewählte Bild mit einem Filter verschönert und zugeschnitten.

Svenja B.
Svenja ist an diesem Tag nicht zu einer Party gegangen. Ihr Freund hatte sich gerade von ihr getrennt. Daher war sie überhaupt nicht in Partystimmung. Nach außen will sie jedoch keinen traurigen Eindruck erwecken. Vor allem will sie ihrem Ex zeigen, dass ihr Leben ohne ihn viel besser ist. So entstand dieses Bild. Danach ging sie ins Bett und streamte Filme.

4 *Diese beiden jungen Frauen investieren viel Zeit in die Inszenierung ihres Lebens für ihre Follower. Beschreibe deine Haltung dazu.*

5 *In diesen beiden Beispielen geht es um Frauen. Beschreibe, wie es in der Männerwelt aussieht.*

6 *Stelle Vermutungen über die Auswirkungen dieser Art von Selbstdarstellung auf diejenigen an, die die Posts sehen. Denke dabei auch an falsche Vorbilder.*

Angewandte Ethik: Medienethik

Computerspiele – verdrängt die virtuelle Welt die reale?

Computerspiele sind ein milliardenschweres Geschäft. In Deutschland geben die Spieler dafür pro Jahr fast drei Milliarden Euro aus, mit steigender Tendenz. Computerspiele sind in verschiedene Genres unterteilt: Actionspiele, Adventure, Rollenspiele, Egoshooterspiele, Strategiespiele etc.

1 *Finde Beispiele für die oben angegebenen Genres.*

Kinder zocken immer mehr und geben dabei viel Geld aus
Mehr als fünf Stunden hängt Deutschlands Jugend täglich im Netz, die Suchtgefahr steigt – und neuerdings auch das finanzielle Risiko. *Von Fatina Keilani*

„Computer machen Apfelmus aus Kindergehirnen", sagte Joseph Weizenbaum schon 2005, und der muss es wissen: Er war Professor am Massachusetts Institute of Technology. Inzwischen ist die Zeit über seine Worte hinweggegangen, ebenso die Technik, und Kinder sind zumindest in der westlichen Welt ständig mit Computern beschäftigt. Auch Smartphones sind schließlich vollwertige Computer, mit denen man zusätzlich auch noch telefonieren kann.

[Eine] Krankenkasse [...] hat zum Thema Computerspielsucht eine Studie erstellen lassen und kommt zu alarmierenden Ergebnissen: Kinder verbringen sehr viel Zeit mit Computerspielen und geben dafür immer mehr Geld aus; viele verlieren die Kontrolle und sind akut suchtgefährdet. Die Studie wurde am Dienstag in Berlin vorgestellt.

[...] Rund 90 Prozent der Jugendlichen in Deutschland lieben demnach Computerspiele. Vor allem kostenlose Games [...] sind beliebt. Der Haken: Die Spiele sind zwar zunächst kostenlos („free to play"), animieren aber zu Käufen innerhalb des Spiels.

Spielsucht ist eine anerkannte Suchtkrankheit
Die Umfrage in Zusammenarbeit mit dem Universitätsklinikum Hamburg-Eppendorf, Deutsches Zentrum für Suchtfragen des Kindes- und Jugendalters, geht Fragen nach wie: Welche Auswirkungen hat ihr Spielverhalten auf Alltag und Gesundheit der jugendlichen Spieler? Wie viele Risiko-Gamer gibt es? Wie hoch ist die Suchtgefahr? Wie viel Geld wird am Ende doch für ursprünglich kostenlose Spiele ausgegeben? Die wichtigsten Erkenntnisse: In der Woche zocken Jungen täglich zweieinhalb Stunden, Mädchen zwei Stunden. Am Wochenende oder in den Ferien ist es deutlich mehr: Fast vier Stunden die Jungen, gut drei Stunden die Mädchen. Damit ist nur das Spielen gemeint – andere Online-Aktivitäten [...] kommen noch hinzu. Insgesamt hängt Deutschlands Jugend täglich über fünf Stunden am digitalen Endgerät.

Jeder siebte Gamer zeigt riskantes oder pathologisches Spielverhalten – bei den Jungen ist die Quote mit 18,2 Prozent doppelt so hoch wie bei den Mädchen. Kriterien für eine Internetspielstörung nach DSM-5 sind zum Beispiel: Der Spieler kann an nichts anderes mehr denken als das Spielen, vernachlässigt andere Hobbys und Aktivitäten, benutzt das Spielen um negative Gefühle zu regulieren oder Probleme zu vergessen oder belügt sogar Familienmitglieder, Therapeuten oder andere über das Ausmaß seines Spielens. [...]

2 *Begründe, weshalb Computerspiele immer wieder in der öffentlichen Diskussion stehen. Gehe auf die Auswirkungen eines übermäßigen Spielkonsums ein.*

3 *Erarbeite einen Fragebogen „Selbsttest: exzessives Computerspielen", der das Suchtpotenzial darstellt und überprüft.*

Angewandte Ethik: Medienethik

Das kann und weiß ich jetzt …

Darüber weiß ich jetzt Bescheid:

Meinungsfreiheit   Pressefreiheit   Persönlichkeitsrechte

Satire   Jugendmedienschutz   Internetzensur   Pop-ups

Social-Media-Angebote   Online-Spielsucht

Eine Talkshow zum Abschluss: Wie sieht die Medienzukunft aus?

Ihr habt nun vieles über Medien erfahren. Fasst euer Wissen in einer Talkshow zusammen.
1. Geht in kleinen Gruppen zu je zweit, dritt oder viert zusammen.
2. Jede Gruppe erhält eine Rolle. Ihr bereitet als Gruppe diese Rolle vor. Ihr sucht Argumente, die sowohl beruflich, privat und gesellschaftlich eure Position unterstreichen. Greift dabei auf das Wissen der Vorstunden zurück.
3. Wählt in der Gruppe eine Person aus, die die Rolle spielen soll.
4. Alle anderen sind das Publikum. Als Zuschauer stellt ihr während der Talkrunde Fragen. Wartet, bis die Moderatorin/der Moderator euch aufruft.

Moderator/in
Wie soll die Talkshow beginnen?
Wie sehen die Fragen an die Gäste aus?

Chefredakteur/in einer großen Tageszeitung
Die Zeitung ist ein wichtiges Medium des seriösen Jornalismus gemäß des Pressekodexes.

Reporter/in einer Boulevardzeitung
Hauptsache, der Umsatz stimmt und die Bilder sind sensationell!

Mitarbeiter/in von „Reporter ohne Grenzen"
Die Pressefreiheit ist ein wichtiges Mittel der Demokratie!

Influencer/in
Die Zeitung hat ausgedient. Wichtige Inhalte werden über das Internet verbreitet.

Mitarbeiter/in der Bundesprüfstelle für jugendgefährdende Medien
Die Jugend muss jetzt noch mehr und besonders geschützt werden.

Jugendliche/r
Du verstehst die ganze Aufregung nicht und findest das Internet einfach eine großartige Bereicherung deines Lebens – im privaten und schulischen Bereich.

Mutter/Vater eines/r spielsüchtigen Jugendlichen
Du forderst stärkere Einschränkungen durch Gesetze und möchtest darüber informieren, wie schnell Kinder abhängig von elektronischen Medien werden.

Medizinethik

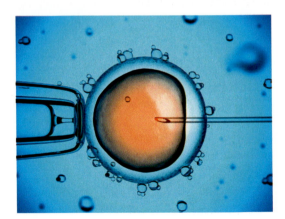

Medizinethik befasst sich mit Fragen nach dem moralisch Gesollten, Erlaubten und Zulässigen im Umgang mit menschlicher Krankheit und Gesundheit .

Angewandte Ethik: Medizinethik

Elemente des menschlichen Handelns

> Als **Handeln** bezeichnet man jegliche bewusste, von Motiven bestimmte, zielorientierte Tätigkeit des Menschen. Handeln kann in verschiedenen Formen auftreten: etwas zu tun, etwas geschehen lassen oder darauf verzichten, etwas zu tun.
> Im Gegensatz dazu steht das Agieren als nicht bewusstes oder unbewusstes sowie nicht zielgesteuertes Tun. Die Grenzen zwischen Handeln und Agieren können fließend sein.
> Eine Handlung besteht demnach aus zwei strukturellen Elementen: dem Zweck der Handlung (Handlungszweck) und dem Mittel der Zielerreichung (Handlungsmittel). Die Schlüssigkeit einer Handlung ergibt sich aus der rational nachvollziehbaren Verbindung der beiden Elemente „Handlungsmittel" und „Handlungszweck" (Zweckmittelrelation).

Für Max Weber ist jegliches „soziales Handeln" des Menschen sinnhaft orientiert. Der Sinn geht nach Weber vom Handelnden aus. Der subjektiv gemeinte Sinn des Handelnden ist aber immer 5 auf einen anderen bezogen. Weber geht es nicht um einen objektiven oder metaphysischen Sinn, sondern es ist der subjektive Sinn eines Handelnden gemeint. Sinnhaftes Handeln ist für Weber immer verstehbares Handeln.
10 Ein Handeln hat rationale Evidenz, d.h. ist verstehbar, wenn es „restlos und durchsichtig intellektuell" verstanden werden kann. Bei der einfühlenden Evidenz kann der „Gefühlszusammenhang" voll nacherlebt werden. Jedes Ding,
15 jedes Handeln hat für Weber insofern Sinn, als es entweder als „Mittel" oder als „Zweck" auf menschliches Handeln bezogen ist, alles andere bleibt „sinnfremd".

„Sinnfremd bleiben dagegen alle – belebten,
20 unbelebten, außermenschlichen, menschlichen – Vorgänge oder Zuständigkeiten ohne gemeinten Sinngehalt, soweit sie nicht in die Beziehung von ‚Mittel' und ‚Zweck' zum Handeln treten, sondern nur seinen Anlass, seine Förde-
25 rung oder Hemmung darstellen."

Weber sieht in der Soziologie eine Wissenschaft, die versucht „sinnhaft orientierte Handlungen deutend zu verstehen…" Verstehen heißt hier einmal, das aktuelle Verstehen eines gemeinten Sinnes einer Handlung, dann aber auch 30 erklärendes Verstehen. Es werden Motive für ein Handeln gesucht, „warum macht der das?". Es gilt Handeln in seinem Ablauf zu erklären, es wird ein Sinnzusammenhang erfasst.

Webers Ausführungen sind ein Hilfsmittel 35 für die Betrachtung menschlichen Handelns, doch inhaltlich kommen wir dem „Sinn" nicht auf die Spur. Mag auch ein Beobachter das Handeln eines Menschen verstehen, d.h. es in seinem Ablauf erklären, es in einen größeren 40 Zusammenhang einzuordnen, so ist damit noch nichts über die inhaltliche Bewertung des Handelns ausgesagt. Wir haben schon festgestellt, dass ein Aspekt der Sinnfrage die Integration in einen größeren Zusammenhang ist. Weber wird 45 den Suizid eines Menschen in seinen Motiven erklären können, aber sinnvoll ist er damit noch lange nicht. Sinn wird weniger aus der Sicht des Handelnden, denn aus der Sicht des Betrachters gesehen, dem es um Verstehen geht. […] 50

Wolfgang Sievers

1 *Erkläre „Handeln" mit deinen eigenen Worten.*

2 *Erläutere die Elemente menschlichen Handelns – Mittel, Zweck und Folgen – mit jeweils einem passenden Beispiel.*

Angewandte Ethik: Medizinethik

Leihmutterschaft

1 *Interpretiere das nebenstehende Bild.*

2 *Recherchiere über Leihmutterschaft.*

3 *Äußere deine Meinung zur Leihmutterschaft.*

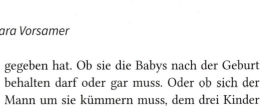

Ein Baby bestellt, drei bekommen

Bei einer Leihmutterschaft kommt nicht immer das raus, was Auftraggeber sich gewünscht haben. Das berechtigt sie nicht zur Reklamation. *Von Barbara Vorsamer*

Melissa Cook erwartet Drillinge. Voraussichtlich im März sollen die drei kleinen Jungen in Kalifornien auf die Welt kommen. Was dann mit ihnen passiert, ist offen. Denn Cook ist eine
5 Leihmutter. Sie trägt die Babys für einen Auftraggeber aus. Für erfolgreiche Schwangerschaft und Geburt soll sie 33.000 Dollar bekommen, 6000 Dollar zusätzlich für ein weiteres Kind.
Nun sind es allerdings drei geworden - und das
10 ist dem Auftraggeber, einem 50-jährigen Postangestellten zu viel. Er verlangt die Abtreibung eines der Kinder, die Schwangere weigert sich. Ein Gericht wird bald entscheiden, ob eine Frau, die einen Vertrag als Leihmutter eingegangen
15 ist, die Hoheit über ihren eigenen Körper abgegeben hat. Ob sie die Babys nach der Geburt behalten darf oder gar muss. Oder ob sich der Mann um sie kümmern muss, dem drei Kinder eigentlich zu viel sind.

Fälle wie diesen gibt es häufiger. Brittney- 20
rose Torres aus dem Süden Kaliforniens erwartet ebenfalls Drillinge und auch in ihrem Fall forderten die biologischen Eltern, dass einer der Föten abgetrieben werde. Sie weigerte sich und bot an, das „überzählige" Kind selbst aufzu- 25
ziehen. Der Deutschen Presse-Agentur zufolge haben sich die Beteiligten inzwischen geeinigt. Details sind nicht bekannt.
[…]

Eltern lassen behindertes Baby bei Leihmutter zurück

Ein australisches Ehepaar lässt Zwillinge von einer thailändischen Leihmutter austragen. Nach der Geburt holen sie das gesunde Mädchen zu sich, den Jungen mit Down-Syndrom aber lassen sie zurück. […] *kfu/mike*

Schwangerschaften laufen nicht immer wie geplant. Handelt es sich jedoch um Leihmutterschaft, stellt sich die Frage, wer in einem solchen Fall die Verantwortung und die Kosten trägt.

4 *Beschreibe das Dilemma, in dem die Menschen in den beiden Zeitungstexten stecken.*

5 *Erläutere, mit welchen Mitteln und zu welchem Zweck diese Menschen handeln.*

6 *Stelle mögliche Folgen für beide Parteien dar, sowohl für die Leihmutter als auch für die Eltern. Unterscheide dabei beabsichtigte, unbeabsichtigte und langfristig negative Folgen.*

Informationen zur Leihmutterschaft

Was ist Leihmutterschaft?
Die Geburt des eigenen Kindes steht bevor – dabei ist man gar nicht schwanger. Werdende Väter kennen das, doch für Mütter ist es ungewöhnlich. Wird das eigene Baby von einer anderen Frau ausgetragen, spricht man von Leihmutterschaft. In einigen Ländern, wie in der Ukraine, Indien oder einigen US-Bundesstaaten, ist die Leihmutterschaft erlaubt. [...].

Verschiedene Formen – altruistisch oder kommerziell?
Leihmutterschaften werden weltweit unterschiedlich gehandhabt. In einigen Ländern, wie Deutschland, ist eine Leihmutterschaft rechtlich nicht erlaubt. In anderen Ländern, wie beispielsweise in Großbritannien, ist sie hingegen rechtlich gestattet. Allerdings nur, wenn die Leihmutter für ihre Dienste nicht bezahlt wird. Eine solche Leihmutterschaft wird als altruistische Leihmutterschaft bezeichnet. Die Leihmutter bietet ihren Körper freiwillig und aus selbstlosen Motiven an. In der Ukraine, in einigen US-Staaten sowie in weiteren Ländern ist nicht nur die altruistische, sondern auch die kommerzielle Leihmutterschaft erlaubt. Bei dieser wird die Leihmutter finanziell für ihre Schwangerschaft entlohnt. [...]

Ablauf
In den Ländern, in denen Leihmutterschaft erlaubt ist, erfolgt die Suche nach einer Leihmutter meist über Agenturen. Die Paare suchen dann eine Leihmutter oder auch Eizellenspenderin per Katalog aus. Damit weiß das Paar schon im Vorfeld, wie die Leihmutter aussieht. Und es kann eine Eizellenspenderin wählen, die der späteren sozialen Mutter ähnlich sieht, um die Wahrscheinlichkeit zu steigern, dass auch das Kind den zukünftigen Eltern ähnelt.

Beratung und hormonelle Behandlung
Dann folgen Beratungsgespräche, meist auch mit Rechtsberatung und medizinischen Voruntersuchungen. Erst dann werden mithilfe von

Brutkasten für künstlich befruchtete Embryonen

Hormonen die Zyklen der Eizellenspenderin und der Leihmutter synchronisiert. Bei der Leihmutter wird der Aufbau der Gebärmutterschleimhaut mit Östrogenpräparaten vorbereitet. Die Eierstöcke der Eizellenspenderin werden dazu angeregt, mehrere Eibläschen parallel reifen zu lassen, sodass möglichst viele befruchtungsfähige Eizellen entnommen werden können. Diese werden im Labor mit frischem oder aufgetautem Sperma befruchtet.

Das Einsetzen des Embryos
Wenn sich im Brutkasten erfolgreich Embryonen gebildet haben, wird meist einer ausgewählt (je nach Anbieter und gewähltem Paket mit oder ohne Geschlechtsauswahl), während die restlichen, falls gewünscht, eingefroren werden (Kryokonservierung). Die Auswahl der Embryonen kann mittels Präimplantationsdiagnostik erfolgen. Dabei werden die Embryonen auf Genschäden untersucht. Mit einem Schlauch wird der ausgewählte Embryo in die Gebärmutter der Leihmutter gesetzt. Zwei Wochen später zeigt ein Schwangerschaftstest, ob die Einnistung erfolgreich war. Wenn nicht, wird der nächste Embryo aufgetaut und eingesetzt. Die Geburtenrate nach einer künstlichen Befruchtung liegt bei 15 bis 20 Prozent pro Behandlungszyklus. Alle Untersuchungsbefunde und Ultraschallbilder werden während der Schwangerschaft mit den baldigen Eltern geteilt. Vertraglich wird die Leihmutter dazu verpflichtet, das Kind nach der Geburt den neuen Eltern zu überlassen. [...]

Verena Mengel

Angewandte Ethik: Medizinethik

Problemfelder der Medizin

Gebrauchsanweisung für Ihren Arzt

Das Arzt-Patienten-Verhältnis ist kompliziert. Begegnungen auf Augenhöhe wären schön, sind aber selten. Wie Patienten dennoch das Beste aus dem Arztbesuch machen. *Von Christian Heinrich*
[…]

1) Informieren Sie sich ruhig vorher – aber richtig

Ein Patient kommt üblicherweise mit bestimmten Beschwerden zum Arzt. Um mehr von dem zu verstehen, was der Arzt sagt, ist es nicht verkehrt, sich vorher zu informieren. Wichtig ist nur, nicht einfach [in einer Suchmaschine] zu suchen. Denn wer hier zum Beispiel nach „starke Kopfschmerzen" sucht, stößt rasch auf einen gefürchteten Hirntumor, dabei sind Kopfschmerzen in den allermeisten Fällen auf Verspannungen zurückzuführen. Die Suchmaschine hält zwar viele Antworten bereit, aber wie relevant die Informationen im Einzelfall sind und wie wahrscheinlich bestimmte Ursachen sind, wird auf Anhieb meist nicht klar. So kann die Recherche schnell in die Irre führen und Angst erzeugen […]". Zudem kann die verzerrte Wahrnehmung im Netz die Suche nach der wahren Ursache behindern – wenn Ärzte kostbare Gesprächszeit darauf verwenden müssen, das Halbwissen der Patienten richtigzustellen, einzuordnen und die Zusammenhänge zu erklären.
Bessere Informationen bieten professionell betreute Portale. […]

2) Bereiten Sie sich auf den Arztbesuch vor

Je besser gebündelt und strukturiert die Informationen sind, die der Arzt von Ihnen erhält, desto mehr Zeit bleibt, um das weitere Vorgehen und ihre wichtigen Fragen zu besprechen. Sie können dafür den Anfang machen: Sie sollten wissen, welche Medikamente Sie bereits nehmen. Ein sogenannter Medikationsplan, in dem alle Medikamente samt Dosierung verzeichnet sind, verschafft dem Arzt rasch Überblick. „Nur so kann er erkennen, ob bestehende Beschwerden durch Arzneimittel verursacht werden oder welche Wechselwirkungen es womöglich mit neuen Medikamenten geben könnte", sagt Ferdinand Gerlach, Direktor des Instituts für Allgemeinmedizin an der Goethe-Universität Frankfurt am Main. Nehmen Sie also eine Liste mit – oder einfach die Packungen selbst. Das Verhältnis von Arzt und Patient ist seit jeher asymmetrisch. Der eine hat das Fachwissen, der andere nicht. Häufig wird dieses Gefälle noch durch das Setting verstärkt. „Im Krankenhaus liegt man als Patient oft im Bett, während die Ärzte stehen, man hat einen Schlafanzug an, während der Chefarzt einen Kittel trägt, das alles führt dazu, dass eine Kommunikation auf Augenhöhe sehr schwierig ist. Da wird man schnell nervös", sagt Gunter Frank, Allgemeinmediziner aus Heidelberg und Autor zahlreicher Bücher […]
Die Folge der Nervosität: Patienten verschlägt es mitunter die Sprache. Eingeschüchtert fällt ihnen dann womöglich im entscheidenden Moment nicht ein, was sie den Arzt fragen wollten. […].

---

1 Nenne die Tipps, die der Autor gibt, um Problemen zwischen Arzt und Patient zu begegnen.

2 Erzähle von deinen Erfahrungen mit Ärzten und die Probleme, die in diesem Zusammenhang auftauchten. Ihr könnt zu zweit ein Gespräch nachstellen.

Ein Designerbaby nach Bauplan – für 140.000 Dollar

Während in Deutschland sogar die Pränataldiagnostik in der Kritik steht, können Paare in den USA Babys im Labor züchten und von Leihmüttern austragen lassen. Es ist ein Milliarden-Geschäft. *Von Katja Ridderbusch*

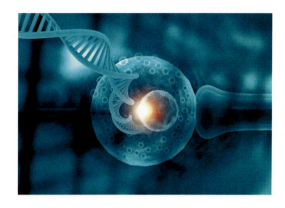

Mason ist ein Musterkind. Aufgeweckt und mit ansteckendem Lachen, braunem Wuschelhaar und hellwachen Augen. Kein Wunder, schließlich war Mason ein A-Grade-Embryo, ein Embryo der besten genetischen Güteklasse. Mason hat vier Eltern: Jay, seinen biologischen Vater, Luke, seinen sozialen Vater, Zoe, seine genetische Mutter, und seine Tragemutter Elaine*.

[…]

Die ↑Reproduktionsmedizin ist ein boomendes Geschäft in den USA, ein Milliarden-Dollar-Markt. Vor allem sogenannte nicht traditionelle Familien – homosexuelle Paare und Singles – heizen die Nachfrage an. Viele von ihnen kommen aus dem Ausland, wo die Rechtslage nicht so freizügig ist wie in den USA.

[…]

Etwa 20 Prozent der Kunden von CT Fertility wählen zusätzlich zur Sichtung per Mikroskop ein DNA-Screening der embryonalen Zellen. Dabei geht es vor allem darum, Erbkrankheiten und genetische Defekte auszuschließen – wie das Downsyndrom, Mukoviszidose oder eine Sichelzellanämie, die zu einer Zerstörung der roten Blutkörperchen und zu Blutarmut führt. Vor allem wenn die Frauen älter sind oder es Krankheiten in der Familie gibt, entscheiden sich die Patienten für ein solches Screening, sagt Doyle. Nur etwa zwei Prozent seiner Kunden hätten Präferenzen beim Geschlecht des Kindes. Dinge wie Augen- und Haarfarbe ließen sich – anders als häufig angenommen – ohnehin mit den derzeitigen Methoden nicht sicher bestimmen. „Darauf lassen wir uns auch gar nicht ein", sagt Doyle. „Wir fertigen keine Kinder nach Maß." Zumindest nicht, wenn es um ästhetische Gesichtspunkte geht. Das genetische Material soll aber möglichst ideal sein. […]

Natürliche Schwangerschaften sind für den Mediziner ohnehin ein Auslaufmodell. „Wenn man auf natürlichem Wege schwanger wird, ist das wie ein Würfelspiel. Die Eltern können nur hoffen, dass am Ende ein gesundes Baby geboren wird." Dafür kann sich so ein Baby jeder leisten. Designerbabys sind dagegen teuer. Jay und Luke haben für Mason 140.000 Dollar bezahlt. […]

*Alle Namen wurden aus persönlichen Gründen geändert.

---

1 Betrachte das Bild und interpretiere es im Hinblick auf die Überschrift des Artikels.

2 Erörtere mögliche Vorteile der modernen Reproduktionsmedizin für die Menschen.

3 Beschreibe die Gefahren aus ethischer Sicht, die bei der Anwendung der Reproduktionsmedizin auftreten können, etwa ein Leben mit Behinderungen, Wahl des Geschlechts etc.

4 Nimm Stellung zu der Frage: „Natürliche Schwangerschaft – zukünftig ein Auslaufmodell?"

Angewandte Ethik: Medizinethik

Am Ende des Lebens – Sterbehilfe

1 Analysiere die Aussage des nebenstehenden Bildes. Beachte dabei den Bezug zur Sterbehilfe.

2 Ordne die unten stehenden Erklärungen den jeweiligen Fachbegriffe zu und informiere dich über die einzelnen Möglichkeiten der Sterbehilfe:
Tötung auf Verlangen – indirekte Sterbehilfe – passive Sterbehilfe – Suizidassistenz.

A) Beendigung oder Nicht-Beginn lebensverlängernder Maßnahmen wie z. B. künstliche Ernährung oder Beatmung (auch: Sterben zulassen).

B) Aktiver Eingriff in den Lebensprozess auf ausdrücklichen Wunsch des Patienten, um ein Leben zu beenden.

C) Beihilfe zur Selbsttötung: Man unterstützt einen entscheidungsfähigen Menschen dabei, sich selbst das Leben zu nehmen.

D) Behandlung, bei der durch Nebenwirkungen ein nicht auszuschließender vorzeitiger Tod in Kauf genommen wird.

3 Erkläre die Unterschiede zwischen diesen Arten der Sterbehilfe und der Tötung auf Verlangen oder, anders ausgedrückt, der aktiven Sterbehilfe. Recherchiere genau.

4 In Krankenhäusern und Hospizen wird bei austherapierten Patienten die Palliativmedizin angewendet. Erläutere den Begriff. Erstellt in Gruppen ein Informationsblatt zu allen Fakten.

A) **Eine 73-jährige Frau** bat ihren Ehemann wegen eines unheilbaren Knochenleidens um Sterbehilfe. Ihr Mann gab ihr zunächst Schmerztabletten und erschoss seine Frau mit einer Pistole. Er wurde zu 25 Jahren Haft verurteilt.

B) **Eine junge Frau** erlitt bei einem Zusammenbruch eine schwere Gehirnschädigung infolge des Sauerstoffmangels und befand sich 15 Jahre lang im Wachkoma. Ihr Ehemann klagte die Einstellung der künstlichen Ernährung ein. Dem wurde letztlich nach sieben Jahren stattgegeben.

C) **Ein krebskranker Mann** liegt im Endstadium auf der Intensivstation. Aufgrund seiner unerträglichen Schmerzen bekommt er eine sehr hohe Dosis Morphium verabreicht, die letztlich durch Lähmung der Atemwege zu seinem Tod führte.

D) Ein **Mann** war 30 Jahre lang mit einem hohen Querschnitt **vom Hals abwärts gelähmt**. Ihm wurde auf seinen Wunsch hin von seiner Freundin ein Glas Wasser mit Zyankali so in die Nähe seines Mundes gestellt, dass er selbst mit einem Strohhalm daraus trinken konnte und daraufhin starb.

E) Ein **Franzose**, der zwei Jahre zuvor **gelähmt und erblindet** war, bat um Sterbehilfe. Diese wurde ihm von offizieller französischer Seite nicht gewährt. Seine Mutter spritzte ihm Natriumpentobarbital, woraufhin er ins Koma fiel. Die Ärzte schalteten die lebenserhaltenden Maschinen aus.

5 *Diskutiert in der Gruppe, um welche Art der Sterbehilfe es sich jeweils bei diesen Fällen handelt.*

[...] Der rechtliche Aspekt in Deutschland

In Deutschland regelt das Strafgesetzbuch ausschließlich die aktive Sterbehilfe. Diese ist strafbar, auch wenn der Patient explizit geäußert hat, dass er sterben möchte. Wer trotz des gesetzlichen Verbots aktiv beim Sterben hilft, begeht den Straftatbestand der „Tötung auf Verlangen". Anders ist es bei der Beihilfe zum Suizid: Da eine Selbsttötung straffrei ist, ist auch die Beihilfe dazu theoretisch nicht strafbar. Andererseits gibt es in diesem Fall andere rechtliche Regelungen wie die zur „unterlassenen Hilfeleistung", die wiederum strafrechtlich verfolgt wird. Außerdem legt die Musterberufsordnung der Ärzte fest, dass ein Mediziner nie Beihilfe zum Suizid leisten darf.

Diese Ordnung aber wurde nicht von allen Landesärztekammern übernommen. Da die rechtliche Lage unklar ist, verschreiben viele Ärzte keine Arzneimittel, die direkt zum Tod des Patienten führen. Die Bundesärztekammer spricht sich in ihren „Grundsätzen zur ärztlichen Sterbebegleitung" sowohl für die indirekte als auch die passive Sterbehilfe aus, sofern der Patient einen entsprechenden Wunsch geäußert hat.

2009 trat ein Gesetz in Kraft, das den Umgang mit der sogenannten Patientenverfügung regelt. In ihr können Menschen für den Fall vorsorgen, dass sie einmal nicht mehr selbst Entscheidungen treffen können, etwa wenn sie im Koma liegen: In der Patientenverfügung legen sie fest, welche medizinischen Eingriffe sie wünschen und welche nicht. Demnach müssen sich Ärzte und Angehörige an den Willen des Patienten halten, selbst wenn die Krankheit nicht unbedingt zum Tod führt.

Patientenverfügungen müssen schriftlich verfasst sein oder in einer ähnlich eindeutigen Art der Aufzeichnung vorliegen – wie beispielsweise als Video. Allerdings kann man in einer Patientenverfügung nicht einfordern, dass einem jemand beim Suizid hilft; dies bleibt weiterhin strafbar. [...]

Irina Fernandes, Andrea Böhnke

6 *Erläutere die rechtliche Situation in Deutschland. Informiere dich darüber, wie in der Schweiz oder Belgien mit dem Thema „Sterbehilfe" umgegangen wird.*

7 *Recherchiere, was eine Patientenverfügung ist und was sie regelt.*

8 *Soll aktive Sterbehilfe auch in Deutschland eingeführt werden? Debattiert über dieses Thema. Erstellt zuvor eine Pro- und Kontraliste.*

Angewandte Ethik: Medizinethik

Wann ist ein Mensch ein Mensch?

So sehen Babys in der 12. Schwangerschaftswoche aus

1 *Wie wirkt dieser Embryo auf dich? Würdest du behaupten, dies ist schon ein Mensch? Begründe deine Meinung.*

Viele Frauen wollten sich in den 1970er-Jahren selbst entscheiden, ob sie ein Kind austragen oder nicht. Daraus entbrannte eine bis heute währende Diskussion, ab wann ein Embryo ein Mensch ist: Wann beginnt das Leben? Ab der Verschmelzung von Eizelle und Spermium, ab der Einnistung in die Gebärmutter oder etwa, wenn das Herz zu schlagen anfängt? Es gibt auch Theorien, dass ein Mensch erst ab seiner Geburt (oder sogar noch später) entsteht.
Zur Beanwortung dieser Frage führen verschiedene Ansätze:

Zeit	Biologie	Deutsche Rechtsnormen	Philosophie und Religion
Tag 1	Befruchtung	§ 8 Embryonenschutzgesetz (ESchG) Begriffsbestimmung „(1) Als Embryo im Sinne dieses Gesetzes gilt bereits die befruchtete, entwicklungsfähige menschliche Eizelle vom Zeitpunkt der Kernverschmelzung […]."	Röm.-kath. Kirche: Beginn des Lebens eines Menschen; ↑Hinduismus, ↑Buddhismus: Einzug der Seele in den Embryo
Tag 3	Zellteilung; Ab jetzt ist ein Embryo für die Stammzellenforschung interessant.		
Tag 5	Einnistung	Bezeichnung als „Nasciturus" (noch ungeborenes Kind): • Träger der Menschenwürde und Schutz durch die ↑Grundrechte • Beginn der Erbfähigkeit • Schutz vor Schädigungen (§ 823 ff. BGB)	
Tag 40	Nervenströme und erste funktionierende Synapsen; Beginn der embryonalen Schmerzempfindlichkeit ist nicht abschließend geklärt.		Philosophische Fragestellung: Einem Embryo kann erst dann Leid zugefügt werden, wenn er fähig zur Empfindung von Schmerzen ist.
Tag 148 (Woche 21)	Lebensfähigkeit des Embryos außerhalb des Mutterleibs	Unterscheidung von Lebend-, Tot- und Fehlgeburt ab einem Gewicht von 500 Gramm bzw. Erreichen der 24. Schwangerschaftswoche (§ 31 Personenstandsverordnung, PStV)	
Tag 266 (Woche 38)	Durchschnittliche Dauer von der Befruchtung bis zur Geburt	§ 1 BGB Beginn der Rechtsfähigkeit „Die Rechtsfähigkeit des Menschen beginnt mit der Vollendung der Geburt."	Philosophisch-psychologische Fragestellung: Ist die Bildung des Menschen als eigenständiges Ich erst mit dem Erwachen des Ichbewusstseins (Ende des zweiten Lebensjahres) abgeschlossen?

Angewandte Ethik: Medizinethik

Was bedeutet „Menschenwürde"?

> **Art. 1 Grundgesetz**
> (1) Die Würde des Menschen ist unantastbar. Sie zu achten und zu schützen ist Verpflichtung aller staatlichen Gewalt.
> (2) Das Deutsche Volk bekennt sich darum zu unverletzlichen und unveräußerlichen Menschenrechten als Grundlage jeder menschlichen Gemeinschaft, des Friedens und der Gerechtigkeit in der Welt.
> (3) Die nachfolgenden Grundrechte binden Gesetzgebung, vollziehende Gewalt und Rechtsprechung als unmittelbar geltendes Recht.

Als **Menschenwürde** bezeichnet man den unverlierbaren, unveräußerlichen, jedem Menschen innewohnenden geistigen und sittlichen Wert um seiner selbst willen.
Das Grundgesetz stellt in seinem einleitenden Artikel die Menschenwürde über die Belange des Staates. Auf der grundlegenden, allgemeingültigen Qualität der Menschenwürde bauen im Grundgesetz die Achtung der ↑Menschenrechte und die daraus erfolgenden ↑Grundrechte auf. Die Würde des Menschen trägt Subjektcharakter. Damit verbietet sich etwa ein demütigender oder diskriminierender Umgang mit dem Menschen als reinem Objekt.

2 *Inwieweit berührt der Gedanke der Menschenwürde auch ungeborenes Menschenleben? Begründet, ab welchem Zeitpunkt für euch ein Embryo Menschenwürde besitzt.*

3 *a) Informiert euch über die sogenannte Stammzellenforschung.*
b) Recherchiert die diesbezügliche Gesetzeslage in den führenden Industrieländern.
c) Diskutiert, ob Stammzellenforschung und Menschenwürde miteinander vereinbar sind.

Darf man in Deutschland abtreiben?

Der Gesetzgeber stellt einen Schwangerschaftsabbruch unter Strafe (§ 218 Strafgesetzbuch, StGB). Es gibt allerdings Ausnahmen, die in § 218 a StGB festgehalten sind:
- **Beratungsregelung:** Die Betroffene hat sich „mindestens drei Tage vor dem Eingriff … beraten lassen" (§ 218a Abs. 1 StGB) und weist dies dem Arzt durch eine Bescheinigung nach. Weiterhin dürfen „seit der Empfängnis nicht mehr als zwölf Wochen vergangen" sein. (§ 218a Abs. 1 StGB)
- **Kriminologische Indikation:** Wenn die Schwangerschaft durch eine Vergewaltigung zustande kam und „seit der Empfängnis nicht mehr als zwölf Wochen vergangen sind". (§ 218a Abs. 3 StGB)
- **Medizinische Indikation:** „Wenn der Schwangerschaftsabbruch nach Beratung (§ 219) von einem Arzt vorgenommen worden ist und seit der Empfängnis nicht mehr als zweiundzwanzig Wochen verstrichen sind. Das Gericht kann von Strafe nach § 218 absehen, wenn die Schwangere sich zur Zeit des Eingriffs in besonderer Bedrängnis befunden hat." (§ 218a Abs. 4 StGB)

4 *Diskutiert in der Ethikgruppe im Anschluss folgenden Fall: Benita ist 17 Jahre und ungewollt schwanger. Sie geht in die 10. Klasse einer Mittelschule und steht kurz vor ihrem Abschluss. Sie will später unbedingt Kinder haben, aber jetzt ist es ihr viel zu früh. Wie soll sie sich entscheiden? Welche Argumente sprechen für und welche gegen einen Schwangerschaftsabbruch?*

5 *Verfasse einen Brief an die schwangere Schülerin, in dem du abwägst, was für und was gegen eine Abtreibung spricht. Denke dabei besonders an die Menschenwürde des Ungeborenen.*

Die medizinethischen Prinzipien

Warum ist es nicht erlaubt, einen Menschen zu töten, um mit seinen Organen sechs todkranke Personen zu heilen? Im Bereich der Medizin treffen wir neben vielen ethischen Spezialfragen auch auf grundsätzliche ethische Themen wie das Recht auf Leben und Unversehrtheit. Die Medizinethik setzt sich mit Werten und Normen auseinander, die helfen, in den verschiedenen Bereichen des Gesundheitswesens richtige und gute Entscheidungen zu treffen.

In der medizinischen Ethik sind neben dem **Grundwert der Menschenwürde** vier Werte zentral:
- **Fürsorge**: dem kranken Menschen helfen, für ihn sorgen, sein Wohl ins Zentrum stellen und ihm Gutes tun.
- **Nicht-Schaden**: den Patienten nicht übermäßigen oder gar unnötigen Risiken aussetzen, keine unsichere Behandlung durchführen, Nebenwirkungen beachten.
- **Gerechtigkeit**: alle Patienten gerecht und gemäß ihren Bedürfnissen behandeln, niemanden aufgrund seiner Herkunft, seiner beruflichen Stellung, seines Charakters etc. bevorzugen oder benachteiligen.
- **Selbstbestimmung**: Der Patient muss über die mögliche Behandlung Bescheid wissen und dem Eingriff ausdrücklich zustimmen.

Daneben gibt es weitere Werte, etwa dass der Arzt einfühlsam ist und das Arztgeheimnis wahrt. Auch wird in der Medizinethik über den Wert „**Eigenverantwortung**" diskutiert. Aus diesem leitet sich die Norm ab: Alle Menschen sollen Verantwortung für ihre Gesundheit tragen.

Fürsorge, Nicht-Schaden, Gerechtigkeit und Selbstbestimmung gelten als so wichtig, dass man von den vier medizinethischen Prinzipien spricht. Allerdings ist es oft nicht möglich, gleichzeitig alle vier Prinzipien vollständig umzusetzen, da sie sich in der Praxis häufig widersprechen. Drei Beispiele zeigen dies auf:

1. Fürsorge versus Nicht-Schaden
Gemäß dem Fürsorgeprinzip soll ein Patient die wirksamste Therapie bekommen. Doch medizinische Eingriffe sind immer mit kleineren oder größeren Risiken verbunden. Die Nebenwirkungen können unter Umständen sogar lebensgefährlich sein. Das heißt, dem Fürsorgeprinzip steht das Nicht-Schaden-Prinzip gegenüber. Es verlangt, die Risiken sehr gut abzuwägen und den Patienten keinen zu großen Gefahren auszusetzen.

2. Selbstbestimmung versus Nicht-Schaden
Nach dem Selbstbestimmungsrecht entscheidet der Patient, welche Behandlung er will. Ist diese angesichts seines Gesundheitszustandes zu gefährlich, da er beispielsweise nicht stabil genug für eine umfangreiche Operation ist, darf der Eingriff nicht durchgeführt werden. Andernfalls wird das Nicht-Schaden-Prinzip missachtet.

3. Fürsorge versus Gerechtigkeit
Die Transplantation von Organen ermöglicht Personen mit schweren Nieren- oder anderen Erkrankungen eine bessere Lebensqualität, wie es das Prinzip der Fürsorge verlangt. Leider stehen aber nicht genügend Organe zur Verfügung, um jedem Patienten eine Transplantation zu ermöglichen. Dies führt zu Fragen der Verteilungsgerechtigkeit. Der Grundsatz der Gleichbehandlung erfordert, die verfügbaren Organe nur aufgrund medizinischer Kriterien zu vergeben. Es wäre nicht gerecht, eine reiche oder eine berühmte Person zu bevorzugen. Ha-

ben zwei Personen für ein bestimmtes Organ eine vergleichbare medizinische Prognose, soll es der Person transplantiert werden, die auf der Warteliste weiter oben steht.

Im Einzelfall braucht es eine Güterabwägung. Es geht darum, nach bestem Wissen und Gewissen zu entscheiden. Dazu müssen sowohl die medizinischen Informationen wie Röntgenbild, Blutbild etc. beachtet werden als auch das Wertebild. So kann man die Werte benennen und gewichten, denn in einem Fall wiegt der eine Wert, im anderen Fall ein anderer Wert schwerer.

Dazu ein Beispiel: Bei einem schwerkranken 25-Jährigen sind der Patient wie auch das Ärzteteam eher bereit, die Last großer Nebenwirkungen in Kauf zu nehmen, um einen bösartigen Krebs zu bekämpfen als bei einem sehr alten Menschen. Bei der hochbetagten Person steht in der Güterabwägung die aktuelle Lebensqualität mehr im Zentrum als die langfristige Besiegung der Krankheit.

Der medizinische Alltag ist natürlich komplexer als in diesem Beispiel. Die teilweise sehr schwierigen Entscheidungen werden auch nicht allein dem medizinischen Personal und den Patienten überlassen. An vielen Spitälern und in Fachverbänden erarbeiten Ethikkommissionen für ethisch heikle Situationen Richtlinien und reagieren, wenn falsche Entscheidungen getroffen werden. […]

1 *Fasse die vier medizinethischen Prinzipien mit deinen eigenen Worten zusammen.*

2 *Wende bei den folgenden Fällen diese Prinzipien an und wäge sie wie oben geschildert ab. Beschreibe, was dir auffällt.*

Fallbeispiel 1:
95-jährige Patientin, Pflegeheim;
Senile Demenz, keine Verständigung mehr möglich, bettlägerig in Fötusstellung, schlechter Allgemeinzustand;
Seit Jahren über PEG-Sonde ernährt (= künstliche Ernährung);
Kinder sind bevollmächtigt;
Patientenverfügung: „keine lebensverlängernden Maßnahmen", „keine künstliche Ernährung (z. B. PEG-Sonde)"

Fragestellung: Welche Behandlungsmaßnahmen sollen bei der Patientin (noch) durchgeführt werden?

Fallbeispiel 2:
Die 16-jährige Patientin KW stellt sich bei der Zahnärztin Dr. GB vor, weil sie an „überempfindlichen Zahnhälsen" leidet.
Dr. GB stellt im Rahmen der Erstuntersuchung teils erhebliche Zahnerosionen an der Mehrheit der Zähne fest; besonders betroffen sind die Zahninnenflächen.
In Dr. GB keimt der Verdacht, dass die Patientin an Bulimie leidet, und sie konfrontiert KW schlussendlich mit ihrer Verdachtsdiagnose.
KW reagiert verstört, weist die Diagnose von sich, blockt alle sinnvollen therapeutischen Maßnahmen ab und wünscht lediglich eine Touchierung der Zahnhälse mit Fluoridlack. Den Vorschlag von Dr. GB, die erziehungsberechtigte Mutter einzuweihen und in die weiteren Gespräche mit einzubeziehen, lehnt KW entschieden ab.
Dr. GB ist unschlüssig: Soll sie sich doch an die Mutter wenden? Wie weit reicht in diesem Fall die (zahn)ärztliche Schweigepflicht?
(Prof. Dr. med. Dr. med. dent. Dr. phil. Dominik Groß, Prof. Dr. med. dent. Stefan Wolfart, Dr. med. dent. Gereon Schäfer)

Angewandte Ethik: Medizinethik

Schritte einer ethischen Urteilsfindung

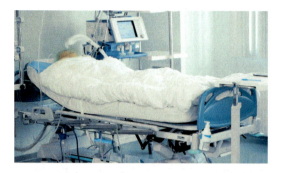

Im medizinischen Bereich geht es oft darum, moralische Probleme zu untersuchen und Entscheidungen in Konfliktfällen begründen zu können. Dies kann man erlernen und trainieren. Empfehlenswert ist es, sich auf dem Weg zur ethischen Urteilsbildung auf ein festes und verlässliches „Geländer" zu stützen.

Ein ethischer Urteilsbildungsprozess umfasst analytische (sie betreffen „das, was ist") und konstruktive Schritte (sie betreffen „das, was sein soll").

1. Situationsanalyse
- Welche Handlung bzw. Entscheidung steht zur Diskussion?
- Wer/was ist direkt bzw. indirekt beteiligt und/oder betroffen?
- Welche Folgen hat die Handlung bzw. Entscheidung jeweils für die Beteiligten/Betroffenen?
- Welche weiteren äußeren Informationen sind zum Verständnis des Falles wichtig (W-Fragen)?

2. Interessenanalyse
- Welche Interessen (bzw. persönlichen Werte bzw. Bedürfnisse) haben die Betroffenen jeweils?
- Welche Bedeutung haben diese Interessen für die Beteiligten/Betroffenen?
- Inwieweit entsprechen die Folgen der Handlung bzw. Entscheidung diesen Interessen (nicht)?
- Zwischen welchen Personen/Gruppen und Interessen besteht der entscheidende Konflikt?

3. Normen-/Wertanalyse (Ethische Analyse)
- Welche Interessen sind (nicht) verallgemeinerbar? Weshalb (nicht)?
- Welche Interessen erfordern nach allgemein anerkannten moralischen Normen (= Handlungsregeln, z.B. Gebote, Sitten, Gesetze) besondere Berücksichtigung? Welche Normen sind dies?
- Ist eine Gewichtung der vorliegenden Normen möglich?
- Welche Interessen haben keine rational (vernünftig) nachvollziehbaren Gründe?
- Welche Interessen verletzen allgemein anerkannte moralische Normen?
- Welche Werte liegen den Normen zugrunde?
- Wie lassen sich diese Werte und Normen im Kontext des Falles begründen?

4. Ethische Bewertung/Urteil/Begründung
- Welches ist das – bezogen auf die Handlung bzw. Entscheidung – relativ kleinste Übel oder das relativ höchste erreichbare Gut?
- Wie ist diese Handlung bzw. Entscheidung abschließend unter Berücksichtigung der Ergebnisse der Fallanalyse ethisch zu beurteilen?
- Wie kann dieses ethische Urteil unter Einbeziehung der Ergebnisse der Fallanalyse begründet werden?

1 *Fasse die einzelnen Schritte der ethischen Urteilsfindung kurz zusammen.*

2 *Meist kann man in sogenannten Dilemma-Situationen diese Methode anwenden. Nenne mögliche Situationen.*

Angewandte Ethik: Medizinethik

Fallbeispiel

Stelle Dir vor, dein Freund/deine Freundin ist bei einem Skiunfall mit schweren Schädelverletzungen, Bein- und Beckenbrüchen ins Krankenhaus gekommen. Er/Sie ist bewusstlos und muss künstlich ernährt werden. Seine/Ihre Eltern und Freunde besuchen ihn/sie täglich. In der Intensivstation wird er/sie medizinisch gut versorgt, doch es vergehen Monate, ohne dass dein/e Freund/in wieder aus dem Koma erwacht. [Koma: eine länger dauernde tiefe Bewusstlosigkeit, die auch durch starke äußere Reize nicht unterbrochen werden kann] Nach einem Jahr sagt der behandelnde Arzt, dass die Wahrscheinlichkeit für die Wiedererlangung des Bewusstseins äußerst gering sei. Zudem wisse für diesen Fall niemand, welche Dauerschäden (Lähmungen, Verlust des Sprach-, Wahrnehmungs- und Denkvermögens) dann zurückbleiben werden. Es stellt sich die Frage, ob man aufgrund der unwahrscheinlichen Genesung die Maschinen abstellen soll. Für die Angehörigen ist diese Auskunft ein Schock. Sie sind ratlos und wissen nicht, was sie tun sollen. Auch du machst dir Gedanken.

Sophie Zaufal (verändert)

Ethische Urteilsfindung

1. Die Situation analysieren: Ärztliche Diagnose: Koma, künstliche Ernährung, Wiedererlangung des Bewusstseins sehr unwahrscheinlich, Dauerschäden wahrscheinlich: Lähmung, Sprachverlust

2. Verhaltensoptionen benennen und notieren (Intereressenanalyse): Abwarten, was passiert; künstliche Ernährung einstellen; indirekte Sterbehilfe

3. Werte und Normen reflektieren und abwägen: ↑**Handlungsutilitarismus:** Welchen „größtmöglichen Nutzen" hat es, wenn die Ernährung (nicht) eingestellt wird? ↑**Kategorischer Imperativ**; **Prinzip Fairness:** Welchen Wunsch hätte ich in dieser Situation? **Gesetzeslage:** Was ist staatlich erlaubt? **Religiöser Weltzugang:** z. B. Zehn Gebote, Goldene Regel; **Öffentlichkeitstest:** Könnte ich mein Handeln öffentlich vertreten?

4. Eine begründete Entscheidung treffen: Die einzige Sterbehilfe, die in dem Fall erlaubt wäre, ist die passive Sterbehilfe.

3 *Schildere das Ergebnis deiner Urteilsfindung.*

4 *Jetzt sollst du einen eigenen Fall unter Anwendung der Schritte der ethischen Urteilsfindung analysieren. Lies die Fallbeschreibung genau durch. Kläre unbekannte Begriffe. Gehe dann mit deiner Partnerin/deinem Partner die einzelnen Schritte durch. Begründet euer Urteil.*

Dein 16 Jahre alter Freund leidet von Geburt an daran, dass seine Nieren nicht voll funktionsfähig sind. Er muss jede Woche zur Dialyse (Blutwäsche) und ist nicht in der Lage, Sport zu treiben und sich draußen zu bewegen wie andere Jugendliche in seinem Alter. Er wartet schon seit seiner Geburt auf eine Spenderniere. Sollte die Organtransplantation nicht innerhalb der nächsten zwei Jahre passieren, wird dein Freund an Nierenversagen sterben.

Auf der anderen Seite gibt es einen 35 Jahre alten Mann, der vor neun Wochen schwer mit seinem Motorrad verunglückt ist. Er ist verheiratet und hat drei Kinder. Seit diesem Unfall liegt er im Koma und wurde vor zwei Tagen für hirntot erklärt. Er wäre der perfekte Spender für deinen Freund, da beide die gleiche Blutgruppe haben und die Nieren des Familienvaters voll funktionsfähig sind. Diese Transplantation würde allerdings den endgültigen Tod für das Unfallopfer bedeuten.

Angewandte Ethik: Medizinethik

Gremien der Medizinethik

Deutscher Ethikrat

Der Deutsche Ethikrat ist ein […] unabhängiges Beratungsgremium. Der Ethikrat setzt sich mit ethischen, gesellschaftlichen, naturwissenschaftlichen, medizinischen und rechtlichen Fragen sowie den voraussichtlichen Folgen für Individuum und Gesellschaft auseinander, die sich im Zusammenhang mit der Forschung und den Entwicklungen insbesondere auf dem Gebiet der Lebenswissenschaften und ihrer Anwendung auf den Menschen ergeben.

Der Deutsche Ethikrat hat sich am 11. April 2008 in Berlin konstituiert. Grundlage seiner Tätigkeit ist das Ethikratgesetz (EthRG), das am 1. August 2007 in Kraft getreten ist. Der Rat setzt die Arbeit des im Jahr 2001 von der Bundesregierung eingerichteten Nationalen Ethikrates fort, der im Februar 2008 aufgelöst worden war.

Auftrag

Laut Ethikratgesetz ist dem Rat aufgetragen, die Öffentlichkeit zu informieren und die Diskussion in der Gesellschaft zu fördern, Stellungnahmen und Empfehlungen für politisches und gesetzgeberisches Handeln zu erarbeiten sowie mit nationalen Ethikräten und vergleichbaren Einrichtungen anderer Staaten und internationaler Organisationen zusammenzuarbeiten.

Zusammensetzung

Dem Ethikrat gehören 26 Mitglieder* an, die unterschiedliche ethische Ansätze und ein plurales Meinungsspektrum, das heißt, naturwissenschaftliche, medizinische, theologische, philosophische, ethische, soziale, ökonomische und rechtliche Belange, repräsentieren. Zu seinen Mitgliedern zählen Wissenschaftlerinnen und Wissenschaftler der genannten Fachgebiete sowie anerkannte Personen, die in besonderer Weise mit ethischen Fragen der Lebenswissenschaften vertraut sind.

Seine Mitglieder werden je zur Hälfte vom Deutschen Bundestag und der Bundesregierung vorgeschlagen und vom Präsidenten des Deutschen Bundestages für die Dauer von vier Jahren berufen. Eine Wiederberufung ist einmal möglich.

Die Mitglieder des Ethikrates üben ihr Amt persönlich und unabhängig aus. Sie dürfen weder einer gesetzgebenden Körperschaft des Bundes oder eines Landes noch der Bundesregierung oder einer Landesregierung angehören. […]

Arbeitsweise

Der Deutsche Ethikrat ist in seiner Tätigkeit unabhängig und nur an den durch das Ethikratgesetz begründeten Auftrag gebunden. Der Ethikrat hat sich eine Geschäftsordnung gegeben, die seine Arbeitsweise konkret regelt.

Der Ethikrat erarbeitet seine Stellungnahmen auf der Grundlage eigenen Entschlusses, im Auftrag des Deutschen Bundestages oder der Bundesregierung.

Der Ethikrat erstattet dem Bundestag und der Bundesregierung über seine Aktivitäten und den Stand der gesellschaftlichen Debatte jährlich einen schriftlichen Bericht.

Die Mitglieder des Rates kommen einmal monatlich zu einer in der Regel öffentlichen Plenarsitzung in Berlin zusammen. Um einzelne Themen oder Themenbereiche zu erörtern, bildet der Rat aus seiner Mitte heraus Arbeitsgruppen, die bei der Erarbeitung der Textentwürfe für die Stellungnahmen federführend sind und außerhalb der regulären Plenardebatten nach Bedarf zu ihren Sitzungen zusammentreffen. Darüber hinaus kann der Ethikrat Untersuchungen durchführen lassen, Gutachten einholen und Sachverständige zu seiner Arbeit, insbesondere zur Unterstützung der Arbeitsgruppen, hinzuziehen.

Der Deutsche Ethikrat wird bei der Durchführung seiner Aufgaben von einer Geschäftsstelle unterstützt, die vom Präsidenten des Deutschen Bundestages eingerichtet wurde und bei der Berlin-Brandenburgischen Akademie der Wissenschaften (BBAW) angesiedelt ist. Die Geschäftsstelle ist zuständig für die Recherche, Bereitstellung und Auswertung von wissenschaftlichen Dokumenten zu den Arbeitsthemen des Rates, für die Erstellung von Publikationsbeiträgen, die Planung und Durchführung der Sitzungen und der öffentlichen Veranstaltungen sowie für die Veröffentlichung der Stellungnahmen und anderer Dokumente. Die Pflege der Medienkontakte, die Beantwortung von Anfragen aus der Öffentlichkeit, die Betreuung der Webpräsenz des Ethikrates sowie die Pflege internationaler Kontakte gehören ebenso zu den zentralen Aufgaben der Geschäftsstelle.

Die Kosten des Deutschen Ethikrates und seiner Geschäftsstelle trägt der Bund. Für die Arbeit des Rates sind derzeit jährlich 1,695 Millionen Euro** im Haushalt des Deutschen Bundestages eingestellt. [...]

* Seit 30.04.2020: 24 Mitglieder
** Stand 2013; Stand 2019: 1,945 Millionen

1 Beschreibe die Aufgaben des Deutschen Ethikrates. Begründe seine Existenzberechtigung.

2 Recherchiert in Kleingruppen jeweils zwei Mitglieder des Ethikrats. Findet Gründe für ihre Berufung in den Ethikrat und stellt die Personen der Klasse kurz vor.

Bundesärztekammer

Die Bundesärztekammer (Arbeitsgemeinschaft der Deutschen Ärztekammern) ist die Spitzenorganisation der ärztlichen Selbstverwaltung; sie vertritt die berufspolitischen Interessen der Ärztinnen und Ärzte in der Bundesrepublik Deutschland. Als Arbeitsgemeinschaft der 17 deutschen Ärztekammern wirkt die Bundesärztekammer (BÄK) aktiv am gesundheitspolitischen Meinungsbildungsprozess der Gesellschaft mit und entwickelt Perspektiven für eine bürgernahe und verantwortungsbewusste Gesundheits- und Sozialpolitik. Die BÄK unterstützt die Arbeit der Ärztekammern und nimmt dabei mittelbar auch gesetzliche Aufgaben wahr. Unmittelbare gesetzliche Aufgaben sind der BÄK unter anderem im Rahmen der Qualitätssicherung sowie der Transplantationsgesetzgebung zugewachsen.

Die Bundesärztekammer ist aus der im Jahre 1947 gegründeten Arbeitsgemeinschaft der Westdeutschen Ärztekammern hervorgegangen. Heute ist sie die Arbeitsgemeinschaft der 17 Landesärztekammern und somit ein organisatorischer Zusammenschluss von Körperschaften öffentlichen Rechts. Der einzelne Arzt gehört der BÄK lediglich mittelbar über die Pflichtmitgliedschaft in seiner Ärztekammer an. Die Bundesärztekammer selbst ist keine Körperschaft, sondern ein nichteingetragener Verein.

Der einmal jährlich stattfindende Deutsche Ärztetag ist die Hauptversammlung der Bundesärztekammer, das „Parlament der Ärzteschaft". Der Präsident und die beiden Vizepräsidenten der Bundesärztekammer werden vom Deutschen Ärztetag für die Dauer von vier Jahren gewählt. [...]

3 Fasse die Aufgaben der Bundesärztekammer zusammen. Beschreibe die Unterschiede in den Aufgaben der beiden Gremien für Medizinethik.

4 Recherchiere weitere Organisationen, die sich mit Medizinethik befassen, wie etwa die Bioethik-Kommission der Bayerischen Staatsregierung.

5 Stelle die jeweiligen Positionen der Gremien zur aktuellen Gesetzeslage im Bereich der Impfpflicht dar. Informiere dich ausführlich im Internet.

Angewandte Ethik: Medizinethik

Das kann und weiß ich jetzt …

Darüber weiß ich jetzt Bescheid:
Sterbehilfe   Abtreibung   menschliches Handeln   Menschenwürde
medizinethische Prinzipien   ethische Urteilsfindung   Deutscher Ethikrat
Problemfelder der Medizin   lebensverlängernde Maßnahmen

Du hast nun viele Themenbereiche der Medizinethik kennengelernt. Wende dein Wissen an und bewerte, ob der Lockdown während der Corona-Pandemie 2020 deiner Meinung nach eher Schaden oder Nutzen bewirkt hat. Debattiere diese Frage mit deiner Ethikgruppe. Der unten stehende Kommentar wirft einzelne Fragestellungen auf, die dir bei der Bewertung helfen können.

Corona polarisiert: Gesundheit versus Wirtschaft
Die einen haben die Gesundheit im Fokus, die anderen bangen um die Wirtschaft

Ein Gegensatz, der keiner ist
Gesundheit versus Wirtschaft, das scheint in der öffentlichen Diskussion um die Corona-Pandemie zunehmend zu einem Gegensatz zu werden.
5 Die einen halten die bisherigen Maßnahmen zur Eindämmung der Infektion für nicht ausreichend, die anderen plädieren mit Blick auf das Modell Schweden zu einer baldigen Lockerung von Ausgangsbeschränkungen und Betriebs-
10 schließungen. Die Diskussion nimmt an Intensität zu. Aber es stellt sich die Frage, ob es sich bei dieser Auseinandersetzung wirklich um zwei gegensätzliche Zielvorstellungen handelt. Sicher, jeder Infizierte ist einer zu viel, die Zahl
15 der Verstorbenen steht für individuelle familiäre Tragödien. Aber das Ziel allen gesellschaftlichen Handelns ist der Mensch in seinem Anspruch auf Leben und dessen Gestaltung. Zu der gehört aber neben der Gesundheit als Grund-
20 bedingung auch die materielle Existenzerhaltung. Wir leben eben nicht von nichts, Leben hat Bedingungen, dazu gehört Gesundheit, aber eben nicht nur. Es beginnt damit, dass medizinische Versorgung keine kostenlose Leistung ist,
25 wie auch. Die Versorgung der Bevölkerung mit Energie und Nahrung muss ebenfalls gesichert sein, was nicht ohne Kosten geht. Gehälter sollen gezahlt werden, Pensionen und Renten. Die öffentliche Sicherheit muss garantiert sein, Polizei und Feuerwehr sollen einsatzbereit sein und 30 so weiter …

Der Staat soll …
Der Staat soll … damit beginnen in unseren Tagen viele Sätze, die die Erwartung der Bevölkerung ausdrückt. Vergessen wird aber meist, dass 35 der Staat nichts anderes ist als wir selbst. Staat und Bevölkerung, auch so ein scheinbarer Gegensatz. Was ist der Staat anderes als ein großes Logistiksystem zur Aufrechterhaltung des gesellschaftlichen Lebens und die Summe unserer 40 finanziellen Abgaben in die Versorgungssysteme? Woher aber kommen diese Mittel? Es sind Teilbeträge unserer Wirtschaftsleistung. Kurz gesagt: ohne Wirtschaft keine Gesundheit, ohne Gesundheit keine Wirtschaft! Wie, kein Gegen- 45 satz, sondern eine sich gegenseitig bedingende Einheit? Ja, genau! Jeder Bundesdeutsche hängt auf seine Art von der materiellen Grundsicherung durch wirtschaftliche Aktivität in unserem Land ab, sei es als Arbeitnehmer, als Rentner, als 50 Kita-Kind und Schüler, Auszubildender oder Student. […]

Begriffserklärungen

Arbeitstugenden
Grundlegende „Soft Skills", die von Unternehmen von Bewerber/innen erwartet werden. Dazu gehören u. a. Höflichkeit, Zuverlässigkeit, Verantwortungsbewusstsein, Sauberkeit, Konzentrationsfähigkeit, Durchhaltevermögen, Fähigkeit zum selbstständigen Lernen und Arbeiten, Fähigkeit zur Selbstkritik.

autokratisch
(Altgriechisch für „aus sich selbst herrschend") Unumschränkt herrschend, ohne auf jemanden Rücksicht zu nehmen.

Buddha
Den Ehrentitel „Buddha" (= „der Erwachte") erhielt Siddhartha Gautama, der 563 v. Chr. in Nordindien geboren wurde.

Buddhismus
Die Religion der Anhänger → Buddhas.

buddhistisch
Dem Buddhismus zugehörig, auf dem Buddhismus beruhend.

Christentum
Aus dem Judentum hervorgegangene, monotheistische Religion mit der größten Verbreitung weltweit. Die christlichen Hauptgruppen sind die römisch-katholische, protestantische und orthodoxe Kirche. Der Stifter der christlichen Religion ist → Jesus Christus.

Dilemma
Eine Zwangslage, d. h. eine Situation, in der man sich befindet, wenn man sich zwischen zwei in gleicher Weise schwierigen oder unangenehmen Dingen entscheiden muss.

Europäische Menschenrechtskonvention
Vertragliches Abkommen der Staaten der Europäischen Union zur Wahrung von → Grundrechten und → Menschenrechten.

Gender Pay Gap
Die Lücke im Gehalt, die Frauen bei gleicher Arbeitsleistung benachteiligt.

Globalisierung
Die zunehmende Vernetzung der Menschen auf der ganzen Welt in allen Bereichen des Lebens: Wirtschaft, Politik, Kultur, Kommunikation, Umwelt etc.

Grundrechte
Unantastbare Rechte der Bürger dem Staat gegenüber. Die Grundrechte der Deutschen finden sich im ersten Abschnitt des Grundgesetzes. Sie umfassen u. a. die Menschenwürde, die persönliche Freiheit, die Gleichheit aller vor dem Gesetz, die Meinungsfreit etc.

Hinduismus
Eine der ältesten heute noch existierenden Religionen, die ihren Ursprung in Indien hat.

humanistisch
Humanist: Anhänger des Humanismus, einer Geistesströmung der frühen Neuzeit (14. bis 16. Jahrhundert), die die Werte der antiken Kultur wie Vernunft, menschliche Würde und Menschlichkeit wiederzubeleben suchte.

Instanz
Zuständige Stelle, die Entscheidungen fällt, zum Beispiel eine politische, staatliche, gesetzgebende oder juristische Instanz.

Islam
Monotheistische Religion, die von Mohammed aus Mekka ca. 600 n. Chr. gegründet wurde.

islamistisch, Islamist
Politische Auffassung, nach der ein Staatswesen ausschließlich auf den Lehren des → Islam aufgebaut sein soll.

Begriffserklärungen

Jesus Christus
Wurde kurz vor der Zeitenwende in Nazareth (Galiläa, im heutigen Israel) geboren und starb um 30 n. Chr. in Jerusalem den Tod am Kreuz.
Jesus ist laut christlichem Glauben der im Neuen Testament dargestellte Sohn Gottes und Messias, der die Menschheit erlösen soll. Für das Judentum ist Jesus nicht der Sohn Gottes. Der Islam sieht Jesus als einen in der Reihe der Propheten.

Judentum
Die erste große monotheistische Weltreligion, entstanden vor ca. 4000 Jahren im Nahen Osten.

Jugendschutz
Gesetzliche Vorschriften zum Schutz von Kindern und Jugendlichen vor schädlichen Einflüssen in der Öffentlichkeit und in den Medien. Verankert sind diese Vorschriften u. a. im Jugendschutzgesetz (JuSchG).

Kategorischer Imperativ
Ethischer Leitsatz des Philosophen Immanuel Kant (1724–1804): Man soll sich stets so verhalten, das seine Handlungen ausnahmslos und ohne Einschränkung für alle Menschen akzeptabel wären.

Märtyrer
Jemand, der für seinen Glauben oder seine Überzeugung Verfolgung oder Tod auf sich nimmt.

Menschenrechte
Unantastbare und unveräußerliche Rechte eines jeden Menschen, die er automatisch mit seiner Geburt hat. Die Menschenrechte schützen die Würde, die Freiheit und die Entfaltung des Einzelnen.

Nichtregierungsorganisation
Nicht staatliche, in verschiedenen gesellschaftlichen Bereichen politisch oder sozial engagierte Gruppierung.

Reproduktionsmedizin
Teilgebiet der Medizin, das sich mit der Erforschung der menschlichen Fortpflanzung und der Behandlung von Unfruchtbarkeit und ungewollter Kinderlosigkeit befasst.

Satire
Kunstform, die durch scharfen Spott Zustände oder Personen ins Lächerliche zieht.

strukturelle Gewalt
Von dem norwegischen Friedensforscher Johann Galtung (*1930) aufgestellte These einer indirekten Form von Gewalt, erzeugt durch staatliche, gesellschaftliche, wirtschaftliche oder soziale Strukturen, die manche Bevölkerungsgruppen systematisch benachteiligen.

Theodizee
(Altgriechisch für „Gott" und „Gerechtigkeit") Philosophischer Ansatz, der sich mit der Frage beschäftigt, wieso Gott auf der Welt Schlimmes zulässt, obwohl er dies in seiner Allmacht verhindern könnte.

Trauma
(Altgriechisch für „Wunde, Verletzung") Schwere seelische oder körperliche Verletzung.
Der Plural von Trauma lautet Traumata und das Adjektiv traumatisch.

Utilitarismus
Philosophischer Ansatz, der Werte nur gelten lässt, wenn sie sich als nützlich für das Individuum und die Gemeinschaft erweisen.

Vereinte Nationen (United Nations; UN)
1945 gegründeter Zusammenschluss von momentan 193 Staaten mit dem Ziel der Sicherung des Weltfriedens, des Völkerrechts und der → Menschenrechte

Stichwortverzeichnis

A
Abel 119
Abtreibung 115, 121, 154, 161
Adam und Eva 119
AIDS 65
Amnesty International 132
Arbeit 34, 87 f., 96, 98
Arbeitstugenden 96
Arzt-Patienten-Verhältnis 156

B
Bestattung 47, 54
„Black Lives Matter" 26
Böhmermann, Jan 139
Buddhismus 67 f., 160
Bundesärztekammer 159, 167
Bundesprüfstelle für jugendgefährdende Medien 152 f., 151

C
Chancengerechtigkeit 18, 95 ff.
Christentum 56, 68, 119 f.
Computerspiele 7 ff., 142 ff., 150
Coronavirus 168

D
Dalai Lama 67, 73
Designerbaby 157
Deutscher Ethikrat 166 f.
Deutscher Presserat 140 f., 144
Dilemma 130 f., 154, 164
Diskriminierung 26 f., 99, 127, 132, 140, 144, 161

E
Ehrenamt 34, 100, 107, 124
Embryo 155, 157, 160
Engagement, gesellschaftliches 92 f., 100 f.
Erotik 145
Erziehungsstile 80 ff.
Escobar, Pablo 11
Extremismus 64 ff.

F
Familie 76 ff.
Familienfunktionen 78 f.
Flucht 24
Frankl, Viktor 126
Frauenbild 88 ff.
Freizeit 87, 92, 135, 146
„Fridays For Future" 93
Friede 19 ff., 39, 67, 70 ff., 97, 161
Fromm, Erich 123
Fundamentalismus 64 ff.
Fürsorgeprinzip, medizinisches 162 f.

G
Galtung, Johan 18
Gandhi, Mahatma 73
Gebot 62 f., 68, 117, 122, 164 f.
Gender Pay Gap 98
Generation Games 6
Geschlechterrollen 88 ff.
Gesprächsregeln 15
Gewalt 14, 18 ff., 26, 101
Gewissen 104 ff.
Gewissensbildung 113 ff.
Gewissenskonflikte 104 f.
Glaube 27, 30, 34, 43 f., 54 ff., 67, 119 f., 124
Gleichberechtigung 26, 72, 83, 87, 90 f., 98 f., 114
Globalisierung 71, 94, 136
Goethe, Johann Wolfgang von 86
Goldene Regel 70, 165
Gordon, Thomas 15

H
Handeln, menschliches 68, 82, 153, 165, 168
Harg, William M. 110 f.
HIV 25
Homophobie 101
Homosexualität 65, 157
Hospiz 49
humanistisches Gewissen (Erich Fromm) 123

I
Indoktrination 125
Influencer 147, 151
innere Stimme 109
innerer Kompass 107 f.
Instanzenmodell (Sigmund Freud) 122
Internationaler Frauentag 99
Internetzensur 145
Interreligiöser Dialog 67, 71
Islam 47, 62, 67, 69
Islamist 67

J

Jesus Christus 61, 119
Judentum 62, 68
Jugendmedienschutz 142 ff.

K

Kain 119
Kant, Immanuel 112, 119, 121
Karma 118
Kategorischer Imperativ 165
Kindersoldat 25
Kindheitserfahrungen 86
King, Martin Luther 26, 73
Kissinger, Henry 71 f.
Koch, Samuel 43 f., 57
Kolbe, Maximilian 128
Konflikt 12 ff., 48, 62, 71, 122 f., 164
Konfliktlösung 15
Krieg 9 f., 19 ff., 96, 124, 129
Kriegskinder 19 ff.
Kriegstrauma 19 ff.
Kübler-Ross, Elisabeth 48
Küng, Hans 70 ff.

L

Lebensgemeinschaften 76 ff.
lebensverlängernde Maßnahmen 158, 163
Leihmutterschaft 154 f.
Leukämie 45 f.
Lifeboat Earth 131

M

Mediator 17
Medienbeschäftigung 6, 135
Medienethik 133 ff.
Medienfunktionen 134
Medienwelt 136
Medizinethik 152 ff.
medizinethische Prinzipien 162 f.
Meinungsfreiheit 84, 134, 137, 139, 145
Menschenrechte 60, 97, 99, 132, 161
Menschenrechtsorganisation 132
Menschenrechtsverletzungen 132
Menschenwürde 27, 124, 140, 160 ff.
Menschwerdung 70, 160
Michael, Theodor Wonja 127
Mutter Teresa 73

N

Nationalsozialismus 126 ff.
Norm 62, 112 ff., 118, 122 f., 162, 164 f.

O

Okkultismus 37 f.
Online-Spielsucht 150

P

Parks, Rosa 26
Partnerschaft 72, 76, 79, 87, 90
Patchwork-Familie 76 f.
Patientenverfügung 159, 163
Paulus (Apostel) 119 f.
Persönlichkeitsrechte 138 f.
physische Gewalt 18
Pressefreiheit 137, 140, 145, 151
Pressekodex 140 f., 151
Probst, Christoph 129
psychische Gewalt 18
Psychoanalytiker 122 f., 126

R

Rassismus 26 f., 101
Religion 14, 30, 39, 47, 54 ff., 70 f., 97, 99, 116 ff., 121 ff., 139, 140, 160
Religionsfreiheit 59 ff., 124
Reproduktionsmedizin 157
Respekt 62, 67, 84, 101
Reue 121

S

Satire 139
Scholl, Hans 129
Scholl, Sophie 129
Schuld 18, 48, 50, 121 f.
Schwangerschaftsabbruch siehe *Abtreibung*
Sekte 39 ff.
Selbstvertrauen 82, 113
Sensationspresse 141
Sinn des Lebens 30 ff., 54
Sinnangebote 35 ff.
Sklave/Sklaverei 68, 76 f.
SOS-Kinderdörfer 19
soziale Netzwerke 148 f.
Sterbehilfe 49, 158 f., 165
Sterbephasen 48
Strafe 42, 80 f., 113, 127, 129, 161
Streit 12 ff., 16 f., 100
Streitschlichtung 16 f.
strukturelle Gewalt 18, 28
Suizid 153, 158 f.
Syrien 19 ff., 100

T

Terrorismus 11, 64 ff.

Theodizee 57
Thunberg, Greta 93
Traueranzeige 51
Trauerphasen 50

U

UN (Vereinte Nationen) 23 f., 84, 93, 97, 99
UN-Frauenrechtskonvention 99
UN-Kinderrechtskonvention 84
UN-Klimakonferenz 93
UN-Sicherheitsrat 23
Urteilsfindung, ethische 164 f.
Utilitarismus 165

V

Verantwortung 82, 92, 113 f., 129, 140, 142, 154, 162
Vergewaltigung 25, 161
Versöhnung 107, 114
Vertrauen 17, 20, 82
Vertreibung 24

W

Weber, Max 153
Weltethos 70 ff.
Weltreligionen 68 ff.
Werbung 107, 140, 146 f.
Wiedergutmachung 116

Y

Yanomami 54
Yousafzai, Malala 73

Quellennachweis

Text
S. 6: JIM-Studie 2019, Hrsg.: Medienpädagogischer Forschungsverbund Südwest (mpfs) c/o Landesanstalt für Kommunikation, 2019, Stuttgart, S. 44 – 46. https://www.mpfs.de/studien/jim-studie/2019/ (16.11.2020); **S. 7 f.:** Gregor Engelmeier: „Unser Spiel heißt Geld machen, und ihr seid darin nur eine Zahl". Verlag Der Tagesspiegel GmbH, 02.01.2019, Berlin. https://www.tagesspiegel.de/berlin/computerspiele-unser-spiel-heisst-geld-machen-und-ihr-seid-darin-nur-eine-zahl/23808444.html (07.07.2020); **S. 14:** Konflikt. https://de.wikipedia.org/wiki/Konflikt (16.11.2020); **S. 17:** § 1 Mediationsgesetz (MediationsG). https://www.gesetze-im-internet.de/mediationsg/__1.html (16.11.2020); Die Aufgaben des Mediators. adribo GbR, Berlin, 2019. https://adribo-academy.de/mediator-definition/ (16.11.2020); **S. 19–23:** Daniel Wüstenberg, Katharina Ebel: Über Kinder des Krieges in Syrien: „Sie wachen nachts schreiend auf". Stern online, 24.04.2017, Hamburg. https://www.stern.de/politik/ausland/syrien--so-leiden-die-kinder-unter-krieg-und-gewalt-7420326.html (07.07.2020); **S. 24:** Aufgabe 7: UN-Resolution 1998 vom 12. Juli 2011. https://www.un.org/depts/german/sr/sr_10-11/sr1998.pdf (07.07.2020); **S. 25:** Was sind Kindersoldaten? Berghof Foundation Operations gGmbH, Tübingen, o. D. https://www.frieden-fragen.de/entdecken/kindersoldaten/was-sind-kindersoldaten.html (16.11.2020); **S. 27:** Art. 3. Abs. 1 GG. http://www.gesetze-im-internet.de/gg/art_3.html (16.11.2020); **S. 33:** John Strelecky: Die Geschichte vom Fischer. Das Café am Rande der Welt, übersetzt von Bettina Lemke; dtv Verlagsgesellschaft, München 2016, (ISBN978-3-423-20969-4), S. 63 – 66; **S. 39:** Sekte [neutral]. https://de.wikipedia.org/wiki/Sekte; Creative Commons Lizenz „CC-BY-SA 3.0" (16.11.2020); Carsten Upadek: Sekte [negativ]. Westdeutscher Rundfunk, 22.07.2019, Köln. https://www.planet-wissen.de/kultur/religion/jenseits_der_traditionellen_kirchen/index.html (16.11.2020); Woran erkenne ich eine gefährliche Sekte? Gemeinschaftswerk der Evangelischen Publizistik (GEP) gGmbH, o. D.,Frankfurt am Main. https://www.religionen-entdecken.de/eure_fragen/woran-erkenne-ich-eine-gefaehrliche-sekte (16.11.2020); **S. 40 f.:** Frauke Lüpke-Narberhaus: Ich habe keine Wurzeln und keine Kraft zu fliegen. Spiegel online, 7.01.2014, Hamburg. https://www.spiegel.de/lebenundlernen/schule/zwoelf-staemme-wie-eine-aussteigerin-versucht-ins-leben-zu-finden-a-944962.html (07.07.2020); **S. 43:** Samuel Koch: Samuel Kochs Schicksal bewegt. Büro Samuel Koch, Efringen-Kirchen, o. D. https://www.samuel-koch.com/buecher/ (07.07.2020); **S. 44:** Timo Lechner: Samuel Koch im Interview: Alles kann sich so schnell ändern. Augsburger Allgemeine Online, 10.09.2015, Augsburg. https://www.augsburger-allgemeine.de/panorama/Samuel-Koch-im-Interview-Alles-kann-sich-so-schnell-aendern-id35445322.html (07.07.2020); **S. 45:** Lisas Schule plant einen großen Spendenlauf. Augsburger Allgemeine Online, 22.06.2016, Augsburg. https://www.augsburger-allgemeine.de/augsburg-land/Hilfe-aus-Meitingen-fuer-Nele-id38208247.html (07.07.2020); **S. 46:** Maximilian Czycz: Lisa ist endlich wieder daheim. Augsburger Allgemeine Online, 22.06.2016, Augsburg. https://www.augsburger-allgemeine.de/augsburg-land/Zweimal-die-Diagnose-Leukaemie-Nele-ist-endlich-wieder-daheim-id40399537.html (07.07.2020); **S. 48:** Schäper, Sabine, Wilmes Andrea: Die Phasen des Sterbens. Sterben und Tod, 1. Auflage, Troisdorf: Bildungsverlag EINS, 2009, S. 15; **S. 49:** Das Kinder-Hospiz Sternenbrücke. Stiftung Kinder-Hospiz Sternenbrücke, o. D., Hamburg. https://sternenbruecke.de/de-de/sternenbruecke/?gclid=EAI (07.07.2020); **S. 50:** Aus einem Trauerratgeber. VRS Media GmbH & Co. KG, o. D., Bremen. https://www.trauer.de/trauer-und-trost/trauerhilfe2/die-trauerphasen (07.07.2020); **S. 51:** Zitat Alber Schweitzer. https://www.gutzitiert.de/zitat_autor_albert_schweitzer_thema_liebe_zitat_31321.html (07.07.2020); Prediger 3,1. © 2016 Katholische Bibelanstalt, Stuttgart. https://www.bibleserver.com/EU/Prediger3 (16.11.2020); **S. 54–58:** Teja Fiedler: Religion - Warum glaubt der Mensch? National Geographic , Heft 12/2015, S. 44 - 65. https://www.nationalgeographic.de/geschichte-und-kultur/religion-warum-glaubt-der-mensch (07.07.2020); **S. 59:** Infografik „Religionszugehörigkeiten in Deutschland 2018". Daten: Deutsche Bischofskonferenz, EKD, REMID, BAMF, Statistisches Bundesamt Wiesbaden; Grafik: fowid/CF Berlin, 25.07.2019 fowid Geschäftsstelle der Forschungsgruppe Weltanschauungen in Deutschland und der Welt. https://fowid.de/meldung/religionszugehoerigkeiten-2018 (07.07.2020); Art. 4 GG. http://www.gesetze-im-internet.de/gg/art_4.html (07.07.2020); **S. 60:** Art. 9 Europäische Menschenrechtskonvention (MRK). https://dejure.org/gesetze/MRK/9.html (07.07.2020); **S. 63:** Die Ausgangssituation. Regine Rompa: 30x90 Minuten Philosophie/ Ethik; Fertige Stundenbilder für Highlights zwischendurch, Klasse 7-10; Verlag an der Ruhr, Mühlheim an der Ruhr, 2014; S. 81; **S. 67:** KNA: Dalai Lama: Dialog mit Islamisten unumgänglich – „Es gibt keinen anderen Weg". Aus: Bildungswerk der Erzdiözese Köln, 07.12.2015, Köln. https://www.domradio.de/themen/interreligi%C3%B6ser-dialog/2015-12-07/dalai-lama-dialog-mit-islamisten-unumgaenglich (07.07.2020); **S. 68:** Zweites Buch Mose (Exodus) 20,2–17. Katholische Bibelanstalt, Übersetzer gemeinfrei, 2016, Stuttgart. https://www.bibleserver.com/EU/2.Mose20 (07.07.2020); **S. 70 f.:** Christophe Braun, Hans Küng: Weltethos – die vier ethischen Prinzipien der Weltreligionen . Cicero, 31.03.2013, Berlin. https://www.cicero.de/kultur/hans-k%C3%BCng-wir-brauchen-ein-universales-ethos/54017 (07.07.2020); **S. 76 f.:** Edeltraud Mathis: Familie im Wandel der Zeit. BRG Dornbirn-Schoren, o. ED. https://www.brgdomath.com/existentielles-1/beziehung-familie-tk10/familie/ (09.07.2020); **S. 78 f.:** Edeltraud Mathis: Funktion der Familie. O. ED., BRG Dornbirn-Schoren. https://www.brgdomath.com/existentielles-1/beziehung-familie-tk10/familie/ (09.07.2020); **S. 79:** Art. 6 GG. https://www.gesetze-im-internet.de/gg/art_6.html (16.11.2020); **S. 80–83:** Adrian Pietruschka: Wie erziehst du denn? Kindwert.de, Velbert, 26.02.2016. https://kindwert.de/erziehungsmethoden-im-vergleich/ (09.07.2020); **S. 84:** Sigrid Tschöpe-Scheffler: Fünf Säulen einer guten Erziehung. Fünf Säulen der Erziehung. Wege zu einem entwicklungsfördernden Miteinander von Erwachsenen und Kindern, Grünewald-Verlag, 2006, Ostfildern. http://www.familien-mit-zukunft.de/doc/doc_download.cfm?uuid=F5AF50CFC2975CC8AD510822423534D3&&IRACER_AUTOLINK&& (09.07.2020); **S. 85:** Heinrich Hoffmann: Der Struwwelpeter. Der Struwwelpeter oder Lustige Geschichten und drollige Bilder, 1844. https://de.wikisource.org/wiki/Der_Struwwelpeter/Vorspruch (09.07.2020); **S. 90 f.:** Birgit Marschall, Eva Quadbeck: Aktuelle Studie: Das Rollenbild von Frauen und Männern ist im Wandel. Rheinische Post, 29.03.2017, Düsseldorf. https://rp-online.de/politik/studie-der-bundesregierung-maenner-entdecken-den-haushalt_aid-21063949 (11.09.2020); **S. 91:** Art. 3 Abs. 2 Grundgesetz (GG). http://www.gesetze-im-internet.de/gg/art_3.html (07.07.2020); **S. 96:** (ohne Autor): Bei Geringqualifizierten kommt es auf die klassischen Arbeitstugenden an. Bundesarbeitgeberverband der Personaldienstleister, 23.04.2014, Berlin. https://www.personaldienstleister.de/presse/aktuelles/detail/bei-geringqualifizierten-kommt-es-auf-die-klassischen-arbeitstugenden-an.html (07.07.2020); **S. 99:** (ohne Autor): Resolution der Generalversammlung 217 A (III). Allgemeine Erklärung der Menschenrechte Art. 26. S. 5 f. https://www.un.org/depts/german/menschenrechte/aemr.pdf (09.07.2020); **S. 98:** Anna van Hove, Matthias Kaufmann: Frauen auf dem Arbeitsmarkt. Spiegel online, 28.08.2017, Hamburg. https://www.spiegel.de/karriere/gleichberechtigung-frauen-am-arbeitsmarkt-uebersicht-a-1158571.html (09.07.2020); **S. 99:** Oliver Trisch, Claudia

Quellennachweis

Lohrenscheit: Internationaler Frauentag. Deutsches Institut für Menschenrechte, 08.2006, Berlin, S. 3. https://www.institut-fuer-menschenrechte.de/fileadmin/user_upload/Publikationen/Unterrichtsmaterialien/unterrichtsmaterialien_frauenrechte_sind_menschenrechte.pdf (09.07.2020); (ohne Autor): Art. 2 Allgemeine Erklärung der Menschenrechte, S. 2. https://www.un.org/depts/german/menschenrechte/aemr.pdf (09.07.2020); Oliver Trisch, Claudia Lohrenscheit: Die Frauenrechtskonvention der Vereinten Nationen. Deutsches Institut für Menschenrechte, 08.2006, Berlin, S. 3. https://www.institut-fuer-menschenrechte.de/fileadmin/user_upload/Publikationen/Unterrichtsmaterialien/unterrichtsmaterialien_frauenrechte_sind_menschenrechte.pdf (09.07.2020); **S. 107:** Christian Schwägerl: Zu welcher Gruppe gehörst du? Zeit online, 31.01.2018, Hamburg. https://www.zeit.de/zeit-wissen/2018/01/psychologie-schlechtes-gewissen-persoenlichkeit-werte/komplettansicht (16.11.2020); **S. 109:** Anita Vejvoda: Spricht deine innere Stimme mit dir? sich-leben.com, © 2016, Salzwedel. https://sich-leben.com/innere-stimme (09.07.2020); **S. 110 f.:** William M. Harg: Der Retter. Learning Institute, o. ED., Bern. https://www.learninginstitute.ch/pdfs/aufnahmepruefung-gymnasium-schaffhausen-2007-deutsch-s3.pdf (09.07.2020); **S. 113 f.:** Gewissensbildung: die Reifungsstadien des Gewissens, S. 3. Bundesgymnasium, Bundesrealgymnasium und Bundesoberstufenrealgymnasium Hartberg. http://archiv.gym-hartberg.ac.at/schule/images/stories/Religion/themen_matura/18_Gewissen.pdf (16.11.2020); **S. 114:** Art. 1 Bayerisches Gesetz über das Erziehungs- und Unterrichtswesen (BayEUG). Bayerische Staatskanzlei. https://www.gesetze-bayern.de/Content/Document/BayEUG-1 (16.11.2020); **S. 117:** Micha Brumlik: Religiöse Erziehung sollte eine bewusste Entscheidung sein. Zeit online, 22.06.2010, Hamburg. https://www.zeit.de/gesellschaft/familie/2010-06/religion-erziehung (16.11.2020); **S. 118:** Micha Brumlik: Religion und Gewissen. Zeit online, 22.06.2010, Hamburg. https://www.zeit.de/gesellschaft/familie/2010-06/religion-erziehung/seite-2 (16.11.2020); **S. 120:** Paulus aus Tarsus: Bibel: Römerbriefe, Kapitel 14, Vers 10–12. Katholische Bibelanstalt, Übersetzer unbekannt, 2016, Stuttgart. https://www.bibleserver.com/EU/R%C3%B6mer14 (09.07.2020); **S. 120:** Paulus aus Tarsus: Bibel: Römerbriefe, Kapitel 2, Vers 1–11. Katholische Bibelanstalt, Übersetzer unbekannt, 2016, Stuttgart. https://www.bibleserver.com/EU/R%C3%B6mer2 (09.07.2020); **S. 121:** Immanuel Kant: Vier Zitate. https://www.gutzitiert.de/zitat_autor_immanuel_kant_699.html?page=2 (09.07.2020); **S. 122:** (ohne Autor): Grafik „Instanzenmodell Freud". BG/BRG/BORG Hartberg, Hartberg (Österreich). http://archiv.gym-hartberg.ac.at/schule/images/stories/Religion/themen_matura/18_Gewissen.pdf (16.11.2020); **S. 124:** § 45 Deutsches Richtergesetz. https://www.gesetze-im-internet.de/drig/__45.html (16.11.2020); Art. 4 GG. http://www.gesetze-im-internet.de/gg/art_4.html (16.11.2020); **S. 126:** Viktor E. Frankl: Zitat. ABILE - Ausbildungsinstitut für Logotherapie und Existenzanalyse. http://www.abile.org/images/noos/NOOS_15_GEWISSEN.pdf (09.07.2020); (ohne Autor): Viktor Frankl [Ergänzung]. Landsiedel NLP Training, © 2020, Kitzingen. https://www.landsiedel-seminare.de/coaching-welt/wissen/persoenlichkeiten/viktor-frankl.html (09.07.2020); Viktor E. Frankl: Das Gewissen gehört …. Ärztliche Seelsorge, Fischer Taschenbuch Verlag Frankfurt 1987, S. 76; **S. 127:** Bettina Rühl: Theodor Wonja Michael: Überlebt als Unsichtbarer. Amnesty Journal, 28.10.2019, Berlin. https://www.amnesty.de/informieren/aktuell/deutschland-theodor-wonja-michael-ueberlebt-als-unsichtbarer (09.07.2020); **S. 128:** Christian Feldmann (epd): Die Geschichte von Pater Kolbe. Gemeinschaftswerks der Evangelischen Publizistik, 14.08.2016, Frankfurt am Main. https://www.evangelisch.de/inhalte/136980/14-08-2016/freiwillig-den-todesbunker-vor-75-jahren-starb-pater-maximilian-kolbe-im-kz-auschwitz (09.07.2020); **S. 129:** Fred Breinersdorfer: Das Gewissen der Sophie Scholl. Verband Deutscher Drehbuchautoren, 01.06.2004, Berlin, S. 100. https://www.drehbuchautoren.de/sites/default/files/podcasts/drehbuecher/sophie-scholl.pdf (09.07.2020); **S. 130:** Bernhard Weber: Fall 1. Jetzt mal ehrlich, Was würdest du tun? 60 heikle Situationen; Bundeszentrale für politische Bildung, Nürnberg, 2010; **S. 131:** Onora O'Neill: „Lifeboat Earth". Regine Rompa: 30x90 Minuten Philosophie/ Ethik; Fertige Stundenbilder für Highlights zwischendurch, Klasse 7-10; Verlag an der Ruhr, Mühlheim an der Ruhr, 2014; S. 75; **S. 135:** Sabine Feierabend, Thomas Rathgeb, Theresa Reutter: Medienbeschäftigung in der Freizeit 2019. JIM-Studie 2019, Hrsg.: Medienpädagogischer Forschungsverbund Südwest (mpfs) c/o Landesanstalt für Kommunikation, 2019, Stuttgart, S. 12. https://www.mpfs.de/fileadmin/files/Studien/JIM/2019/JIM_2019.pdf (09.07.2020); Sabine Feierabend, Thomas Rathgeb: Medienbeschäftigung in der Freizeit 2009. JIM-Studie 2009, Hrsg.: Medienpädagogischer Forschungsverbund Südwest (mpfs) c/o Landesanstalt für Kommunikation, 2009, Stuttgart, S. 16. https://www.mpfs.de/fileadmin/files/Studien/JIM/2009/JIM_Studie_2009.pdf (09.07.2020); **S. 136:** Georg Lauss: Der Warenwert von Information. Medien und politische Kommunikation, Hrsg.: Forum Politische Bildung, Nr. 43 2018, Wien, S. 8. www.politischebildung.com/pdfs/fpb-43-medien.pdf (09.07.2020); Unbekannt: „Globalisierung berührt auch..Politik und Wirtschaft". Duden Learnattack, 2010, Berlin. https://www.lernhelfer.de/schuelerlexikon/politikwirtschaft/artikel/globalisierung-der-medien (09.07.2020); **S. 137:** Art. 5 Grundgesetz. http://www.gesetze-im-internet.de/gg/art_5.html (09.07.2020); **S. 138:** Art. 1 Grundgesetz. http://www.gesetze-im-internet.de/gg/art_1.html (09.07.2020); Art. 2 Grundgesetz. http://www.gesetze-im-internet.de/gg/art_2.html (09.07.2020); **S. 139:** Reinhard Müller: Satire ist frei, aber kein Freibrief. Frankfurter Allgemeine Zeitung online, 11.04.2016, Reinhard Müller. © Alle Rechte vorbehalten. Frankfurter Allgemeine Zeitung GmbH, Frankfurt. Zur Verfügung gestellt vom Frankfurter Allgemeine Archiv, Frankfurt am Main. https://www.faz.net/aktuell/politik/was-darf-satire-und-wo-sind-die-grenzen-14172975.html#void (09.07.2020); **S. 140:** Die im Grundgesetz …. Trägerverein des Deutschen Presserats, 2020 Berlin. https://www.presserat.de/pressekodex.html (09.07.2020); **S. 141:** Mats Schönauer: Presserat rügt blutige Berichterstattung. BILDblog, 13.09.2014, Beirut. https://bildblog.de/60583/presserat-ruegt-blutige-berichterstattung/ (09.07.2020); **S. 142:** (ohne Autor): Im Dienst der seelischen Gesundheit der Jugendlichen. Bundesprüfstelle für jugendgefährdende Medien, 28.09.2018, Bonn. https://www.bundespruefstelle.de/bpjm/ueberuns/aufgaben (09.07.2020); **S. 143 f.:** (ohne Autor): Instrumente des Jugendmedienschutzes. Hrsg.: Freiwillige Selbstkontrolle Multimedia-Diensteanbieter, Freiwillige Selbstkontrolle Fernsehen, Google Germany, 12.2015, Berlin, S. 73 f. https://www.medien-in-die-schule.de/wp-content/uploads/Medien_in_die_Schule_Unterrichtseinheit_Einfuehrung_in_den_Jugendmedienschutz.pdf (09.07.2020); **S. 145:** Mirja-Stefanie Schweigert: Internetzensur. Institut für Bildungsanalysen Baden-Württemberg, o. ED., Stuttgart, S. 2 f. https://www.schule-bw.de/faecher-und-schularten/gesellschaftswissenschaftliche-und-philosophische-faecher/gemeinschaftskunde/materialien-und-medien/medien/internetzensur/meinungsfreiheit-zensur-internet.docx (09.07.2020); **S. 146:** (ohne Autor): Neue Tendenzen. Stiftung für Zukunftsfragen, 04.02.2020, Hamburg. https://www.stiftungfuerzukunftsfragen.de/forschung/forschungsthemen/die-zukunft-der-medien/ (09.07.2020); **S. 146 f.:** Unbekannt: Werbung. LMK - medienanstalt rlp, o. ED., Ludwigshafen. https://www.klicksafe.de/themen/einkaufen-im-netz/werbung/#s (09.07.2020); **S. 150:** Fatina Keilani: Kinder zocken immer mehr und geben dabei viel Geld aus. Der Tagesspiegel online, 05.03.2019, Berlin. https://www.tagesspiegel.de/berlin/computerspiele-sucht-kinder-zocken-immer-mehr-und-geben-dabei-viel-geld-aus/24064682.html (09.07.2020); **S. 153:** Wolfgang Sievers: Für Max Weber …. Stadt Münster, o. ED., Münster. http://www.muenster.de/~wosi/soziol.htm (09.07.2020); **S. 154:** Barbara Vorsamer: Ein Baby bestellt, drei bekommen. Süddeutsche Zeitung online,

Quellennachweis

28.02.2016, München. https://www.sueddeutsche.de/leben/leihmutterschaft-ein-baby-bestellt-drei-bekommen-1.2883572 (09.07.2020); süddeutsche.de (dpa/kfu/mike): Eltern lassen behindertes Baby bei Leihmutter zurück. Süddeutsche Zeitung online, 02.08.2014, München. https://www.sueddeutsche.de/panorama/australien-eltern-lassen-behindertes-baby-bei-leihmutter-zurueck-1.2074343 (09.07.2020); **S. 155:** Verena Mengel: Informationen zur Leihmutterschaft. Westdeutscher Rundfunk Köln, 19.11.2019, Köln. https://www.quarks.de/gesundheit/medizin/das-passiert-bei-einer-leihmutterschaft/ (09.07.2020); **S. 156:** Christian Heinrich: Gebrauchsanweisung für Ihren Arzt. Zeit online, 13.11.2017, Hamburg. https://www.zeit.de/wissen/gesundheit/2017-11/patienten-aerzte-verhaeltnis-arztpraxis-behandlung/komplettansicht (09.07.2020); **S. 157:** Katja Ridderbusch: Ein Designerbaby nach Bauplan – für 140.000 Dollar. Welt online, 02.01.2016, Berlin. https://www.welt.de/wissenschaft/article150528268/Ein-Designerbaby-nach-Bauplan-fuer-140-000-Dollar.html (09.07.2020); **S. 159:** Irina Fernandes, Andrea Böhnke: Der rechtliche Aspekt in Deutschland. Westdeutscher Rundfunk Köln, 21.06.2019, Köln. https://www.planet-wissen.de/gesellschaft/tod_und_trauer/sterben/pwiesterbehilfe100.html#Der_rechtliche_Aspekt (09.07.2020); **S. 161:** Art. 1 Grundgesetz. http://www.gesetze-im-internet.de/gg/art_1.html (09.07.2020); § 218 a Strafgesetzbuch. https://www.gesetze-im-internet.de/stgb/__218a.html (09.07.2020); **S. 162 f.:** (ohne Autor): Die medizinethischen Prinzipien. SimplyScience Stiftung, o. ED., Zürich. https://www.simplyscience.ch/gene-und-ethik/articles/grundwerte-der-medizinethik.html (09.07.2020); **S. 163:** Prof. Dr. med. Dr. med. dent. Dr. phil. Dominik Groß, Prof. Dr. med. dent. Stefan Wolfart, Dr. med. dent. Gereon Schäfer: Fallbeispiel 2. Deutsche Gesellschaft für Zahn-, Mund- und Kieferheilkunde e.V., 01.07.2011, Düsseldorf, S. 5. https://www.akwlz.de/documents/262773/1760872/In+sechs+Schritten+zur+klinisch-ethischen+Fallanalyse+-+Das+Aachener+Lehrprojekt+Dental+Ethics/2fdd8277-05db-4418-b95a-b237be459382 (09.07.2020); **S. 164:** (ohne Autor): Schritte einer ethischen Urteilsfindung. Institut für Bildungsanalysen Baden-Württemberg, o. ED., Stuttgart. https://www.schule-bw.de/faecher-und-schularten/gesellschaftswissenschaftliche-und-philosophische-faecher/ethik/methodik-didaktik/methodik-ethik/ethische_fallanalyse/ethische_fallanalyse_sek1 (09.07.2020); **S. 165:** Sophie Zaufal: Fallbeispiel. Werteunterricht? Wertebildung im Religionsunterricht zwischen Positionalität, Dialog und Reflexion, Religionspädagogisches Zentrum in Bayern, RPZ Impulse Extra 2018, München, S. 10. https://www.rpz-bayern.de/fileadmin/smb/Redaktion/Dateien/Dokumente/RPZ_Impulse/Werteunterricht_24.07__Endfassung.pdf (09.07.2020); **S. 166 f.:** (ohne Autor): Deutscher Ethikrat. Bundeszentrale für politische Bildung, 26.11.2013, Bonn. https://www.bpb.de/gesellschaft/umwelt/bioethik/173891/der-deutsche-ethikrat-aufgaben-zusammensetzung-und-themen (09.07.2020); **S. 167:** (ohne Autor): Bundesärztekammer. Bundesärztekammer, o. ED., Berlin. https://www.bundesaerztekammer.de/ueber-uns/ (09.07.2020); **S. 168:** (ohne Autor): Corona polarisiert: Gesundheit versus Wirtschaft. bfh Finanzhaus Berlin, 06.04.2020, Berlin. https://www.finanzhausberlin.de/corona-polarisiert-gesundheit-versus-wirtschaft.html (09.07.2020);

Bild

|123RF GmbH, Berlin: auremar 34.2; topphotoengineer 31.1. |akg-images GmbH, Berlin: 85.1, 124.2; Profitlich, Florian 76.1; Wittenstein 103.2, 129.1. |Alamy Stock Photo, Abingdon/Oxfordshire: Art Directors & TRIP 118; Dinodia Photos 69.2. |Alamy Stock Photo (RBM), Abingdon/Oxfordshire: BSIP SA 100.3; GL Archive 112.1; Pictures Now 116.1; Tack, Jochen 93.1; World History Archive 73.4, 108.1. |Amnesty International Deutschland e.V., Berlin: © Amnesty International Briefmarathon / https://www.amnesty.de/briefmarathon-schule 132.1. |APA-PictureDesk GmbH, Wien: Imagno/Votava 115.2. |Artothek, Spardorf: Julius Geerts 80.1. |bpk-Bildagentur, Berlin: RMN - Grand Palais/F. Raux 24.1. |Bridgeman Images, Berlin: 112.5; Universal History Archive/UIG 119.2. |Colourbox.com, Odense: 112.4; Hans Prinsen 47.3. |DER SPIEGEL (online), Hamburg: DER SPIEGEL, 27.01.2014. 40.1. |Deutscher Ethikrat, Berlin: 166.1. |dreamstime.com, Brentwood: Bellaniko 88.1. |epd-bild, Frankfurt/M.: Oettel, Rainer 47.1. |fotolia.com, New York: Antonioguillem Titel; Franz Pfluegl 88.2; G. Seybert 100.4; Instantly 112.7; L.Klauser 101.2; Miriam Dörr 38.1; Peter Atkins 100.5; roxcon 29.3; SG- design 112.2. |Gerth Medien GmbH, Aßlar: ©2012 adeo-Verlag 43.3. |Imago, Berlin: Photocase 96.2. |iStockphoto.com, Calgary: amazingmikael 86.3; Anastasia-Rasstrigina 86.2; Briagin, Oleksandr 86.1; CherriesJD 162.1; FotoShocK 154.1; frentusha 133.3; Juanmonino 89.1; Jules2013 53.1, 73.3; Kristina Kokhanova 36.4; kzenon 47.4; LuckyBusiness 149.1, 149.3; martin-dm 34.1; Nastia11 149.2, 149.4; Shadrin, Andrey 35.1; shapecharge 88.3; sturti 88.4; suwichaw 133.4. |KONTEXT public relations GmbH, Fürth: 98.1. |laif, Köln: EU-EP/Matthieu CUGNOT/REA 93.2; P. Broze 158.1; Rabsch, Thomas 127.1. |Lauf- und Ausdauersportverlag e. K., Regensburg: 152.1. |Picture-Alliance GmbH, Frankfurt/M.: AA/Adnan, Hamza 19.1; akg-images 103.4, 122.1; AP Images 26.2; AP Photo 66.1, 73.2; AP Photo / Ut, Nick 72.2; BSIP 155.1; dpa 67.1, 115.1; dpa - Report / Förster, Peter 167.1; dpa / Jensen, Rainer 53.3; dpa / Kraufmann, Franziska 72.1; dpa-infografik GmbH 137.1; dpa/DB UPI 123.1; dpa/Weißbrod, Bernd 70.1; Erich Lessing/ akg iamges 119.1; Eventpress 139.2; Geisler-Fotop 5.2, 26.1; Geisler-Fotopress 43.2; Gentsch, Friso 27.1; imageBROKER / Oberhäuser, Rupert 7.1; imageBROKER / Schöfmann, Karl F. 139.1; Meinrad Schön 43.1; MITO Images 82.1; Photo12/Ann Ronan Picture Librar 128.1; United Archives / kpa 126.1; Westend61/Ophelia 103.1; ZB/Kalaene, Jens 133.2. |Pitopia, Karlsruhe: fotosobo, 2011 47.2. |plainpicture, Hamburg: souslesarbres 113.2. |Science Photo Library, München: Equinox Graphics 79.1. |Shutterstock.com, New York: Abasov, Fariz 95.3; anahtiris 101.3; Broggi Production 11.2; Conny Sjostrom 10.4; De Visu 95.1; Explode 157.1; FrankHH 101.1; Gal Istvan Gal 146.1; Hogan, Simone 95.4; iofoto 89.2; koya979 94.3, 152.3; MJTH 100.1; Monkey Business I 12.2; sfam_photo 164.1; Studio Romantic 79.3; Thunderstock 124.1; TinoFotografie 10.1; Viacheslav, Nikola 92.1; wavebreakmedia 11.1. |stock.adobe.com, Dublin: 1STunningART 53.2; absolutimages 12.3; alfa27 82.2; Anton 5.1, 9.1; ArTo 51.4; Barry 95.2; bravissimos 152.2; Cello Armstrong 83.1; DC Studio 29.7; Dusko 10.2; Eisenhans 94.1; Eppele, Klaus 5.3; Ernst, Daniel 96.1; eyetronic 36.2; Fälchle, Jürgen 12.4; Feodora 103.5; Fiedels 51.2; FrameAngel 68.1; Griessel, Scott 113.3; industrieblick 29.5; JackF 10.3, 81.1, 106.1; Kitty 81.2; Kneschke, Robert 75.1, 87.1, 113.1; krissikunterbunt 75.4; Kuzmina, Oksana 79.2; lassedesignen 103.3; LIGHTFIELD STUDIOS 74.1; Loocid GmbH 51.3; Lunatictm 29.4; made_by_nana 11.1; Marem 15.1; mavoimages 75.5; Medina, Lorelyn 69.1; Menzl, Günter 90.1; MNStudio 75.3; momius 142.1; monticelllo 29.1; Oksana 38.2; parabolstudio 94.2; pathdoc 64.1; Pixel-Shot 29.2; playstuff 112.6; Robert 51.1; rock_the_stock 75.6; rodjulian 85.2; SciePro 160.1; spaxiax 100.6; Stockfotos-MG 79.4; Syda Productions 75.2; t-vector-icons 112.3; TeraVector 94.5; Trueffelpix 145.1, 147.1; vege 94.6; Viegas, Luis 29.6; Wayhome Studio 114.1; wsf-f 94.4; www.freund-foto.de 13.1; © pictworks 100.2; ©ArtushFoto 36.3; ©draghicich 36.1; ©ink drop 31.2; ©WavebreakMediaMicro 36.5. |toonpool.com, Berlin, Castrop-Rauxel: Koufogiorgos, Kostas 65.1. |Trebels, Rüdiger, Düsseldorf: 117.1. |ullstein bild, Berlin: 73.5; Bonn-Sequenz 124.3; Rex Features / REX 73.1; snapshot-photography/B.Shamlo 21.1. |© Bundeszentrale für politische Bildung/www.bpb.de, Bonn: Creative Commons by-nc-nd/3.0 134.1. |© Teddy Tietz, Neuss: www.teddytietz.de 133.1.